AF354101

Wilhelm Vossenkuhl

Ethik und ihre Grenzen

Eine Einführung als Erzählung

Meiner

Bibliographische Information der Deutschen Nationalbibliothek

Die Deutsche Nationalbibliothek verzeichnet diese Publikation in der Deutschen Nationalbibliographie; detaillierte bibliographische Daten sind im Internet über ‹http://portal.dnb.de› abrufbar.

ISBN 978-3-7873-4981-4
ISBN eBook 978-3-7873-4982-1 (PDF)

Kontaktadresse nach EU-Produktsicherheitsverordnung:
Felix Meiner Verlag GmbH, Richardstraße 47, 22081 Hamburg
info@meiner.de

2., korrigierte Auflage 2025

INHALT

Ethische Theorien beziehen sich auf das menschliche Leben von der Geburt bis zum Tod, seit einiger Zeit auch auf alles nicht-menschliche Leben in der Natur und alle biologischen und physischen Lebensgrundlagen. Sie wollen Maßstäbe für vernünftiges Handeln, für gerechte Lebensbedingungen und ein gutes gemeinschaftliches Leben entwickeln. Dieser Anspruch ist umfassend, und die Maßstäbe sollen allgemein unter allen vergleichbaren Bedingungen gelten, nicht nur hier und jetzt, sondern überall und immer und für alle Menschen. Wenn dieser Anspruch erfüllt werden kann, haben ethische Theorien keine Grenzen. Dann gibt es kein Außerhalb der Ethik, weil es ein wesentlicher Anspruch ethischer Theorien ist, für das Ganze der menschlichen und nicht-menschlichen Lebensverhältnisse und Lebensbedingungen zu gelten.

Dieser Anspruch ethischer Theorien lässt sich, wie ich zeigen will, aber nicht erfüllen. Die Reichweite von ethischen Theorien, von Ethiken, ist begrenzt. Ihre Reichweite ist auch durch das begrenzt, was Menschen wollen und können. Es genügt nicht einzusehen, was getan werden sollte, es muss auch gewollt und es muss gekonnt werden. Es geht in diesem Buch aber nicht um die Grenzen des Wollens und Könnens, sondern um die theoretischen und praktischen Grenzen der Ethik. Es geht um Grenzen der Reichweite und um Grenzen der Voraussetzungen jeder Ethik. Ein Teil der herrschenden Sitten einer Kultur sind normative Voraussetzungen, auf die Ethiken angewiesen sind und die sie selbst weder schaffen noch schaffen können.

Sitten und Ethiken bilden moralische Räume. Diesseits jeder Ethik gibt es Sitten und diesseits und jenseits gibt es die Sorge um Leben und Sterben, der keine Ethik vollkommen gerecht werden kann. Innerhalb dieser Grenzen können Ethiken ihre Ansprüche und Maßstäbe entwickeln. Sie sind für die Praxis menschlichen Lebens trotz der Grenzen unverzichtbar. Deswegen will ich klären, was Ethiken im menschlichen Leben leisten können und was nicht.

Es geht mir nicht darum, einem der bekannten tugendethischen, deontologischen, utilitaristischen und konsequentialistischen Ansätze einen weiteren hinzuzufügen. Ich setze auch keine dieser Ethiken fort, gehe aber auf historische Entwicklungen und Einsichten ein (Kap. 4–9), die unverzichtbar sind. Um aktuelle Fragen des Lebens und Sterbens geht es in den Kapiteln, die danach folgen. Zunächst geht es mir aber darum, auf erzählende Weise die Lebensräume anschaulich zu machen, in denen sich moralische Fragen stellen, und um Begriffe, die für deren Beantwortung geeignet und wichtig sind.

Menschen leben in Zeiten und Räumen. Es sind gebaute und natürliche, politische, soziale und moralische Räume. Martin Heidegger (1889–1976) spricht von der »Räumlichkeit des In-der-Welt-seins« (*Sein und Zeit*, § 23) und davon, dass das menschliche Dasein immer mit einem Raum verbunden ist (§ 24). Die moralischen Räume sind so vielfältig und unübersichtlich wie alle anderen. Es gibt darin Gutes und Schlechtes, Sitten und Unsitten, Tugenden und Laster, Prinzipien und Normen, Gebote, Verbote und Pflichten, das Gewissen und vieles mehr. Ich spreche von moralischen Räumen, weil alles Moralische und Unmoralische immer in den Räumen geschieht, in denen wir leben. Es sind die Räume zu Hause, in der Natur, auf der Arbeit, in der Öffentlichkeit; überall da, wo wir mit anderen leben. Wir leben mit guten oder schlechten Gefühlen, sind glücklich oder unglücklich, hoffend oder zweifelnd, voller Freude oder traurig. Es gibt keine raum- und zeitlose Moral, und Räume und Zeiten lassen sich nicht trennen. Die Zeit scheint, je nach unseren Gefühlen, stehenzubleiben oder zu fliehen, die Räume scheinen dabei aber still zu stehen oder sich nur träge zu bewegen.

Was wir wollen, scheint die Bewegung der Zeit so wenig zu beeinflussen wie die Räume. Wir glauben aber, dass unser Wille die Kraft ist, mit der wir uns in Räumen und Zeiten bewegen – gleichgültig, wie erfolgreich wir dabei sind. Die moralischen Räume sind auch politische und soziale, wirtschaftliche und wissenschaftliche, religiöse und kulturelle Räume. Es sind die Räume, in denen wir gut oder schlecht leben, krank und gesund sind und auch sterben. Es sind nicht zuletzt die gut oder schlecht gebauten Räume unserer Wohnungen und der Orte und Städte, in denen wir leben und arbeiten.

Häufig wissen wir nicht, wo wir in diesen Räumen gerade sind und was wir tun sollen. Dann suchen wir nach einer Orientierung in den moralischen Räumen, in denen wir leben. Mancher wünscht sich vielleicht eine Handlungsanleitung, die sagt, was wann wie zu tun ist. Handlungsanleitungen belehren und ersetzen das eigene Urteil. Ich will nicht belehren, sondern lieber beschreiben und erzählen, weil jeder selbst urteilen, sich selbst orientieren und zum Handeln anleiten kann. Niemand lässt sich gern von anderen sagen, was zu tun ist, auch nicht von Ethikexperten.

Manche Fragen des Lebens und Sterbens, des moralischen und amoralischen Verhaltens lassen sich erzählend besser darstellen als in theoretischen Analysen. Einige Fragen und Antworten stammen in diesem Buch aus früheren Zeiten und Lebensräumen, einige aus heutigen. Teilweise sind es ethisch-theoretische Fragen, teilweise sittlich-lebenspraktische, teilweise ganz andere. Wenn ich über ethische Theorien berichte, bin ich weder unvoreingenommen noch unentschieden. Ich will zeigen, wie ich mich selbst mit und in ihnen orientiere, ohne dies allgemein verbindlich zu machen.

Die erste Orientierung in moralischen Räumen bieten seit der griechischen Antike die Sitten an, die Menschen pflegen. Sie pflegen sie in Räumen, in Tempeln, in Landschaften und Städten. Die Sitten in Athen sind andere als in Sparta oder Korinth. Die Sitten der Freien sind andere als die der Sklaven, der Männer andere als die der Frauen. In der Antike gibt es theoretisch anspruchsvolle Ethiken. Sie integrieren die besonders geschätzten Sitten, die Tugenden großer Vorbilder, und erläutern ihre Bedeutung für ein gutes Leben in der politischen Gemeinschaft. Aus exzellenten sittlichen Tugenden werden Ethiken. Nur aus exzellenten sittlichen Tugenden können Ethiken werden. Diesen Zusammenhang zwischen Sitten und ethischen Theorien dürfen wir nicht übersehen. *Die* Ethik gibt es übrigens schon in der Antike nicht.

Die moralischen Räume sind voller Sitten, die nicht exzellent, sondern Unsitten und Laster sind. Aus ethisch-theoretischer Perspektive ist dies unerfreulich und enttäuschend. Ethische Theorien gibt es aber nur in Büchern, in Debatten, in sog. Diskursen und im Unterricht, aber nicht im Leben. Im Leben bestimmen Sitten die moralische Praxis. Manche Sitten sind gut, nicht wenige sind schlecht und manche sind verwerflich. Es ist deswegen nicht sinnvoll, Sitten allgemein eine ethisch-theoretische Bedeutung zu geben. Viele Sitten säen Zwietracht, erfreuen die einen und verletzen die anderen. Es wäre besser, sich an einer Ethik, die Frieden stiftet, zu orientieren. Wir werden sehen, warum das nicht geht und auch nie ging. Manche Ethiken versuchen, Konflikte zu lösen, andere schaffen selbst welche. Schon in der Antike gibt es mehrere Ethiken. Sie sind über die Tugenden miteinander verwandt, aber doch unterschiedlich. Die exzellenten sittlichen Tugenden genießen in der Antike hohes Ansehen, bevor Platon und Aristoteles sie in ihren Ethiken vorstellen. Die Tugenden gelten bereits *diesseits* der Ethiken in den moralischen Räumen der athenischen Polis. Diese Tugenden kennen wir heute noch, aber vor allem aus den Texten von und über Platon und Aristoteles.

Gute Sitten gibt es diesseits jeder Ethik und unabhängig von theoretischen Ansprüchen. *Jenseits* ethischer Theorien gibt es Probleme, die sie nicht lösen können. Es sind gerade die Probleme, zu deren Lösung wir den Rat und die Hilfe ethischer Theorien erhoffen. Die Reichweite dieser Theorien ist aber begrenzt. Einige der Probleme, die jenseits ethischer Lösungsmöglichkeiten liegen, sind mit dem Beginn und dem Ende des Lebens, mit dem Sterben und mit Konflikten verbunden, die ethisch nicht lösbar sind. Auch dann, wenn es keine ethisch begründete, allgemein gültige Lösung für ein Problem gibt, müssen wir bereit sein, Stellung zu nehmen und uns für eine Lösung zu entscheiden, die wir selbst unabhängig von dem, was andere tun würden, verantworten können.

Diese Haltung nenne ich Sorge. Das Wort ist umgangssprachlich vertraut und philosophisch aus Heideggers *Sein und Zeit* bekannt. Warum ich weniger seine als Goethes Beschreibung der Sorge in seiner Tragödie *Faust* aufgreife, erläutere ich gleich. Ich verstehe die Sorge gleichwohl unabhängig von diesen Autoren als eine Haltung und eine Grundstimmung des Lebens, eine Lebensstimmung. Sie ist eine Art Unruhe, die uns wie ein Dauerton, der mal stärker, mal schwächer ist, ständig begleitet. Wir sorgen uns um unsere Partner und Kinder, unsere Angehörigen, unsere Freunde, unsere Gesundheit, unsere Arbeit, um die Natur und die Gesellschaft, um unser Leben und Sterben. Es ist gut, dass wir uns sorgen, auch wenn es mühselig ist.

Die Sorge ist aber nicht nur gut. Sie kann sich als Sympathie und Wohlwollen gegenüber anderen äußern und ist dann gut. Sie kann aber auch aus Angst und Trauer bestehen und ist dann auf Dauer und als Zustand des Leidens nicht gut. Wir können uns auch irrtümlich, zu viel und zu wenig um etwas sorgen. Andere können uns mit der Versicherung ›Mach dir keine Sorgen‹ eher beruhigen, als wir selbst es können. Wer sich keine Sorgen macht, glaubt, dass es, wenn nötig, immer Hilfe gibt. Wer dies immer glaubt, ist naiv und verantwortungslos. Sorge und Verantwortung sind nicht zu trennen, aber nicht dasselbe.

Die vielen schattenhaften und dunklen Seiten der Sorge beschreibt Goethe (1749–1832) im Ersten und Zweiten Teil seiner Tragödie *Faust*. Im Ersten Teil heißt es: »Die Sorge nistet gleich im tiefen Herzen, / Doch wirket sie geheime Schmerzen, / Unruhig wiegt sie sich und störet Lust und Ruh« (V. 644–646). Das ist die Unruhe stiftende Lebensstimmung der Sorge. Im Zweiten Teil des *Faust* erscheint die Sorge als Gestalt, als eine von vier »grauen Weibern« (V. 11384–11498). Sie kommt um »Mitternacht«, wenn sie besonders quälend und ausweglos erscheint. Goethe lässt die Sorge als Schicksalsmacht sprechen: »Wen ich einmal mir besitze, / Dem ist alle Welt nichts nütze; / Ewiges Düstre steigt herunter, / Sonne geht nicht auf noch unter, /… / Glück und Unglück wird zur Grille, / Er verhungert in der Fülle« (V. 11453–56, 11461f.). Faust will davon nichts wissen: »Hör auf! so kommst du mir nicht bei! / Ich mag nicht solchen Unsinn hören« (V. 11467f.). Faust verdrängt seine aussichtslose, verzweifelte Lage.

Das Ängstigende der Sorge kann zur tiefen Trauer und Depression werden und das Leben verdüstern. Niemand kann sich ohne Hilfe von einer Depression befreien, weil eine Depression unfrei macht. Es ist moralisch geboten, Menschen mit psychischen Leiden zu helfen. Die ärztliche Sorge um diese Menschen erfordert Sympathie und Wohlwollen, um sie mit medizinischer Hilfe von den Folgen der lebensgefährdenden Sorge zu befreien. Wir sind als sorgende Wesen sowohl moralfähig als auch gefährdet und hilfsbedürftig. Beide Seiten der Sorge können unser Leben bestimmen. Die Sorge um uns selbst und andere, um unser gemeinsames gutes Leben, um die Natur und die Umwelt ist eine Weise zu leben. Sie ist so wenig begründbar oder von etwas anderem ableitbar wie die Sitten. Sie kann mit Zuneigung, Sympathie und Wohlwollen verbunden sein und in Liebe und Freude geschehen. Dabei ist die Liebe, wie Robert Spaemann (1927–2018) schreibt, ein tiefer Ausdruck menschlicher Bedürftigkeit. In der bedürftigen Liebe seien »Wohlwollen und Begehren nie eindeutig geschieden« (1989, 136). In wohlwollender Liebe tragen wir füreinander Sorge und übernehmen Verantwortung für das, was wir lieben und für diejenigen, die wir lieben. Wenn wir andere lieben, sind sie uns niemals gleichgültig, was immer sie tun oder getan haben mögen. Liebe erschöpft sich nicht in einem schönen Gefühl uns selbst und anderen gegenüber. Was aus Liebe getan wird, sagt Nietzsche (1844–1900), geschehe »immer jenseits von Gut und Böse« (KSA 5, 99). Liebe und Wohlwollen sind auch Ausdruck der Sorge. Wenn es darum geht, wer wir sind, und wie wir leben wollen, welche Verantwortung wir uns selbst und anderen gegenüber haben, geht es um die Sorge.

Die Rede von ›Moral‹, ›Sitte‹, ›Sittlichkeit‹ und ›Ethik‹ ist unübersichtlich, weil es so scheint, als würden die Worte mehr oder weniger dasselbe bedeuten, und so werden sie auch oft gebraucht. Sie bedeuten teilweise dasselbe, teilweise auch Unterschiedliches, sind aber miteinander verwandt. Wittgenstein (1889–1951) nennt solche Verwandtschaften in seinen *Philosophischen Untersuchungen* »Familienähnlichkeiten« (§ 67). ›Moral‹ nenne ich die praktische Wirksamkeit von Sitten, Sittlichkeit und Ethik. Von ›sittlichen Räumen‹ spreche ich wie von sozialen und geographischen Räumen. Sittliche Überzeugungen und Einstellungen gibt es in allen Lebensräumen, in den sozialen, kulturellen, politischen und wirtschaftlichen, religiösen und wissenschaftlichen. Sitten sind ethnisch und kulturell bestimmt, oft äußerlich erkennbar am Stil und den Farben der Kleidung in bestimmten Lebensräumen. Die sittlich bestimmten moralischen Räume haben eine geographische Identität. Es gibt sie nur im Plural.

In ethischen Theorien gibt es dagegen immer nur *einen* moralischen Raum, und der ist abstrakt und virtuell. Der moralische Raum kann in ethischen Theorien auch nur virtuell existieren. Moralische Räume im Plural existieren nie nur virtuell, sondern sind immer real. Sie haben eine geographische Identität mit kulturell, ethnisch und religiös geprägte Sitten. Wir werden sehen, dass der Unterschied zwischen dem einen virtuellen und den vielen realen moralischen Räumen, zwischen Ethiken und Sitten, selbst eine Grenze ethischer Theorien ist. Zunächst geht es aber darum, eine Anschauung der moralischen Räume zu gewinnen. In allen virtuellen und realen Räumen können wir uns ähnlich frei bewegen wie in Zeiträumen. Wir dürfen nicht meinen, dass alle diese Räume genaue und klare Ortsbezeichnungen haben und sichtbar und begehbar sein müssen. Schon die drei räumlichen Dimensionen sehen wir nicht, weil unsere Retina alles zweidimensional abbildet. Schon die dritte Dimension denken wir uns, sonst könnten wir sie nicht wahrnehmen. Bewegungsfreiheit gibt es in allen Räumen so wie in den Zeiträumen, in denen wir sorgend, hoffend, freudig oder ängstlich in die Zukunft schauen und uns an das Vergangene erinnern.

Alle Räume sind mit allen Zeiten in der Gegenwart verbunden. Die Gegenwart ist – wie Augustinus (354–430) in seinen *Bekenntnissen* schreibt (11. Buch, 20. Kap.) – eine vierte Dimension, die sich aus der Gegenwart des Gegenwärtigen, der Gegenwart des Vergangenen und der Gegenwart des Zukünftigen zusammensetzt. Sie ist unsere eigene, wirkliche Lebens-Zeit. Die Gegenwart ist ein eigener Raum, und es ist der umfassendste, den es für uns gibt, unser zeitliches Dasein. Es ist der Raum unseres Lebens, der mit unserer Lebens-Zeit unauflöslich verbunden ist. Die Raum-Zeit des Lebens ist eine Einheit. Wir können uns gedanklich in dieser vieldimensionalen Raum-Zeit bewegen und wenigstens in Gedanken überall hingehen, wohin wir wollen. So werden wir zu denen, die wir sind und sein können, vielleicht auch zu denen, die wir sein wollen.

Sitten und Ethiken haben in den moralischen Räumen nicht dieselbe Bedeutung. Sitten leiten das Denken und Handeln mehr oder weniger bewusst, Ethiken begründen es, zumindest ist dies in modernen Ethiken so. Um Handeln begründen zu können, benötigen Ethiken Begriffe, die sie in einen theoretischen Rahmen stellen, um ihnen Überzeugungskraft und einen schlüssigen Zusammenhang zu geben. Die mehr oder weniger bewusst wirkenden Sitten haben keine begrifflichen Grundlagen, sondern sind Anschauungen mit Namen. Anschauungen sind beispielhaft und exemplarisch. Sie können erlebt und wahrgenommen, aber nicht begründet werden. Sie können als Beispiele menschlichen Verhaltens beschrieben werden. Sie können gutgeheißen oder verworfen, kritisiert, aufgegeben oder verändert werden.

Das mag zunächst nicht einleuchten. Nehmen wir als harmloses Beispiel für eine Sitte das Grüßen. Wir können überlegen, warum sich Menschen in unterschiedlichen Kulturen unterschiedlich grüßen. Wir finden aber weder einen Grund dafür, dass sie sich grüßen, noch einen Grund dafür, wie sie sich grüßen. Sie grüßen sich einfach und tun dies so, wie sie es gewohnt sind. In manchen Kulturen grüßen sich Menschen, ob sie sich kennen oder nicht; in anderen grüßen sich nur Bekannte. In einigen Kulturen schütteln sich alle Menschen dabei die Hände, in anderen nur Männer, in wieder anderen niemand. Wenn Sitten wie das Grüßen Teil eines moralischen Raums sind, den wir verstehen wollen, müssen wir von vornherein darauf verzichten, diesem Raum eine theoretische Struktur zu geben, weil sich Sitten nicht begründen lassen. Wir können den Raum dann nur beschreiben und erzählen, was es alles in ihm gibt. Auch deswegen ist dieser Text eine Erzählung und keine Theorie.

Jede Erzählung beschreibt etwas, seien es Ereignisse, Beziehungen, Handlungen, Gefühle, Gedanken oder Wünsche, schildert Abläufe und Entwicklungen, erklärt vielleicht, wie das eine mit dem anderen zusammenhängt, begründet aber nicht, warum dies so sein sollte oder nicht anders sein kann. Eine Ethik schreibt dagegen vor, aus welchen Gründen etwas wie getan werden sollte. Sie normiert Handlungen, macht sie verpflichtend. Die Unterscheidung zwischen ›ist‹ und ›soll‹ steht für diesen Unterschied zwischen Beschreiben und Begründen. Hume und Kant plädieren aus unterschiedlichen Gründen für eine strikte Trennung zwischen ›ist‹ und ›soll‹ und halten einen Übergang vom Beschreiben zum Vorschreiben für einen Begründungsfehler. Seit G. E. Moore (1873–1958) wird dieser Übergang ›naturalistischer Fehlschluss‹ genannt (1903). Unabhängig davon sprechen gute Gründe gegen eine Trennung zwischen Sein und Sollen (Vossenkuhl 2021).

Es wäre aber ein Begründungsfehler, wenn wir die Beschreibung einer Sitte als deren Begründung verstehen würden, und zwar aus zwei Gründen. Zum einen können Sitten nicht begründet werden, zum anderen können sie das Verhalten, das sie anleiten, nicht begründen. Die moralischen Räume sind aber weder begründungsfrei noch sakrosankt. Deswegen gibt es gute Gründe, schlechte Sitten zu kritisieren und zu meiden. Was sind schlechte Sitten? Denken wir an das harmlose Grüßen. Wenn sich nur Männer beim Grüßen die Hand geben und damit Frauen schlechter als Männer behandelt werden, diskriminiert diese Sitte Frauen. Ist das so, oder werden Frauen dabei nicht besonders respektvoll behandelt? Es kommt darauf an, in welchem moralischen Raum eine solche Sitte beschrieben wird. Es gibt Kulturen, in denen Frauen von fremden Männern nicht berührt werden dürfen. Diskriminierend ist das nicht, nur anders als in andern Kulturen. Dann ist es keine schlechte Sitte, wenn Frauen in anderen Kulturen als der unseren beim Grüßen anders als Männer behandelt werden.

Sitten sind keine Normen, selbst wenn wir sagen, in der oder jener Kultur sei es die Norm, sich so oder so zu verhalten. Für die Geltung ethischer oder rechtlicher Normen gibt es Gründe, die unabhängig von den Normen selbst sind. Für Sitten gibt es keine von ihnen unabhängigen Gründe; sie gelten, weil sie gelten. Es lassen sich oft kulturelle und religiöse Gründe finden, die für oder gegen sie sprechen. Sie werden damit nicht begründet, sondern als das Übliche verständlich gemacht. Sitten und Normen können aber auch miteinander verbunden werden oder in Konflikt geraten. Wenn Sitten als gut oder als schlecht beurteilt werden, setzt ihre Beschreibung Normen voraus, die erfüllt oder verletzt werden. Wenn es in einer Kultur Sitte ist, Tiere zu schächten, gilt dies in dieser einen Kultur als gut, in anderen Kulturen aber nicht. Wenn Tierschutzgesetze gelten, ist das Schächten, das Tiere quält, nicht nur eine schlechte Sitte, sondern verboten.

Sitten sind schlecht, wenn sie Menschen diskriminieren, verletzen und respektlos und herabsetzend behandeln. Sie sind auch schlecht, wenn Tiere aufgrund einer Sitte unnötig gequält werden. Um Sitten als schlecht beurteilen zu können, müssen wir Normen voraussetzen, die von ihnen verletzt werden. Die Menschenrechte sind solche Normen, die in allen Kulturen gleichermaßen gelten sollen. Es ist offensichtlich, dass dieser Anspruch zu Konflikten führt. Die Konflikte entstehen, wenn Normen wie die Menschenrechte konträr zu den herrschenden Sitten stehen. Aus der Perspektive der Kulturen, für die dies zutrifft, sollen die eigenen Sitten herrschen, von außen gesehen sollen die Menschenrechte gelten. In vielen Kulturen gelten deren Ansprüche aus religiösen Gründen nicht oder nur eingeschränkt.

Wenn wir über Konflikte dieser Art nachdenken, sollten wir überlegen, aus welcher Perspektive wir urteilen. Unsere Urteile sind nicht schon dadurch begründet, dass wir die eigenen Ansprüche als allgemein und die fremden als regional deklarieren. Aus jeder Perspektive können Ansprüche geltend gemacht werden, die der eigenen Kultur Vorrang vor einer anderen geben. Wir kommen aber nicht umhin, uns zu entscheiden und die Folgen von Ungleichheiten, Gegensätzen und Konflikten zu beurteilen. Diskriminierende und verletzende Sitten können wir aus unserer Perspektive nicht tolerieren oder gar gutheißen. Wir dürfen Konflikten zwischen dem Eigenen und dem Fremden nicht ausweichen, sollten aber bedenken, dass sie vom Vorrang von allgemeinen Normen vor kulturell bedingten Sitten verursacht werden. Die Frage ist, ob es Gründe gibt, den eigenen Überzeugungen einen Vorrang vor den konträr dazu stehenden fremden anderen einzuräumen, die unabhängig von jenen Überzeugungen sind. Solche Gründe müsste es jenseits der eigenen Ethik und der Sitten und religiösen Überzeugungen anderer Kulturen geben, sonst sind sie selbstbestätigend, parteiisch und voreingenommen. Sie müssten im Wesen des Menschen, jenseits der eigenen Ethik und der fremden Sitten, zu finden sein. Dieses Wesen ist, wie Aristoteles (384–322 v. Chr.) erklärt, aber immer etwas Einzelnes und nichts Allgemeines (*Metaphysik*, 1038b). Es geht um den einzelnen Menschen und nicht um allgemeine Merkmale, die für alle Menschen überall gelten. Diesen Gedanken werde ich im Zusammenhang mit der Frage, was ›Würde‹ bedeutet, wieder aufnehmen.

Konflikte zwischen dem Eigenen und dem Fremden gibt es nicht nur zwischen, sondern auch innerhalb von Kulturen. Dem diskriminierenden und verletzenden Verhalten der Einen gegenüber den Anderen können missverstandene oder missbrauchte Ansprüche zugrunde liegen. Freiheitsansprüche können missverstanden und missbraucht werden. Die freie Meinungsäußerung, die bei uns verfassungsrechtlich verbrieft ist, kann von den Einen den Anderen gegenüber missbraucht werden, etwa dann, wenn rassistische oder antisemitische Überzeugungen oder Unwahrheiten, Beleidigungen und Hass öffentlich geäußert werden. Es kommt darauf an, dieses Verhalten als Missbrauch der Meinungsfreiheit zu beschreiben und erkennbar zu machen. Die Beurteilung menschlichen Verhaltens setzt eine zuverlässige Beschreibung voraus. Vor Gericht ist dies eine Selbstverständlichkeit. Sie sollte auch für das moralische Urteil gelten. Erst sollten wir eine Anschauung von menschlichem Verhalten haben, dann können wir beurteilen, ob es richtig und gut oder schlecht und unmoralisch ist. Wir sollten ein Verhalten erst genau wahrnehmen und beschreiben und dann normieren. Rassismus, Antisemitismus und andere Diskriminierungen sind nicht immer leicht erkennbar.

Die Maxime, erst zu beschreiben und dann zu normieren, mag ein Beispiel verständlich machen. Ein und dieselbe Situation kann als freundschaftlich-feste Umarmung oder als körperlicher Angriff wahrgenommen und entsprechend beschrieben werden. Wer Ersteres sieht, wird sich nicht bemühen zu helfen. Wer Letzteres sieht, versucht vielleicht, selbst zu helfen oder andere um Hilfe zu bitten. Nuancen unterschiedlicher Wahrnehmung können entscheidend für das Eine oder Andere sein. Dafür, dass wir ein Verhalten als bedrohlich oder freundschaftlich wahrnehmen, gibt es Anzeichen, aber keine zwingenden Kriterien. Es kommt, wie Wittgenstein erkennt, immer darauf an, *als was* wir etwas sehen (*Philosophische Untersuchungen*, S. 518–544). Dafür gibt es keine klaren und zwingenden Kriterien. Es gibt auch keine zwingenden Kriterien des richtigen Sprachgebrauchs, da jeder Sprachgebrauch auf paradoxe Weise mit einer Regel in Übereinstimmung gebracht werden kann. Deswegen ist ›der Regel folgen‹ eine Praxis, wie Wittgenstein sagt (*Philosophische Untersuchungen*, §§ 201, 201). Dafür gibt es keine Theorie (Vossenkuhl, 2017).

Dabei ist das sprachliche Verhalten, wenn wir eine Sprache verstehen, leichter als das körperliche zu beschreiben, zumindest glauben wir dies, weil wir die Wörter und Sätze verstehen. So leicht, wie es scheint, ist es aber nicht. Eine Äußerung wie ›Frisch ist es hier‹ kann eine Aufforderung sein, die Fenster zu schließen, oder ein Lob der frischen Luft oder eine ironische Bemerkung. Dem Wortlaut, der lokutionären Bedeutung, sieht man das, was damit getan wird, die illokutionäre oder perlokutionäre Bedeutung, nicht an, wie J. L. Austin (*How to Do Things with Words*) einleuchtend und humorvoll beschreibt.

Wenn wir dem methodischen Grundsatz ›Erst beschreiben, dann normieren‹ folgen, werden wir die Bezeichnung ›angewandte

Ethik‹ verdreht und gedankenlos finden. Diese verbreitete Bezeichnung dreht das Verhältnis zwischen Beschreiben und Normieren bzw. zwischen Beschreiben und Begründen um, so als gäbe es erst eine Ethik und dann erst das ihr angemessene menschliche Verhalten. Die Ethik wäre eine Art Verhaltenskochbuch mit Moralrezepten. Natürlich sollen Gebote und Verpflichtungen eingehalten werden, wenn sie gelten. Wie und wann sie gelten, müssen wir selbst beurteilen. Nehmen wir das Gebot ›Halte deine Versprechen!‹. Es gilt zweifellos, aber nur dann, wenn jemand etwas versprochen hat, was auch versprochen und gehalten werden kann. Wenn er ihr die Ehe verspricht, aber schon mit ihr verheiratet ist, ist das Versprechen höchstens ein weinseliger Scherz, aber kein wirkliches Versprechen. Wir können nichts versprechen, was es schon gibt oder was wir nicht halten können.

Das Gebot ›Du sollst nicht töten!‹ soll wohl immer gelten, außer in Notwehr oder im Krieg. Die seltenen Ausnahmen scheinen dafür zu sprechen, dass ein solches Gebot tatsächlich immer und überall gilt. Wir werden später sehen, dass dies zumindest fraglich ist, wenn es darum geht, Leben zu retten, und nicht jedes Leben gerettet werden kann. Es ist auch fraglich, wenn es um die Hilfe beim Suizid geht. Fragen dieser Art zeigen, dass ethische Gebote innerhalb von bestimmten Grenzen gelten. Die Sorge reicht aber über diese Grenzen hinaus.

Eine Ethik ist kein Verhaltenskochbuch mit moralischen Rezepten. Pflichten gelten bedarfsorientiert in bestimmten raum-zeitlichen Zusammenhängen. Ihre allgemeine Geltung bedeutet nicht, dass sie immer gegenwärtig sind. Wir leben auch nicht gleichzeitig in allen möglichen Räumen und Zeiten. Es gibt keine allgemeine Gegenwart aller Gebote und Verbote. Wir müssen zuerst erkennen, um was es genau geht, erst dann können wir beurteilen, was zu tun ist, und welche Gebote oder Verbote gelten. Wenn wir wissen, welche Gebote und Verbote für welches Verhalten gelten und uns daran gewöhnt haben, diesen Zusammenhang zu erkennen, fällt es uns ohne langes Nachdenken leicht, moralisch zu handeln. Durch die Einübung jenes Zusammenhangs und die Gewöhnung daran kann das moralische Handeln zur sittlichen Normalität werden. Wir neigen dazu, die Einübung und Gewöhnung in ihrer Bedeutung für das moralische Handeln zu unterschätzen. Tatsächlich sind sie unersetzlich, nicht nur in der aristotelischen Tugendethik.

Dem Grundsatz ›Erst beschreiben, dann normieren‹ folge ich, wenn ich in dieser Erzählung Verhalten beschreibe. Was ich meistens beschreibe, sind Probleme, aber auch theoretische Angebote unterschiedlicher Ethiken. Wenn ich Probleme des Lebens und Sterbens, etwa den Lebensschutz unter Bedingungen des Mangels an Möglichkeiten der Hilfe, beschreibe, argumentiere ich für die Normierung bestimmter Lösungen, nachdem ich Situationen des Mangels beschrieben habe. Den erzählerischen Duktus versuche ich beizubehalten. Es geht mir auch in diesen Zusammenhängen nicht darum, eine ethische Theorie zu entwickeln.

Wenn es um theoretische ethische Fragen geht, nehme ich einen Ratgeber besonders ernst, Immanuel Kant (1724–1804). Dabei kann er weder mit Sitten noch mit Gefühlen etwas anfangen. Seine Ethik hat aber eine bestechende theoretische Gestalt. Sie begegnet uns in einer Reihe von Beispielen. Sein Kategorischer Imperativ macht aus den moralischen Räumen einen einzigen, strukturiert ihn theoretisch, lässt aber auch praktisch seine Grenzen erkennen. Es ist der Raum, in dem die Normen, die Kant ›Kategorische Imperative‹ nennt, aus rein theoretischen Gründen gelten sollten. Die Normen sind aber auch in seiner Theorie keine Konstruktionen, sondern existieren, bevor sie zu Normen werden, als Maximen. Der moralische Raum, der aus Kategorischen Imperativen besteht, existiert theoretisch und virtuell, soll aber in der moralischen Gesinnung und im Handeln praktisch werden.

Maximen sind in Kants *Grundlegung zur Metaphysik der Sitten* »subjektive Prinzipien des Wollens« (4, 400). Was er damit meint, sind Sitten, denen wir folgen, bevor wir dafür eine Moraltheorie haben. Sitten gibt es auch für Kant diesseits seiner Ethik. Wenn Sitten allgemein gelten und widerspruchsfrei gewollt werden können, eignen sie sich für Kategorische Imperative. Die moralische Qualität der Sitten ist aber Zweifeln ausgesetzt. Nur die guten Sitten eignen sich für allgemein geltende Kategorische Imperative.

Die Sitten, die in den Augen der Menschen als ›gute Sitten‹ gelten, bilden in moralischen Räumen das, was ›Sittlichkeit‹ bedeutet. Die Sittlichkeit ist eine Sammlung von moralischen Grundsätzen, die zwar allgemein anerkannt, aber nicht begründet werden können. Weder für die Sitten noch für die Sittlichkeit gibt es Begründungen. Sie sind Teil der menschlichen Praxis, für die es auch keine Begründungen gibt. Es gibt Theorien, die versuchen, die vielfältigen Formen menschlicher Praxis zu analysieren. Sie begründen aber keine Praxis.

Es ist höchste Zeit, an Hegels Überlegungen zur Sittlichkeit zu erinnern. In seiner frühen Schrift *System der Sittlichkeit* versteht er Sittlichkeit als Identität von Anschauung und Begriff (2002, 3). Sehr bildlich und anschaulich sagt er, dass die »leiblichen Augen« und die »Augen des Geistes« in der Sittlichkeit zusammenfallen (48). Auch ich denke, dass das Sittliche als Anschauung präsent ist, unterscheide die Anschauung aber von den Begriffen, deren Inhalt sie dann wird. In seiner *Phänomenologie des Geistes* versteht Hegel Sittlichkeit dann als dynamische Gegenwart des sittlichen Bewusstseins in der menschlichen Praxis. Das Sittliche ist nun primär ein geistiges Phänomen. Deswegen sagt er, der Geist sei »die *sittliche Wirklichkeit*« (1988, 288 f.). Diese Wirklichkeit ist nichts Theoretisches, sondern das, was wirklich geschieht, was Menschen tatsächlich tun, ohne dafür eine Anweisung oder einen Befehl zu haben. Sie folgen ihren Sitten, die da gelten, wo sie leben.

Was Hegel unter ›Geist‹ versteht, erklärt Pirmin Stekeler in seinem *dialogischen Kommentar*. Der Geist sei »die wirkliche und wirksame Form kollektiver Sittlichkeit … das gesamtkulturelle Ethos« (Bd. 2, 123). Das ist ein Ganzes, das weit über die guten Sitten, aus denen Kategorische Imperative werden können, hinausgeht. Es schließt alle Formen der Praxis einer Kultur und Gesellschaft ein. Stekeler nennt den Geist auch das »*wirkliche gemeinsame Ethos*« (135). In eben diesem Punkt stimmt mein Verständnis von ›Sittlichkeit‹ mit demjenigen Hegels überein. Dann trennen sich unsere Wege. Da das gemeinsame Ethos abhängig von dem kulturellen und sozialen Raum ist, in dem Menschen leben, kann ein Ethos konfliktreich auf ein anderes treffen. Hegel hat dies nicht erwogen, aber auch nicht ausgeschlossen. Kant bietet für solche Konflikte keinen theoretischen Rahmen und keinen moralischen Raum an.

In der *Enzyklopädie* schließlich versteht Hegel die Sittlichkeit nach Recht und Moralität als dritte, höchste und letzte Stufe des objektiven Geistes und als dessen »Vollendung« (1991, § 513, 402). Es ist eine Vollendung im Staat. Demselben Stufenplan von Recht, Moralität und Sittlichkeit folgt Hegel auch in den *Grundlinien der*

Philosophie des Rechts (2017). Die Sittlichkeit erstarrt in einem System. Es gibt aber weiterhin die Sitten als Gewohnheiten, als »*Dasein* des freien Willens« (1991, § 486, 390). Sie werden von Hegel aber integriert in das geltende, symmetrische Verhältnis zwischen Pflichten und Rechten, das in Familie, bürgerlicher Gesellschaft und Staat hierarchisch geordnet ist. Eine durch kulturelle Konflikte erzwungene, dynamische Veränderung der Sitten wird undenkbar, kann zumindest in Hegels Theorie nicht nachvollzogen werden. Konflikte zwischen kulturell und sozial bedingten Auffassungen von Sittlichkeit sind zumindest in seiner Theorie ausgeschlossen. Dieser im Staat erstarrten Auffassung von ›Sittlichkeit‹ schließe ich mich nicht an. Hegels Gedanke, dass die Sittlichkeit eine enge Bindung zwischen dem Recht als dem Ausdruck des freien Willens und den Pflichten als Ausdruck der Sitten einschießt, stimme ich dagegen nachdrücklich zu (*Enzyklopädie*, § 486). Konkret bedeutet dies, dass die Menschenrechte auch mit Pflichten verbunden sein sollten. Wer diese Rechte beansprucht, sollte auch die Pflichten erkennen, die mit ihrer Pflege verbunden sind.

SITTEN

Das Wort »Ethik« ist gebräuchlich geworden und überall gegenwärtig. Häufig wird es in Bindestrich-Verbindungen mit Medizin, Politik, Wirtschaft, Umwelt, Bio- oder Wissenschaft gebraucht. Es ist von ›Bereichsethiken‹ die Rede, so als hätte jeder der vielen eben genannten Bereiche eine eigene Ethik. Darüber hinaus gibt es noch die Allgemeine Ethik, von der aber unklar ist, in welchem Verhältnis sie zu jenen Bereichen steht, und was das Allgemeine daran ist. In der Allgemeinen Ethik gibt es die großen Alternativen der Tugendethik, der Sollens-Ethik (Deontologie) und des Utilitarismus (Konsequentialismus), die aber selbst wieder einige Varianten haben. Schließlich gibt es noch die Meta-Ethik, in der es darum geht, wovon die Ethik eigentlich handelt. Um es kurz zu machen, *die Ethik* gibt es nicht, sondern nur die vielen Verbindungen mit diesem Wort und entsprechend viele Bedeutungen, die einander teilweise widersprechen. Es gibt keine gemeinsame Bedeutung, aber das gemeinsame Ziel, dem Handeln der Menschen eine zuverlässige und richtige Orientierung und Begründung zu geben.

In jeder Inflation wird etwas entwertet, was davor mehr wert war. Ist das beim inflationären Gebrauch des Wortes ›Ethik‹ ähnlich? War das, was mit dem Wort gemeint war, einmal mehr wert als heute? War es *das Gute*, das es nun nicht mehr gibt? Das Wort ›Ethik‹ stammt aus dem Griechischen und ist ein Kunstwort. Es kann von dem griechischen Wort *ethos* mit Epsilon am Anfang (Sitte, Brauch) abgeleitet werden. Es kann aber auch vom griechischen Wort *êthos* mit Eta am Anfang (Sitte, Manieren, Charakter) abgeleitet werden. Die Bedeutung des Wortes ist in beiden Fällen das gewöhnliche Verhalten, das, was sich gehört, was üblich ist, was man tut und nicht tut.

Hegel sagt in der *Phänomenologie des Geistes*, die gesunde Vernunft wisse unmittelbar, »was recht und gut« ist (278). So verstehe auch ich das sittliche Bewusstsein. Es ist dabei zunächst noch unbestimmt, wie vernünftig dieses Bewusstsein ist. Klar ist aber, dass die Menschen in diesem Bewusstsein unmittelbar urteilen. Sie gebrauchen dabei, wie Pirmin Stekeler in seinem Kommentar erklärt, genau die »Kriterien des Rechten und Guten«, die »ihre eigenen sind« (Bd. 1, 1187). Die kulturelle Bindung des sittlichen Bewusstseins ist offensichtlich, weil es kein anderes Bewusstsein als das kulturell geprägte gibt, das uns Menschen unmittelbar für unsere Urteile zur Verfügung steht.

Das häufig gebrauchte Wort ›Moral‹ leitet sich vom lateinischen Wort *mores* (Sitten) ab. Sitten machen das Verhalten da, wo sie gepflegt werden, zuverlässig und erwartbar. Wenn wir davon sprechen, dass ein Verhalten ›normal‹ ist, meinen wir, es entspricht den Sitten, dem Üblichen. Das Urteil ›Das ist völlig unüblich‹ bedeutet in manchen Kulturen so viel wie ›Es ist schlecht‹. Das Sittliche ist das Normale, das, wozu man erzogen wurde und was sich gehört. Wir lernen es als Kinder und müssen später selten lange nachdenken, was sich gehört. Niemand braucht dafür eine Theorie. Wenn wir Glück haben, lernen wir so, ›gut‹ und ›schlecht‹ zu unterscheiden. Wenn wir dieses Glück nicht haben, hilft uns auch keine Theorie.

Das Selbstverständliche hier oder anderswo ist offensichtlich nicht das, was sich in allen Räumen der Welt so gehört. Das Gute hier ist nicht unbedingt das Gute anderswo, es kann sogar anderswo etwas Schlechtes sein und umgekehrt. Sitten haben ihre Räume. Sie sind regional verschieden, abhängig von Sprachen, Kulturen und Religionen, abhängig davon, zu welcher Gesellschaft man gehört, welche Religion man hat oder hatte, nicht mehr hat oder nie hatte. Wenn man nie etwas hatte, was andere haben, hat man dafür etwas anderes als Ersatz. Der Wert, den Sitten haben, wird regional und von den Eigenen geschätzt, von den Anderen aber eher abgelehnt. Es kommt darauf an, wozu man gehört.

Wenn wir uns das sittliche Verhalten anschauen, erkennen wir seine Verbindung mit bestimmten Räumen, mit Gegenden. Von ›moralischen Räumen‹ zu sprechen, ist nicht metaphorisch. Sitten sind immer irgendwo beheimatet. Solange wir uns diese Verbindung anschauen, sind wir nur Beobachter, gehören wir nicht zu den Orten, die wir beobachten. Wir bewegen uns zwischen den Regionen, und dieses ›Zwischen‹ ist typisch für eine Reise. Die Rede von einer Reise ist deswegen auch nicht metaphorisch, sondern entspricht der Bewegungsart unseres Denkens zwischen dem Einzelnen und Allgemeinen, zwischen Sitten und Sittlichkeit, zwischen Sitten und Ethik. Die Sorge ist eine besondere Art der Bewegung, weil sie uns an Orte führen kann, mit denen wir nicht vertraut sind.

Nur als Reisende unterwegs zwischen den moralischen Räumen erkennen wir den Unterschied, den Menschen regional zwischen den Eigenen und den Anderen, die fremd oder bekannt sind, machen. Dieser Unterschied ist einerseits normal, weil die Menschen ihn gewöhnlich mehr oder weniger bewusst machen. Andererseits ist der Unterschied eine Quelle von Unrecht, Diskriminierung und Ausgrenzung. Es mag, wie manche glauben, ein biologisch geprägter, quasi natürlicher Unterschied sein. Sollte er dies sein, erklärt es seine Existenz, entschuldigt oder begründet diskriminierendes Verhalten aber nicht.

Es gibt auch überregionale Sitten jenseits der eigenen und fremden wie Gastfreundschaft, Fleiß, Hilfsbereitschaft, Ehrerbietung den Eltern und Vorfahren gegenüber, Höflichkeit und Sauberkeit. Diese Sitten werden in vielen, vielleicht nicht in allen Kulturen geschätzt und praktiziert. Die Scham und die Ehre gibt es in allen Kulturen, aber auch Sitten des Essens, des Trinkens, der Kleidung, des Grüßens, des Umgangs zwischen Männern und Frauen. Diese Sitten sind nicht in allen Kulturen gleich. Was die einen für sittlich gut halten, kann für die anderen schlecht sein. Häufig wird die regionale Grenze zwischen sittlich gut und schlecht von Religionen und der Zugehörigkeit zu einem Volk, einer Ethnie, einer Sprache bestimmt.

Sitten haben keine globale, über ihren Kulturraum hinausreichende universale Bedeutung. Die Ehrerbietung, welche die Menschen z. B. in Japan ihrem Kaiser gegenüber empfinden, wird uns erst bewusst und verständlich, wenn wir etwas darüber lesen, etwa in Karl Löwiths (1897–1973) kleinem Buch *Der japanische Geist* (1943). Der japanische Patriotismus, die Treue zum Kaiser und die Ehrerbietung gegenüber den eigenen Vorfahren ist uns fremd, weil wir diese Art von sittlichem Gefühl nicht (mehr) kennen. Löwith macht dies am Beispiel eines Vergleichs deutlich. Während wir es als eine Pflicht betrachten, die Wahrheit zu sagen, halten dies die Menschen in Japan für eine Unhöflichkeit, weil sie zum Gesichtsverlust und damit zum Verlust der Ehre führen kann. Es mag sein, dass dies in den 1940er Jahren, der Zeit von Löwiths Aufenthalt in Japan, so war und heute nicht mehr so ist.

Offensichtlich gibt es nicht *den* Wert der Sitte, und was als ›gut‹ gilt, ist nicht überall dasselbe. Es gibt sehr viele Sitten, nicht nur diejenigen, die mit den ursprünglich griechischen Worten gemeint und gut waren. Die sittliche Vielfalt ist in unserer Welt eher ein Problem als ein Wert, weil die einen mit ihren Sitten bei den anderen mit deren Sitten anecken. So entstehen Konflikte, die das Zusammenleben in einer Gesellschaft erschweren und für einzelne Menschen tödlich sein können. Um sie zu beherrschen, ist nicht nur Toleranz und Respekt vor der Vielfalt der Sitten nötig, sondern auch die Sorge, die Konflikte zu lösen. Die Sitten gehören zu den Menschen und ihrer Herkunft. Schon ein kurzer Blick auf die sittliche Lage zeigt, dass es keinen Sinn hat, von einer Inflation der Sitten oder einer Inflation des sittlich Guten zu sprechen, bloß weil es viele Sitten und viele Bedeutungen des sittlich Guten in den Räumen der Welt gibt.

Der inflationäre Gebrauch des Wortes ›Ethik‹ entwertet offensichtlich nichts, was vorher und früher ein sittlicher Wert war. Die Inflation der Wortverbindungen mit ›Ethik‹ spiegelt die Vielfalt der Wertvorstellungen weltweit. Ähnliches gilt für die Vielfalt der Sitten, der keine einheitlichen Wertvorstellungen zugrunde liegen. Sitten wie die Hilfsbereitschaft oder der Fleiß leiten aber das alltägliche Denken und Handeln der Menschen mehr oder weniger bewusst. ›Leiten‹ bedeutet ›zu etwas bewegen‹, wofür man keine Gründe braucht. Ob die Leitung gut oder schlecht ist, hängt auch vom Charakter des Einzelnen ab. Ein Egoist lässt sich anders leiten als ein Altruist. Sitten bewegen zu etwas selbstverständlich Erscheinendem. Gründe sind dazu nicht nötig. Deswegen ist die Leitung des Verhaltens durch Sitten moralisch unzuverlässig.

Wir erkennen jetzt den Unterschied zwischen Sitte und Ethik: Jede Ethik entwickelt Begriffe des guten Handelns, des Sollens und der Pflichten und integriert sie in eine Theorie. Da die Begriffe des guten Handelns und des Sollens nichts Selbstverständliches sind, müssen sie begründet werden. Dagegen sind die Sitten etwas Selbstverständliches, was nicht begründbar ist. Sitten sind Anschauungen des Verhaltens, für die es Namen gibt, aber keine Begriffe. Jede Ethik entwickelt dagegen Kriterien guten Handelns und erklärt, warum es gut ist, sich daran zu orientieren. Sitten sind praktische Anleitungen des Verhaltens, begründen es aber nicht. Wer sich nicht an die üblichen Sitten hält, kann ausgegrenzt, diskriminiert und verachtet werden. Wer sich nicht an einer bestimmten Ethik orientiert, hat dergleichen nicht zu befürchten. Er kann sich je nach seiner Wertschätzung gegenüber theoretischen Begründungen und seinen Einstellungen entsprechend auch an einer anderen Ethik oder an keiner orientieren.

Es gibt überall gute und schlechte Sitten. Diese Unterscheidung ist noch eine sittliche, keine ethische. Den Unterschied macht die Sittlichkeit. Sie ist die Summe der guten Sitten, die es verdienen, allgemein anerkannt zu werden. Sie können die Grundlage von ethischen Normen sein. Sitten gelten immer in regionalen Räumen. Die Sittlichkeit gilt überregional. Mit ihr bezeichnen wir den Bestand an Maximen, die den guten Sitten einer kulturell und zivilisatorisch ähnlich gebildeten Lebenswelt entsprechen. Aus vielen Maximen der Sittlichkeit wie z. B. ›Versprechen sind zu halten‹ können ethische Begriffe gewonnen werden. Die Sittlichkeit ist wie die Sitten mit Gefühlen verbunden. Wir empfinden Verstöße gegen das normale Verhalten, bevor wir wissen, ob sie begründet oder willkürlich sind. Das normale, selbstverständliche Verhalten selbst empfinden wir als wohltuend. Die Gefühle des Sittlichen sind im menschlichen Gewissen lebendig. Das Gewissen ist nicht zuverlässiger als die sittlichen Gefühle. Deswegen ist es keine taugliche Grundlage der Ethik.

In der Einleitung nannte ich die Sorge eine Lebensstimmung, die der Sympathie und dem Wohlwollen anderen gegenüber, aber auch der Lebensangst zugrunde liegen kann, wenn sie uns wie ein böser Dämon ergreift. Sie hat eine helle und eine dunkle Seite. Die helle ist für die Sittlichkeit bedeutsam, als Grundmotiv, sich verantwortungsvoll um das eigene Leben und das Leben der Anderen, aber auch um die Natur und die Umwelt zu kümmern. Dabei geht es zunächst um die Menschen in der Nähe, um die eigene Familie, die Verwandten, die Freunde. Die Sorge ist wie die Sitten in regionalen Räumen zu Hause. Als Grundlage der Sittlichkeit geht sie aber weit über die nahen moralischen Räume hinaus. Deswegen ist die Sorge in Gestalt von Sympathie und Wohlwollen eine Kraft, Konflikte zwischen Sitten zu lösen.

Die Versuche, sittliche Konflikte rechtlich oder ethisch-theoretisch zu lösen, bewegen die Menschen kaum. Dünkel, Verachtung und Hass sind schlechte, verwerfliche, dumpfe Gefühle, die unempfänglich für Argumente und Theorien sind. Gute Gefühle der Sorge wie Sympathie und Wohlwollen können schlechte Gefühle mit ihrer Wärme und Zuwendung entkräften und Menschen für Umkehr und Versöhnung öffnen. Die Sorge kann alle moralischen Räume erfüllen und auch die Fernen und Fremden erreichen. Dagegen ist der Radius der Sitten begrenzt.

Sitten bestimmen den Alltag. In der alltäglichen Sorge zeigt sich auch die Sittlichkeit. Wenn das eigene Kind, der Partner oder die Partnerin oder der Nachbar krank sind und Hilfe brauchen, müssen wir uns nicht erst fragen, ob wir ihnen helfen sollen. Wir sorgen uns selbstverständlich um sie. Wir müssen nicht nachdenken, ob wir hilfsbereit sein sollen, weil es selbstverständlich ist. Die Hilfsbereitschaft ist zunächst etwas Selbstverständliches. Wenn jemand, den wir nicht kennen, Hilfe benötigt, werden wir erst nachdenken, ob wir ihm oder ihr helfen und uns um sie sorgen sollen. Dies ist ein erster, von der Sorge bewegter Schritt von der Sitte zur Sittlichkeit, von engeren regionalen Räumen zum weiteren moralischen Raum. Die Sittlichkeit ist ein grundlegender Maßstab ethischer Urteile. Die Ethik kann mit Hilfe von Prinzipien wie der Würde und der Gleichheit der Menschen begründen, warum es geboten ist, Fremden zu helfen. Eine Ethik kann die Frage beantworten, warum wir das, was uns im einen Fall selbstverständlich erscheint, in jeder ähnlichen Lage immer und überall genauso tun sollten oder nicht.

Diese Frage ist noch einfach zu beantworten, weil sie sich auf die Sittlichkeit als selbstverständlich geltenden Maßstab beziehen kann. Die für die Sitten und die Sittlichkeit grundlegende Sorge für sich und die Anderen kann aber ein Problem werden, wenn es darum geht, ob wir etwas sollen, was gegen eine Sitte verstößt. Wenn es in einer Gesellschaft z. B. Sitte ist, dass Frauen schlechter als Männer behandelt werden, und eine Frau oder ein Mann dem ethischen Prinzip folgen will, dass Frauen und Männer gleiche Achtung und gleich respektvolle Behandlung verdienen, wollen sie etwas, was gegen eine geltende Sitte verstößt. Diesem Konflikt liegt die ethische Norm der Gleichheit der Geschlechter zugrunde, und diese Norm leitet sich vom Prinzip der Gleichheit aller Menschen ab.

Der Schritt von den Sitten, die z. B. zwischen den Geschlechtern herrschen, und der Norm der Gleichheit der Geschlechter ist groß. Es ist ein Schritt von etwas Konkretem zu etwas Abstraktem, von einer Anschauung zu einem Begriff. Der Schritt ist nur möglich, wenn die Sitten sich kulturell verändert und weiterentwickelt haben und den Ansprüchen eines erweiterten moralischen Raums genügen. Die Gründe dafür können wir nur nachträglich mit Hilfe der Historiographie und Ideengeschichte verstehen. Nur die Sitten, die zur Sittlichkeit geworden sind, können zu einer Ethik werden.

Die Sittlichkeit ist der Schritt von der Sitte zur Ethik. Sitten sind nur anschaulich präsent und über regionale Grenzen sittlicher Räume hinweg oft unverträglich. Deswegen sind sie als Grundlagen einer allgemein geltenden Ethik nicht geeignet. Die Verbindungen und Abhängigkeiten zwischen Sitten und Ethik können wir aber nicht ignorieren, weil nur Sitten die Kraft haben, das Verhalten bewusst und unbewusst zu leiten. Keine Ethik hat diese Kraft. Eine Ethik kann gute Gründe für Motive liefern, die moralisches Verhalten bewegen sollten. Eine Ethik kann auch nachträglich Handlungen und Handlungsweisen begründen, rechtfertigen oder kritisieren. Sie kann moralisches Handeln aber nur indirekt motivieren. Die Sittlichkeit nimmt dagegen die bewegende Kraft der Sitten auf, verstärkt oder schwächt sie und lenkt sie in einer Richtung, die moralisch anspruchsvoll ist. Die Sittlichkeit muss ihrerseits zur Sitte werden, damit sie als Ethik wirksam werden kann.

Den Mangel an motivierender Kraft ethischer Theorien können wir indirekt daran erkennen, dass keine dieser Theorien eine überzeugende, nicht-tautologische Antwort auf die Frage geben kann, warum wir moralisch handeln sollen. Die Forderung, dass wir moralisch handeln sollen, weil es geboten ist, moralisch zu handeln, weil wir es sollen und weil es eine Pflicht ist, kann nicht befriedigen. Sie ist nicht nur tautologisch, sondern verweist auf die Begriffe des Sollens und der Pflicht. Begriffe können aber nicht motivieren. Würden wir uns darauf verlassen, dass eine Ethik eine Antwort auf jene Frage geben kann, müssten wir moralisch resignieren. Wenn wir dagegen auf die Frage, warum wir z. B. aufrichtig sein und unsere Versprechen halten sollen, die Antwort geben, weil es sich so gehört, verweisen wir auf keinen Begriff, sondern auf eine Praxis. Sie macht anschaulich, was sich gehört. Wir verstehen, was gemeint ist, weil wir es erleben können. Jede Praxis liefert Beispiele und Vorbilder, die exemplarisch zeigen, wie etwas gemacht wird und was sich gehört. Auf diesem Weg wird dann auch begrifflich erkennbar, was geboten ist. Wir bilden ethische Begriffe auf praktischen Grundlagen.

Kant entgeht das Problem der moralischen Motivation nicht. In seiner *Grundlegung zur Metaphysik der Sitten* gesteht er ein, dass das Moralgesetz, das »objektiv« (4, 400) gilt, selbst kein Motiv ist, ihm zu folgen. Er versucht dieses Manko in einer längeren Fußnote (401) mit dem »Gefühl« der »Achtung« vor dem Moralgesetz wettzumachen. Es sei ein von der Vernunft und nicht von außen kommendes, ein »*selbstgewirktes* Gefühl«. Kant glaubt zu Recht, dass wir nur durch Gefühle und nicht durch abstrakte Begriffe zum Handeln bewegt werden. Selbstverständlich können Gefühle durch Nachdenken und Einsicht verstärkt und vertieft werden. Wenn ich erkenne, wie sehr mir mein Freund behilflich war, ohne dass ich es bemerkte, werde ich ihm noch dankbarer für seine Freundschaft sein. Meine Fähigkeit, Dankbarkeit zu empfinden, entsteht aber nicht durch meine Einsicht in die Hilfe meines Freundes. Ich muss die Fähigkeit schon haben, damit ich sie durch Einsicht vertiefen kann.

Es läge nahe, dass Kant die motivierende Kraft der Maximen in seine Kategorischen Imperative überführt. Genau dies kann er aber nicht, weil sein Theorieprogramm vorsieht, dass das Moralgesetz und nicht die Maximen das bestimmen sollen, was wir wollen. Wir sollen »aus reiner Pflicht« handeln, nur das habe einen »moralischen Werth« (4, 406). Der »Zweite Abschnitt« der *Grundlegung* folgt diesem Gedanken, um die Bedeutung des Kategorischen Imperativs zu erklären. Dies sind die beiden wichtigsten Formulierungen des Kategorischen Imperativs: »[H]andle nur nach derjenigen Maxime, durch die du zugleich wollen kannst, daß sie ein allgemeines Gesetz werde« (421) und »Handle so, daß du die Menschheit sowohl in deiner Person, als in der Person eines jeden andern jederzeit zugleich als Zweck, niemals bloß als Mittel brauchst« (429). Ich komme auf den zweiten dieser Imperative später zurück, wenn es um die Bedeutung der menschlichen Würde geht. Ich werde dann mit Kants Imperativ den dazu gehörenden moralischen Raum erkunden. Für ihn gibt es nur einen moralischen Raum, weil in ihm alle sittlich bestimmten moralischen Räume aufgehoben sind. Zunächst müssen wir aber erkennen, dass Kant mit dem Gefühl der Achtung keine Antwort auf die Frage gibt, was uns zum moralischen Handeln motiviert. Obwohl sein Theorieprogramm das Motivationsproblem nicht löst, bietet seine Moralphilosophie eine gute theoretische Orientierung.

SITTLICHKEIT

Zur Freiheit des Erzählens gehört es, bereits Bekanntes anders zu erzählen. Diese Freiheit nehme ich mir. Was eine Ethik und was Sitten sind, ist ja nicht unbekannt. Auch der Zusammenhang zwischen beidem ist bekannt. Ich erzähle ihn anders, als er bisher verstanden wird. Der Zusammenhang ist schon in der griechischen Antike lebendig, in einer Zeit, in der es das Wort ›Ethik‹ noch nicht gibt und der hinter ihr stehende Theorieanspruch umstritten ist. Es gibt – zumindest seit Platon – das, was wir heute ›Tugendethik‹ nennen. Er untersucht die Tugenden der Gerechtigkeit, der Mäßigung, der Klugheit und der Tapferkeit in vielen Dialogen und vergleicht sie mit weniger guten oder schlechten Sitten. Die Tugenden sind nichts anderes als die guten Sitten, das, was ›Sittlichkeit‹ bedeutet. Andere Sitten wie das Recht des Stärkeren sind aber für viele nicht weniger attraktiv als die guten Sitten, für die Sokrates wirbt.

Zu den Sitten, die Sokrates kritisiert, gehören das Recht des Stärkeren und die damit zusammenhängenden Anmaßungen, etwa die, lieber Unrecht zu tun als Unrecht zu leiden. Etwas pauschal und ungerecht können wir auch die spartanischen Sitten im Umgang mit männlichen Nachkommen und ihrer Erziehung zu Kriegern zu den Sitten zählen, die nicht gut sind. In Sparta waren diese Sitten freilich hoch angesehen, weil sie den Bestand der Polis garantierten. Auch in Athen fanden nicht nur die Sitten, die Platon in seinen Dialogen schätzt, Beifall, sondern auch einige schlechte. Es kommt darauf an zu verstehen, dass die guten Sitten eine kleine Auswahl aus der großen Menge an Sitten sind, von denen viele einen zweifelhaften Ruf haben. Was ›gut‹ an den guten Sitten ist und warum sie besser als die anderen sind, ist nicht selbstverständlich, sondern setzt Einsicht und Verständnis voraus. Platons Lehrer Sokrates vermittelt die Einsicht durch anschauliche Beispiele.

Über die Verbindung zwischen Sitte und Ethik und die Bedeutung der Sittlichkeit will ich noch mehr erzählen. Um sie zu verstehen, sollten wir eine konkrete Anschauung von dem haben, was wir ›gute Sitten‹ und ›Sittlichkeit‹ nennen. Wir können Sitten auch, angelehnt an Kant, ›Maximen des Handelns‹ nennen. Denn einige, aber nicht alle dieser Maximen können Kategorische Imperative werden. Dies ist ein weithin akzeptierter Katalog von Maximen: Übervorteile niemanden; nehme nichts auf Kosten anderer in Anspruch (fahre nicht schwarz); halte deine Versprechen und mache keine falschen Versprechen (sei ehrlich); schikaniere, täusche, nötige, unterdrücke und quäle niemanden; töte niemanden, es sei denn in Notwehr; füge niemandem Schaden zu; manipuliere und zwinge niemanden; sei nicht heuchlerisch, nicht überheblich, nicht selbstgerecht und nicht anmaßend; sei wahrhaftig, ehrlich und aufrichtig, sei aufmerksam und hilfsbereit, den Eigenen und den Fremden gegenüber; sei großzügig, verständnisvoll, nachsichtig und nicht engstirnig! Dies sind zweifellos gute Sitten. Einige zählen zu den Zehn Geboten (nicht morden, nicht stehlen, kein falsches Zeugnis geben). Viele werden in den Kulturen und Religionen der Welt anerkannt. Sie geben eine Vorstellung menschlicher Sittlichkeit und machen anschaulich, was mit ›Menschlichkeit‹ gemeint ist.

Wenn ein Kind zu Hause oder in der Schule nicht weiß, was diese Maximen der Menschlichkeit bedeuten, hat es keinen Sinn, ihm Begriffe des Schwarzfahrens, der Ehrlichkeit oder der Wahrhaftigkeit etc. zu nennen. Es kommt darauf an, dem Kind anschauliche Beispiele dieser Verhaltensweisen und am besten auch ihres jeweiligen Gegenteils zu erzählen. Wenn es beides verstanden hat, versteht es auch die dazu passenden Begriffe. Das Kind hat dann eine Vorstellung von den Begriffen, die es ohne die Beispiele nicht hätte. Der Erwachsene, der dem Kind Beispiele vor Augen führt, kann anhand seiner Beispiele prüfen, ob er selbst die Begriffe verstanden hat.

›Menschlichkeit‹ verhält sich zu ›menschlich‹ wie ›Sittlichkeit‹ zu ›sittlich‹. Wir nennen auch das weniger gute, das fehlerhafte, unaufmerksame, törichte, irrtümliche, egoistische und engstirnige Verhalten ›menschlich‹, weil Menschen nicht perfekt sind. Über harmlose Beispiele dieses Verhaltens können wir lachen, weil wir uns selbst darin erkennen. Wenn dieses Verhalten keine schlimmen Folgen hat, neigen wir dazu, es für verzeihlich zu halten und nachsichtig zu sein. Ähnlich nennen wir Verhaltensweisen ›sittlich‹ geprägt, die abhängig von Kulturen und Religionen sind und bei Menschen anderer Kulturen und Religionen auf Ablehnung stoßen. ›Menschlichkeit‹ und ›Sittlichkeit‹ sind Namen für die bestmöglichen Verhaltensweisen von Menschen, unabhängig davon, zu welcher Kultur oder Religion sie gehören.

Hegels Konzept der Sittlichkeit schließt, wie erwähnt, kulturelle Differenzen und Konflikte nicht ein, aber auch nicht aus. Er versteht ›Sittlichkeit‹ als Wirksamkeit des kulturell geprägten Bewusstseins von Menschen, aber nicht dynamisch. Dabei sollte dieses Bewusstsein immer wieder neue Gestalten annehmen können. Dies ist aber in Hegels hierarchischem System von Recht, Moralität und Sittlichkeit kaum möglich. Warum dies nicht möglich ist, wird in Hegels Überlegungen zum menschlichen Handeln erkennbar. Unter der Überschrift »*Der wahre Geist. Die Sittlichkeit*« (291) erklärt er in der *Phänomenologie des Geistes,* was er unter ›Handeln‹ versteht. Pirmin Stekeler nimmt in seinem Kommentar zu diesem Kapitel das wieder auf, was er bereits zum ›Geist‹ sagt. Der Geist, der sich im Handeln zeigt, sei »das Bewusstsein … im Unterscheiden, Urteilen, Schließen und Handeln« (Bd. 2, 140). Dieser Anspruch an die Sittlichkeit setzt einen idealen Maßstab voraus, der in den moralischen und kulturellen Räumen unserer gegenwärtigen Welt nicht erfüllt ist. Wie hoch dieser Anspruch ist, wird erkennbar, wenn Pirmin Stekeler vom »kontrollierenden Mitwissen« im Urteilen spricht.

Die kulturell, aber auch rechtlich und religiös geprägten Formen der Sittlichkeit unserer Lebenswelten erfüllen diesen kognitiven Anspruch kaum. Menschen folgen in ihrem Verhalten häufig blind und adaptiv dem, was üblich ist, aber auch dem, wozu sie durch geltende Regeln und Normen verpflichtet sind. Menschen zu bestimmtem Verhalten zu verpflichten oder gar zu zwingen kann unausweichlich sein, wenn sie uneinsichtig sind und andere durch ihr Verhalten gefährden würden. Die Straßenverkehrsordnung, aber auch der Schutz vor Seuchen sind Beispiele für begründeten Zwang. Die Einschränkung der Bewegungsfreiheit zum Schutz vor Seuchen und die Regelung der Bewegungsfreiheit in der Öffentlichkeit gelten unabhängig von der Zustimmung und Einsicht der Menschen.

Es ist leicht erkennbar, dass viele kulturell geprägten Formen der Sittlichkeit ungeeignet für Kategorische Imperative sind. Die moralische Selbstbestimmung Kants kennt nur den Selbstzwang im Anschluss an die Prüfung von Maximen auf ihre Eignung als kategorisch geltende Imperative. Selbst das, was wir ›gute Sitten‹ nennen und der Sittlichkeit zurechnen, eignet sich nicht ohne weiteres als Imperativ dieser Art. Nehmen wir als Beispiel die Hilfsbereitschaft und die Großzügigkeit. Diese guten Sitten können nicht ohne anspruchsvolle Voraussetzungen zu Pflichten werden. Wer hilfsbereit und großzügig sein will, benötigt dafür einige Mittel. Arme und Hilfsbedürftige können anderen nicht helfen. Sie können vielleicht das Wenige, das sie haben, teilen und sich als großherzig erweisen. Wirklich großzügig können nur Menschen sein, die anderen etwas von dem abgeben wollen und können, was sie über den eigenen Bedarf hinaus besitzen und worauf sie verzichten. Hilfsbereitschaft und Großzügigkeit können Kategorische Imperative werden, wenn sie die Bedingungen enthalten, unter denen sie sich verallgemeinern lassen. Jeder kann Opfer mangelnder Hilfsbereitschaft werden. Jeder kann alles verlieren, was ihm erlaubte, großzügig zu sein. Die menschliche Sittlichkeit kann kaum durch Kategorische Imperative geprägt werden.

Besonders deutlich wird dies am Beispiel der von Aristoteles hoch geschätzten Tugend der Freundschaft. Die Befähigung zur Freundschaft schließt Hilfsbereitschaft, Zuneigung, Verständnis, Aufmerksamkeit, Großzügigkeit und Aufrichtigkeit ein. Freunde kann es nur wenige geben, und es gibt sie in moralischen Räumen nur in der Nähe. Es ist sogar so, dass die Nähe durch die Freundschaft bestimmt wird und nicht umgekehrt die Freundschaft durch die Nähe. Deswegen können wir weit entfernt lebenden Freunden nahe sein. Die Tugend der Freundschaft könnten wir nur dann als Kategorischen Imperativ formulieren, wenn wir alle eben genannten Merkmale als Bedingungen in die Forderungen des Imperativs integrieren könnten. Das entscheidende Merkmal der Zuneigung können wir aber mit keinem Imperativ verbindlich machen. Zuneigung kann ähnlich wie die Liebe niemandem zur Pflicht gemacht werden. Das zum Dekalog gehörende und von Jesus wiederholte Gebot ›Du sollst deinen Nächsten lieben wie dich selbst‹ würde dem widersprechen, wenn das ›wie dich selbst‹ nicht der Vergleichsmaßstab wäre. Der Vergleichsmaßstab macht das Liebesgebot nicht zu einer absolut geltenden Liebespflicht, sondern zum Appell, zu versuchen, den anderen wie sich selbst zu lieben. Dies gelingt nicht immer. Dass das christliche Liebesgebot auch Feinde einschließt, macht aus dem Appell eine Zumutung.

Die Maximen der Sittlichkeit gelten, ohne dass sie ethisch theoretisch begründet werden könnten. Sie sind selbst unbegründete Grundlagen der Moral, unabhängig davon, ob sie sich für Kategorische Imperative eignen. Selbst wenn sie sich dafür eignen, wird ihre Geltung lediglich durch ihre Allgemeingültigkeit bestätigt. Sie werden aber nicht begründet. Für die guten Sitten gibt es keine Begründungen. Sie sind wünschenswert und verdienen Anerkennung unabhängig von Begründungen. Es kommt darauf an, sich von ihnen überzeugen zu lassen. Noch mehr kommt es darauf an, ihnen folgen zu *wollen*.

Die Sitten, die wir der Sittlichkeit zurechnen, gibt es in den kulturellen Räumen mit ihrer jeweiligen Geschichte. Sie gelten nicht raum- und zeitlos, sondern wandeln sich mit den Mentalitäten. Sitten wie Redlichkeit, Rechtschaffenheit und Vaterlandsliebe sind in den Augen vieler verstaubt. Die Vaterlandsliebe ist von ihrem Missbrauch und ihrer Manipulierbarkeit in unserer jüngeren Geschichte belastet und kann nicht ohne Erinnerung daran zu unserer Sittlichkeit gehören. Der abstrakte und emotional blasse Verfassungspatriotismus mag an ihre Stelle treten. Redlichkeit und Rechtschaffenheit haben als Ehrlichkeit, Gradlinigkeit und Zuverlässigkeit noch immer die Bedeutung, die sie hatten. Ob sie noch über das frömmelnde Bekenntnis zu ihnen hinaus ernst genommen werden, ist unklar.

Unsere sittlichen Gefühle können von Verhaltensweisen bestätigt, gefördert oder verletzt und in Frage gestellt werden. Ein Forum dieser Gefühle ist das Gewissen. Es regt sich, wenn wir selbst etwas tun, was fragwürdig oder schlecht ist. Ein gutes Gewissen gibt es nur im Volksmund, aber nicht wirklich. Heidegger hat wohl recht: Es gibt nur das schlechte Gewissen, das Alarm schlägt. Er spricht vom Ruf des Gewissens als Aufruf zum Schuldigsein (*Sein und Zeit*, 269). Wir sind oft unsicher, ob das, was wir getan haben, gut oder schlecht ist, und diese Unsicherheit äußert sich als Gewissen. Eine Klärung unserer Unsicherheit kann das Gewissen nicht leisten. Da unsere sittlichen Gefühle wandelbar sind, ist auch unser Gewissen wandelbar. Das Gewissen und die sittlichen Gefühle werden in der Erziehung entwickelt. In Räumen mit schlechten Sitten können sich das Gewissen und gute sittliche Gefühle aber kaum entwickeln. Sie werden eher unterdrückt und pervertiert. Deswegen sind das Gewissen und die sittlichen Gefühle nicht nur wandelbar, sondern auch nicht zuverlässig. Wenn sich das Gewissen nicht regt, ist dies noch kein Nachweis dafür, dass alles gut ist. Wir Menschen können uns durch Anpassung leicht angewöhnen, Schlechtes und Verwerfliches gewissenhaft und zuverlässig zu tun. Deswegen dürfen wir unserem Gewissen und unseren sittlichen Gefühlen nicht blind vertrauen.

Da ich Kant als ethischen Ratgeber nannte, wäre es unaufrichtig, wenn ich nicht darauf hinweisen würde, dass er dem Gewissen als »innerer Stimme« ohne Wenn und Aber vertraut. Dabei fällt ihm dies nicht leicht, weil das Gewissen im Rahmen der moralischen Autonomie zwar Richter und Angeklagte sein sollte, dies aber nicht gleichzeitig sein kann. Thomas Oehl zeigt, dass Kant der Aporie entgehen kann, wenn der Mensch nach der Tat auf unterscheidbare Weise im Gewissen dem eigenen, autonomen Urteil und getrennt davon dem externen göttlichen Urteil gerecht wird (»Gott als Richter?«). Der Erfolg dieser Rettung des Gewissens hängt davon ab, wie Kant ›Gott‹ versteht. Die moraltheologische Rettung des Gewissens kann theoretisch gelingen, schützt das Gewissen in einer amoralischen Praxis aber nicht vor Irrtum und Verfall.

Sittlichkeit und sittliche Gefühle sind nicht nur eng mit der Lebensstimmung der Sorge verbunden, sondern von ihr abhängig. In der Einleitung wies ich darauf hin, dass die Sorge nicht nur eine helle, das Leben bewahrende und schützende, sondern auch eine dunkle, das Leben gefährdende Seite haben kann. Entscheidend ist das Maß der Sorge. Zu wenig ist ebenso gefährdend wie zu viel. Zwischen sorglos und ängstlich müssen wir das rechte Maß der Sorge finden, weil das sittliche Leben vom rechten Maß der Sorge abhängig ist. Die Sorglosigkeit kann verantwortungslos, und die übermäßige Ängstlichkeit kann erdrückend sein. Beides gefährdet die Sittlichkeit.

Das Verständnis der ›Sorge‹ hat eine literarische Vorgeschichte. Diese Vorgeschichte, auf die ich kurz eingehe, verändert ihre Bedeutung aber nicht. Wenn von ›Sorge‹ die Rede ist, denken Philosophen weniger an Goethe, sondern eher an Heidegger. Das ist nicht ganz gerecht, weil Heidegger selbst, vermittelt durch Konrad Burdachs Studie *Faust und die Sorge* (1923), zuerst an Goethe dachte und sich dann die Sorge für sein eigenes Denken aneignete. Genauer nachlesen können wir dies bei Sebastian Kaufmann (*Heidegger liest Goethe*, 2019, 21). Die Anregung durch Goethe ist in Heideggers Gedanken zur Sorge nur noch indirekt und vage erkennbar. Ich gehe auf seine Gedanken ein, obwohl sie den Zusammenhang zwischen der Sorge und der Sittlichkeit nicht unmittelbar berühren.

Heidegger sagt in *Sein und Zeit* über die Sorge, sie sei ein Werden zu dem, was der Mensch sein kann. Der Raum dieses Werdens sei die Freiheit. Das Freisein des Menschen »für seine eigensten Möglichkeiten« sei eine Leistung der Sorge (1967, 199). Das »In-der-Welt-sein« sei »wesenhaft Sorge« (193), und dieses Grundphänomen könne mit nichts erklärt werden, was es in der Welt gibt. In der Sorge sieht Heidegger die grundlegende Weise des Daseins. In ihr liege »das Sein des Daseins beschlossen« (231). Dieses Dasein definiert er als »Sich-vorweg-schon-sein-in« der Welt (249, 192). Dasein sei ein Entwurf, der in der Sorge »gründet« (259). Heideggers nächster Gedanke ist der Tod, das »Sein zum Ende« (252) und sein übernächster ist das »Gewissen als Ruf der Sorge« (§ 57, 274). Der Zusammenhang von Sorge, Tod und Gewissen ist das Spannungsfeld des Daseins, dem wir in *Sein und Zeit* literarisch begegnen.

Die Sorge hat für Heidegger eine ontologische und nur indirekt über den Tod und das Gewissen eine sittliche Bedeutung, die er aber nicht anspricht. Die Lebensstimmung, von der ich spreche, ist auch eine Daseinsstimmung. Deswegen können wir ihr in Heideggers Worten zubilligen, ›wesenhaft Sorge‹ zu sein. Damit wird aber nicht sichtbar, wie die Sorge wirkt, und was sie wirklich tun kann. Ontologisch bleibt die Sorge ein Gedanke, der abstrakt, farblos und frei von Schwankungen ist. Die Bedeutung der Sorge für das Leben wird postuliert, aber nicht so beschrieben, dass wir ihre Bedeutung für das eigene Leben erkennen können.

Anders verhält es sich mit der Sorge, die Goethe im *Faust* beschreibt. Ich wiederhole noch einmal seine Verse: »Die Sorge nistet gleich im tiefen Herzen, / Doch wirket sie geheime Schmerzen, / Unruhig wiegt sie sich und störet Lust und Ruh« (V. 644–646). Dies trifft die Unruhe stiftende, gefährdende Lebensstimmung der Sorge. Das Maß dieser Sorge entspricht Fausts verzweifelter Verfassung. Im »Zweiten Teil« des *Faust* erscheint die Sorge als eine von vier »grauen Weibern« (V. 11384–11498) um »Mitternacht«.

Der Kommentator Albrecht Schöne (1925–1952) nennt dies »Endzeitangabe« (2003, 732) und weist auf die unterschiedlichen Deutungen der Sorge hin, als »Dämon«, als »qualvoll beengende Gewalt« (733). Dabei ist Faust sorglos in seiner rastlos blinden Tätigkeit (734). Michael Jaeger deutet Fausts Bewegungsdrang als »Abwehr der Todesahnung«, als Ausdruck einer »existentialistischen Ontologie« (*Fausts Kolonie*, 427). Die Gestalt der Sorge stellt diesen verdrängenden Bewegungsdrang Fausts als »vermeintlich pragmatischen Vorsatz zum Weiterschreiten« bloß, wie Jaeger feststellt (429). Goethe beschreibt die Sorge als Ankündigung eines fatalen Endes: »Wen ich einmal mir besitze, / Dem ist alle Welt nichts nütze; / Ewiges Düstre steigt herunter, / Sonne geht nicht auf noch unter, /… / Glück und Unglück wird zur Grille, / Er verhungert in der Fülle« (V. 11453–56, 11461 f.). Faust will davon nichts wissen: »Hör auf! so kommst du mir nicht bei! Ich mag nicht solchen Unsinn hören« (V. 11467 f.). Albrecht Schöne erkennt in den Sorge-Versen, angelehnt an den Mediziner Nager, »alle klassischen Lehrbuchsymptome« einer Depression (2003, 739).

Da es um Fausts Ende geht, beschreibt Goethe nur die düstere, lebensgefährdende Sorge als Krankheitsphänomen, eine Krankheit zum Tode ohne die Selbst- und Glaubenszweifel, die diese Krankheit bei Kierkegaard (1813–1855) hat. Faust wehrt sich gegen die Selbstzweifel und will mit aller Macht die Einsicht in seine ausweglose Lage verdrängen. Diese Sorge kann nicht mehr lebensstiftend und lebensbewahrend werden. Sie ist nur noch zerstörerisch, eine das Leben gefährdende, verzweifelte Kraft. Paul Stöcklein beschreibt ausführlich die größere Gefühlseinheit der Sorge von der »quälenden Entschlußlosigkeit« bis zum quälerisch verzagten Reuegefühl (²1960, 93–162, hier: 118).

Wir sollten beide Seiten der Sorge ernst nehmen, die helle und die dunkle, weil beide unser Dasein bestimmen können. Wir können uns, wie Heidegger annimmt, zu dem entwerfen, wer wir sein können, wir können uns aber auch wie Faust, den Tod und das eigene Versagen verdrängend, in blindem Bewegungsdrang verfehlen und in Depression verfallen. Es kommt auf das Maß der Sorge an, das zwischen einem erdrückenden Übermaß und einer törichten Sorglosigkeit liegen sollte. Die Sorge wirkt im moralischen Handeln, aber auch jenseits der Ethik. Sie mutet uns mehr zu als das, was ethisch gerechtfertigt werden kann, vor allem dann, wenn es um Entscheidungen über Leben und Tod geht.

Das Selbstverständnis, das wir der Sorge um unser Dasein verdanken, entsteht nicht in unseren sittlichen Gefühlen. Würden wir dies dennoch annehmen, würden wir Vorher und Nachher, das Spätere mit dem Früheren, verwechseln. Unsere Gefühle sind im Übrigen unzuverlässig und wechselhaft. Es hat keinen Sinn zu behaupten, dass wir sittliche Wesen sind, weil wir sittliche Gefühle haben. Damit würden wir nur sagen, dass wir sittliche Wesen sind, weil wir sittliche Wesen sind. Und was für welche (!), könnten wir gleich darauf resignierend bemerken. Das Normative als Normatives zu erklären, ist zirkulär, beliebig, manipulierbar und gedankenlos. Wir entfliehen damit der Schuldigkeit, die wir unserem Dasein gegenüber haben.

Den Anspruch der Schuldigkeit vertritt auch Heidegger, wenn er von der Sorge als Schuldigkeit, sich zu entwerfen, spricht (*Sein und Zeit*, 286). Er nennt die Schuldigkeit auch »Entschlossenheit« (297). Deren Bestimmtheit sei die Unbestimmtheit (298). Dies ist kein inhaltsleeres Paradox. Die Formulierung will zeigen, dass die Sorge nicht schon bestimmte Ziele hat, auf die wir uns richten können. Würde die Sorge fertigen Entwurfszielen folgen, wäre sie nicht nur ontologisch, sondern auch moralisch vorherbestimmt. Wir würden schon wissen, wohin wir gehen sollten und gegangen sein werden, bevor wir unser Dasein entworfen haben. Wir kennen nur die Schuldigkeit als Sorge um uns selbst, um die anderen, um die Natur und die Umwelt.

Mit der Sorge folgen wir keinem vorgefertigten Katalog von Maximen in dem Glauben, damit unserer Schuldigkeit gerecht zu werden. Wir leben mit einem gewissen Maß an Angst vor dem Scheitern, vor dem Ende des Daseins und vor dem sinnlosen, oberflächlichen Dahinleben. Wir sind offen für Glücken oder Scheitern. Das Scheitern ist nicht weniger wahrscheinlich als das Glücken. Wenn die Sorge von Sorgfalt und Hingabe begleitet wird, sind wir zur Sympathie und zum Wohlwollen anderer gegenüber fähig.

Die Lebensstimmung der Sorge verstehen wir ontologisch nur unzureichend, weil wir so ihre Verbindung mit der Sittlichkeit nicht verstehen. Heideggers Gedanke der »Geworfenheit« ins Dasein lenkt von dieser Verbindung sogar ab, weil er Voraussetzungslosigkeit suggeriert. Wir sind als Einzelne nicht ins Dasein geworfen, sondern sind Nachkommen in einer Welt, in der es schon andere gibt. Zuerst sind wir Nachkommen, dann erst Einzelne. Es entspricht der Ordnung unseres Daseins, zuerst in Beziehungen mit den Anderen in der Welt zu leben und dann erst allein und mit uns selbst.

Hartmut Rosa nennt diese Beziehungen ›Resonanz‹ (2018). Er meint damit Schwingungen, die sich überlagern und synchronisiert werden sollten, wenn wir ein gutes Leben führen wollen. Rosa versteht Resonanz zunächst angeregt durch Heidegger als »Art des In-der-Welt-Seins« (55). Heideggers Konzept der Sorge deutet er als »Aufrechterhaltung einer Resonanzbeziehung« (191). Wir verursachen selbst Schwingungen und empfangen die Schwingungen der Anderen und der Dinge in der Welt. Heideggers Konzept der Angst versteht Rosa als Verlust der Resonanzbeziehung.

Das Wort ›Resonanz‹ ist gut gewählt, weil es Senden und Empfangen, das Aktive und das Passive, Sprechen und Hören, Subjekte und Objekte, ich und die Anderen nicht trennt. Allen Dichotomien geht mit der Resonanz etwas voraus, was noch nicht geschieden ist, die Dichotomien aber beeinflusst. Die Relation bestimmt die Relata. Die fühlbaren, hörbaren und sichtbaren Beziehungen kommen vor dem eigenen Tun. Das ist beim Antworten offensichtlicher als beim Fragen und Sprechen, trifft aber auf beides zu. Auch die Sittlichkeit ist eine Beziehung vor dem eigenen Tun und Lassen. Das Tun und Lassen ist dann aber unausweichlich. Wir sind gefordert und aufgerufen, uns erkennbar zu machen. Die Sittlichkeit vereinzelt uns. Wir werden zu Handelnden. Die Resonanz unseres Handelns müssen wir dann verantworten und für uns selbst einstehen.

Über die Resonanz wirkt die Sorge im moralischen Raum unseres Lebens. Ob etwas aus allgemein geltenden Gründen und nicht nur aus sittlicher Gewohnheit zu tun ist, und ob etwas gegen schlechte Sitten getan werden soll, ist von der Sorge um das gute Leben bestimmt. Es geht um das gute Leben zu Hause und mit Menschen aus anderen Kulturen. Diese Sorge findet ihren Ausdruck in der gelebten Sittlichkeit. Thematisch wird die Sittlichkeit in der Ethik. Die Sorge wirkt damit über die Sittlichkeit in *eine* Ethik, weil es *die* Ethik nicht gibt.

Wir suchen nach einer Ethik, mit der wir unser Dasein gestalten können. Wenn uns nicht schon aus sittlichem Empfinden klar ist, was wir tun sollen, kann uns eine Ethik helfen, das, was wir sollen, zu begründen. Die nächste Frage ist aber, mit welcher Ethik dies gelingt. Die Lösung liegt nicht auf der Hand, weil keine Ethik so selbstverständlich wie eine Sitte gilt. Eine Ethik kann außerdem vielen Sitten widersprechen. Schließlich erheben viele Ethiken den Anspruch, allgemein, unabhängig von kulturellen Grenzen, zu gelten. Die Sorge um das Leben mit Menschen aus anderen Kulturen, die mit anderen Sitten leben, ist ein Gebot der Sittlichkeit, aber noch keine Ethik. Jene Sorge ist aber ein Motiv, die Gegensätze zwischen Sitten und Kulturen zu überbrücken, zumindest aber zu entschärfen und ihnen ihr gewalttätiges, lebensbedrohliches Potential zu nehmen.

Die Konflikte zwischen Sitten unterschiedlicher Kulturen legen nahe, dass eine gute Ethik hilft, regional geltende Sitten zu überwinden und zu ersetzen. Theoretisch ist dies einfach, praktisch nicht. Die Resonanz der sittlichen Beziehungen existiert vor jeder Ethik. Diese Resonanz kann in eine Ethik überführt und in ihr verstärkt, aber durch keine Ethik aufgehoben werden. Wir müssen den Resonanzraum der Sittlichkeit auch ethisch respektieren. Es wäre ungerecht, wenn wir uns ethisch zu Richtern über die Sittlichkeit anderer Kulturen machen würden. Dafür haben wir keine ethische Lizenz. Wir bilden unser sittliches Bewusstsein ja selbst zuerst in unserer eigenen Kultur. Wir lernen dabei, was sich gehört, und entwickeln ein Gefühl für das, was gilt. Ohne dieses sittliche Gefühl wüssten wir nicht, was es bedeutet, dass wir etwas tun oder lassen sollten, was gut oder schlecht ist. Dieses Gefühl ist etwas, was keine Ethik vermitteln kann. Wenn wir unser eigenes sittliches Gefühl schätzen, sollten wir dies auch Menschen anderer Kulturen zubilligen und nicht über sie richten.

Wir können uns das Verhältnis zwischen Sitte und Ethik am Verhältnis zwischen Dialekt und Fremdsprache klar machen. Die Sitten, für die wir ein Bewusstsein bilden, lernen wir wie unsere erste Sprache. Wir lernen erst einen Dialekt, dann die Hochsprache, zu der er gehört. Die sittliche Hochsprache ist die Sittlichkeit. Zu ihr gehören die Sitten, die wir zu Hause, aber besonders im Religions- und Schulunterricht kennenlernen. Verglichen damit ist jede Ethik eine Fremdsprache, die wir ebenfalls erlernen können. Wir können sie aber nur erlernen, wenn wir vorher schon sprechen können, also schon einen Dialekt (Sitte) und eine Hochsprache (Sittlichkeit) kennen. Außerdem können wir eine Fremdsprache nur erlernen, wenn wir wissen, was eine Grammatik ist. Die Grammatik, die wir für eine Ethik benötigen, enthält viele Begriffe, u. a. des Guten, des Sollens, der Pflicht, der Verantwortung und des Zusammenhangs zwischen ihnen. Jede Grammatik ist eine begrifflich anspruchsvolle, abstrakte Angelegenheit, die uns einiges abverlangt und viel Wissen voraussetzt. Wir müssen wissen, was ein ethisches Prinzip von einem Gebot unterscheidet und wie das eine vom anderen abhängt. All das benötigen wir nicht für das sittliche Bewusstsein, das wir als Erstes erwerben.

Keine Grammatik vermittelt die sprachlichen Grundlagen, die wir benötigen, um sie zu verstehen. Genauso verhält es sich mit jeder Ethik. Keine Ethik vermittelt das sittliche Bewusstsein für unser Verständnis all der Begriffe und ihrer Zusammenhänge, die in ihr eine Rolle spielen. Der Ethikunterricht in der Schule kann nur dann erfolgreich sein, wenn die Schüler schon ein sittliches Bewusstsein für das haben, was sich gehört. Wir erwerben keine Ethik ohne sittliches Bewusstsein, ähnlich wie wir keine Fremdsprache ohne unsere Sprachfähigkeit erwerben können. Eine Ethik kann fehlendes sittliches Bewusstsein nicht ersetzen. Ein guter Ethikunterricht nimmt darauf Rücksicht und ignoriert oder verurteilt nicht das bis dahin erworbene sittliche Bewusstsein der Jugendlichen. Selbst wenn es das Ziel des Unterrichts ist, schlechte Sitten zu überwinden, sollte der Unterricht bei den guten Sitten beginnen und sie vertiefen. Es wäre ähnlich unsinnig, wenn mit dem Erwerb einer Fremdsprache die Muttersprache oder der heimische Dialekt ignoriert oder verurteilt würden. Beides wird leider häufig getan.

Die Rückbindung des Ethikunterrichts an die Sittlichkeit ist unverzichtbar, weil die guten Sitten die Wurzeln und Grundlagen des sittlichen Bewusstseins sind, ohne die keine gute Ethik gelten kann. Es gibt auch schlechte Ethiken. Sie sind daran erkennbar, dass sie die Sittlichkeit und das gute sittliche Empfinden verletzen und dem sittlichen Bewusstsein der Menschen widersprechen. Eine Ethik, die dem Egoismus und dem Selbstinteresse des Einzelnen einen Vorrang vor allen anderen Interessen einräumt, wird dem guten sittlichen Bewusstsein vieler, vielleicht der meisten Menschen widersprechen. Ähnliches gilt für eine Ethik der Vergeltung, welche die Grausamkeit gegen Straftäter zur Abschreckung vor künftigen Straftaten bis hin zur Folter rechtfertigt. Der Schritt von der Anwendung der Ethik der Vergeltung auf Andersdenkende für ihr Anderssein ist nicht groß. Eine Ethik des Egoismus toleriert auch das grausame Töten von Tieren. Und auch dies widerspricht dem guten sittlichen Bewusstsein vieler, vielleicht der meisten Menschen.

Es ist nicht sehr wahrscheinlich, dass der Ethikunterricht in den Schulen in unserer Zeit schlechte Ethiken vermittelt. Es gab rassistische und fremdenfeindliche Ethiken in der Zeit des Nationalsozialismus in Deutschland. Sie existieren auch heute in vielerlei Gestalt im Alltag, in der Wirtschafts- und Arbeitswelt vieler Gesellschaften. Wenn ihnen Jugendliche begegnen, deren sittliches Bewusstsein davor durch Hilfsbereitschaft, die Achtung vor der Person des Anderen und Fremden, die Sorge für sich und die anderen geprägt war, werden sie nicht mehr wissen, was nun eigentlich gilt. Eine Ethik des Egoismus kann nahtlos an das ebenfalls in vielen Gesellschaften vorhandene schlechte sittliche Bewusstsein anknüpfen. Keine Gesellschaft ist ohne Unsitten und Amoral. Die Irritation, die der Gegensatz zwischen einer schlechten Ethik und den guten Sitten auslöst, kann den Glauben an die Geltung der Sittlichkeit und einer guten Ethik untergraben. Dann fehlt einer guten Ethik ihre Geltungsgrundlage. Sie hat dann keine Wurzeln und ist auch nicht zuverlässig wirksam. Wenn der Ethikunterricht in Schulen nicht an eine geltende Sittlichkeit anschließen kann, ist er unwirksam. Es fehlt ihm die Grundlage einer guten Ethik, nämlich die Einsicht in das, was sich gehört.

Eine gute, an der Würde des Menschen und den Menschenrechten orientierte Ethik kann aber auch das zu Hause erworbene sittliche Bewusstsein verletzen, wenn dies von Verachtung und Gewalt gegen Andersdenkende und Frauen und von Rache gegen diejenigen, welche die eigene Ehre verletzt haben, geprägt ist. Opfer dieser Rache aus verletzter Ehre können die eigenen Verwandten auf grausame Weise werden. Es sind in vielen bekannt gewordenen Fällen Frauen, die ihren eigenen Weg gehen und sich nicht den Sitten ihrer Ethnie, ihrer Verwandten und ihres Clans unterwerfen wollten.

Die Bildung der Sittlichkeit in der Schule ist angesichts eines solchen archaischen sittlichen Bewusstseins durch die abstrakten Angebote des Ethikunterrichts schwer möglich, aber nicht unmöglich. Die Teilnehmer des Unterrichts werden für die Bildung ihres sittlichen Bewusstseins vielleicht von der Lektüre von *Anne Franks Tagebuch* mehr gewinnen als von einem Ethik-Lehrbuch. Es ist erschütternd zu lesen, dass Anne Frank (1929–1945) kurz vor ihrer Deportation 1944 in das Konzentrationslager Bergen-Belsen und ihrem Tod 1945 schreibt, in den Menschen herrsche eine zerstörerische Kraft zu töten, die Kriege verursache. Es seien nicht die Politiker allein schuld an Kriegen. Die Kriege werden so weiter gehen, wenn die gesamte Menschheit sich nicht ändere, schreibt die fünfzehnjährige Anne.

Dieser erschütternde Appell richtet sich an uns alle. Vielleicht erreicht er auch diejenigen, die von einem archaischen sittlichen Bewusstsein geprägt sind. Es wird aber kein direkter Weg von einem archaischen sittlichen Bewusstsein zu einer guten Ethik führen, bevor nicht die Sittlichkeit und die Bedeutung der guten Sitten, die auch von diesen Menschen anerkannt werden, vertieft worden ist. Der Ethikunterricht darf die Selbstachtung der Jugendlichen nicht verletzen, auch wenn sie schlechtem Verhalten zugrunde liegt, weil ohne Selbstachtung die Bereitschaft, das eigene sittliche Bewusstsein zu korrigieren, nicht denkbar ist. Denn ohne Selbstachtung kann niemand Sorge für sich und andere tragen.

Die Selbstachtung kann gestärkt werden, wenn die Bedeutung der Gastfreundschaft, der Hilfsbereitschaft und anderer guter Sitten, die auch für diese Menschen gute Sitten sind, im Unterricht ernst genommen werden. Wer versteht, dass diese guten Sitten den archaischen Rache- und Verachtungssitten widersprechen, wird erkennen, dass nur die guten Sitten Grund zur Selbstachtung geben. Der Widerspruch wird daran erkennbar, dass die Rache- und Verachtungssitten auch diejenigen treffen können, die sie vertreten. Die Menschen können zu Opfern ihrer eigenen Amoral werden. Es mag nicht einfach sein, dies jungen Menschen klar zu machen, vor allem dann nicht, wenn sie zu Hause das Gegenteil hören.

In jedem Fall müssen die Wurzeln der Sittlichkeit sorgfältig gepflegt und vertieft werden, bevor die Angebote einer Ethik mit ihren abstrakten Begriffen Aussicht auf Erfolg haben. Denn keine Ethik schafft mit abstrakten Begriffen die Sittlichkeit und ein gutes sittliches Bewusstsein und Empfinden. Die Selbstachtung ist Teil dieses Empfindens und das Empfinden selbst ist ein Ausdruck der Sorge der Menschen um sich selbst, um ihr Leben und das Leben der Anderen. Eine Ethik sollte auf der Grundlage eines guten sittlichen Bewusstseins gelten.

TUGENDEN

Nun erzähle ich vom Beginn der Ethik. In der griechischen Antike ist die Sittlichkeit das, was wir heute ›Ethik‹ nennen. Es ist die Sittlichkeit in Gestalt der Tugenden. Sie soll über das, was gut und schlecht ist, aufklären und helfen, schlechte Sitten zu überwinden. Die Menschen sollen über den Unterschied zwischen dem wirklich und nur scheinbar Guten aufgeklärt werden. Auch in der griechischen Polis sind nicht alle Sitten gut. Schon da gibt es – nicht nur aus unserer heutigen Sicht – Unsitten im Verhalten gegenüber Frauen, Fremden, Erfolglosen, Armen und Kranken. Deswegen hat die Ethik von Anfang an die Aufgabe, darüber aufzuklären, was gutes von schlechtem Handeln unterscheidet.

Die Sittlichkeit, die Tugenden, die in der Polis herrschen sollen, werden von Platon (428/7–348/7 v. Chr.) und Aristoteles (384–322 v. Chr.) beschrieben und gegen auf der Hand liegende und für viele überzeugende Einwände verteidigt. Die Tugenden orientieren sich, wie Platon erklärt, am Guten und sind, wie Aristoteles glaubt, das Muster des exzellenten, bestmöglichen Handelns. Die wichtigsten vier Tugenden, um die sich alles – auch die übrigen Tugenden – dreht, sind die Kardinaltugenden. Der Name ›Kardinaltugenden‹ leitet sich von ›cardo‹ ab, dem lateinischen Wort für die Angel, um die sich die Tür dreht. Diese Tugenden sind die Gerechtigkeit, die Klugheit, die Tapferkeit und die Mäßigung.

Aristoteles kennt noch einige Tugenden mehr, etwa die Freundschaft oder die Großmütigkeit. Von der Freundschaft hält er besonders viel, weil sie die Verbindung zwischen den Menschen eng und zuverlässig macht und das wechselseitige Vertrauen schafft, ohne das ein gutes Leben und gute Politik nicht möglich sind. Die Freundschaft ist eine ideale Tugend, weil sie das natürliche gute Empfinden, das schöne Gefühl und das exzellente Handeln miteinander verbindet. Nichts verbindet Menschen inniger als das Band der Freundschaft. Die Liebe kann zur Freundschaft gehören, sie aber nicht ersetzen, weil die Tugenden der Klugheit, Gerechtigkeit und Mäßigung nicht notwendig zur Liebe gehören. Diese Tugenden gehören aber zur Freundschaft. Sie ist eine symmetrische Beziehung zwischen zwei Menschen. Die Liebe muss dagegen nicht symmetrisch sein, sie muss nicht erwidert werden. Ohne das Leid der Liebenden, deren Liebe nicht erwidert wird, wäre die Weltliteratur ärmer.

Im Mittelalter integriert Thomas von Aquin (1225–1274) die Tugendlehre von Aristoteles mehr oder weniger vollständig in das Christentum und überwölbt sie mit den christlichen Tugenden von Glaube, Hoffnung und Liebe. Das kann aber nicht wirklich gelingen. Die Tapferkeit, die bei den Griechen in Achilles, dem tapfersten und besten Krieger in Homers *Ilias*, ihr Vorbild hat, verträgt sich nicht mit dem Liebesgebot. Denn zum christlichen Liebesgebot gehört auch die Feindesliebe, und die wäre in den Augen der vorchristlichen Griechen eine Untugend, ein Laster. Der Feind darf im Kampf nicht geschont werden. Die Integration von Aristoteles durch Thomas hat Grenzen, ist aber im Christentum wirkungsvoll.

Die Griechen hätten die Schlacht bei Marathon (490 v. Chr.) und zehn Jahre später die Schlacht bei Salamis (480 v. Chr.) nicht gewinnen können, wenn sie ihre damaligen Feinde, die Perser, geschont hätten. Ohne diese Schlachten hätte die griechische Antike nicht zur Idee Europas und die Politik in Athen nicht das Modell der Demokratie werden können. Vielleicht hätten wir nie etwas von Sokrates, Platon und Aristoteles erfahren, wenn die Griechen jene Schlachten nicht gewonnen hätten. Schlachten konnten mit dem christlichen Liebesgebot nicht gewonnen werden, auch nicht die von Juan d'Austria gewonnene Schlacht bei Lepanto (1571), mit denen das Christentum gegen die Osmanen verteidigt wurde. Felix Hartlaub beschreibt die Schlacht meisterhaft packend (*Don Juan d'Austria und die Schlacht bei Lepanto*, 2017).

Wir wüssten ohne Marathon und Salamis wohl nichts von den Tragödien von Aischylos aus Eleusis (525/4–456/5 v. Chr., u. a. die *Orestie*, die *Perser*), von Sophokles aus Athen (496–406 v. Chr., u. a. *König Ödipus, Elektra, Philoktet*) und von Euripides aus Salamis (484/5 oder 480–406 v. Chr., u. a. *Medea, Iphigenie in Aulis, Elektra, Die Troerinnen, Orest*). Aischylos, der älteste der drei, kämpfte in den Schlachten von Marathon und Salamis. Sophokles, der fast das gesamte 5. Jahrhundert und damit in der Hochzeit Athens lebte, hatte mehrere hohe politische und militärische Ämter inne, u. a. gemeinsam mit Perikles und Thukydides. Darüber hinaus war er Priester des Heros Halon. Euripides, der jüngste der drei, lebte zurückgezogen auf Salamis und war mit Sokrates befreundet. Martin Hose nennt ihn treffend »Dichter der Leidenschaften«. Sophokles war mit einigen großen Persönlichkeiten des 5. Jahrhunderts bekannt und befreundet, u. a. mit Herodot, Anaxagoras, Protagoras, Aischylos, Euripides, Aristophanes und besonders mit Perikles (485–429 v. Chr.).

Nur wenige Tragödien sind ethische Lehrstücke. Sie meisten sind dramatische, vor keiner Grausamkeit zurückschreckende Darstellungen der tödlichen, vorherbestimmten Schicksale der Menschen. Die Menschen können ihrem Schicksal nicht entrinnen, selbst dann nicht, wenn sie wie Ödipus das Orakel kennen. Sie tun das Vorherbestimmte und werden schuldig, ohne dies verhindern zu können. Auf paradoxe Weise wird dies als ›schuldlos schuldig Werden‹ beschrieben. Grausamkeiten wie Blendungen und Tötungen fanden bei den Aufführungen hinter der Bühne statt, entfalteten ihren Schrecken umso mehr in der Vorstellung der Menschen.

In der *Antigone* – einem der wenigen ethischen Lehrstücke – geht es um den Konflikt zwischen menschlichem Gesetz und göttlichem, natürlichem Gesetz. Die *Orestie* schildert das vergebliche Aufbäumen gegen das eigene, mitverschuldete, vom Orakel vorhergesagte Schicksal. Ödipus ermordet seinen Vater Laios, heiratet die eigene Mutter, blendet sich am Ende selbst. In der Tragödie *Medea* geht es um ungesühnten Frevel und schreckliche, nie getilgte Schuld. Medea ermordet aus Habgier den eigenen Bruder, nimmt Rache am untreuen Ehemann Jason und dessen Geliebter, tötet Kreon, der ihr Asyl gewährte, tötet ihre eigenen Söhne und wird am Ende vom Gott Helios, ihrem Großvater, vor dem Zugriff der Rächer geschützt. Im Hintergrund dieser unvorstellbaren Geschehnisse stehen die Götter, die fast immer eine Rolle spielen, mal aktiv wie Helios, mal passiv, aber nie nach einem ethischen Muster.

Tragödien feiern selten den sittlich guten Charakter. *Antigone* und *Philoktet* sind Ausnahmen. In diesen Tragödien spielen die Tugenden eine entscheidende Rolle. Alle drei großen Tragödiendichter, Aischylos, Sophokles und Euripides hatten einen *Philoktet* geschrieben, aber nur der von Sophokles ist erhalten (Stuttgart 2012).

Dieser *Philoktet* ist ein moralisches Lehrstück, das der Gerechtigkeit Vorrang vor List und Gewalt gibt und Aufmerksamkeit verdient. Philoktet wurde von einer Schlange gebissen und leidet seitdem an einer übelriechenden Wunde. Er wurde deswegen von den gegen Troia ziehenden Griechen auf der Insel Lemnos ausgesetzt. Überleben kann er dort, weil er den Bogen des Herakles besitzt und sich mit ihm Nahrung verschaffen kann. Ein Orakel sagt, Troia könne nur mit Hilfe dieses Bogens besiegt werden. Der listenreiche Odysseus soll zusammen mit Neoptolemos, dem Sohn des Achilles, den Bogen beschaffen. Odysseus vertritt ohne Wenn und Aber das Interesse des griechischen Heeres vor Troia. Er schreckt nicht vor Betrug zurück und will den Bogen mit List und wenn nötig mit Gewalt Philoktet entwinden. Die List gelingt auch, wird aber von Neoptolemos rückgängig gemacht. Er zieht die Gerechtigkeit und das Gute dem Listigen und Klugen vor und gibt trotz Gewaltandrohung durch Odysseus Philoktet den Bogen zurück (V. 1218–1408). Schließlich erscheint der zu einem Gott gewordene Herakles über der Bühne (V. 1409–1471), verspricht Philoktet Heilung durch Asklepios und bewegt ihn, mit Neoptolemos nach Troia zu fahren, um den Griechen zum Sieg zu verhelfen. Herakles hatte mit dem Bogen schon einmal Troia erorbert.

Häufig spielen in den Tragödien die Götter zumindest im Hintergrund eine entscheidende Rolle, nicht so in Sophokles' *Philoktet*. In diesem Lehrstück richten sie kein Unheil an. Die Gerechtigkeit und das Gute setzen sich durch, eine literarisch-philosophische Zeitenwende hin zu Sokrates und Platon deutet sich an. Die vom Schicksal beherrschten Zeiten davor waren andere. Die griechischen Götter sind keine sittlichen Vorbilder. Sie sind nicht gut, sondern mächtig, prächtig und eifersüchtig. So wie Hesiod (7. Jh. v. Chr.) die Entstehung der Götter (*Theogonie*) dichterisch beschreibt, können sie auch keine sittlichen Vorbilder sein, weil das Gute für sie keine Bedeutung hat. Das Chaos und nicht etwa ein guter Gott herrscht am Anfang. Neben dem Chaos gibt es die mächtige Göttin Gaia, die Uranus als ihr männliches Gegenstück hervorbringt. Der jüngste Sohn dieser Verbindung, Kronos, entmannt seinen Vater auf Geheiß seiner Mutter mit einer Sichel, die ihm seine Mutter reicht, weil Uranus die Geburt von Nachkommen blockiert. Dies ist der erste Vaterfrevel unter den Göttern. Den zweiten begeht Zeus an seinem Vater Kronos, weil der seine Kinder nach der Geburt verschlingt. Um dies künftig zu verhindern, muss er ihn töten. Die Theogonie ist kein harmonischer, friedlicher Gründungsmythos der Götter. Eros und Eris, Liebe und Zwietracht sind die beiden kosmischen Kräfte, die der Entstehung des Kosmos Dynamik verleihen. Die Götter wollen nicht das Gute, sondern herrschen. Untereinander sind sie uneins. Odysseus leidet auf seiner langen Heimfahrt von Troia unter der Uneinigkeit zwischen Athene und Poseidon, und Zeus – Vater von Athene und Bruder von Poseidon – hält sich aus dem Konflikt heraus. Er ist kein Streitschlichter, kein Gott des Friedens. Er ist auch kein Gott der Gerechtigkeit.

Unter diesem Götterhimmel können Tragödien kein gutes Ende nehmen, weil die Götter deren Unglück mit verursachen. Verglichen mit den Tragödien sind viele sittliche Lehrstücke und heutige ethische Einführungstexte gut gemeinte, drollige Harmlosigkeiten, denen die Tragik der menschlichen Wirklichkeit, unter der die Menschen in der Antike litten, unbekannt ist. Friedrich Nietzsche (1844–1900) ergreift Partei für die Tragödien gegen die Ethik. Er beschreibt das Verhältnis zwischen den Tragödien und der Ethik in seiner *Geburt der Tragödie* als »Kampf« zwischen der »theoretischen und der tragischen Weltbetrachtung« (KSA 1, 111). Diesen Kampf sollte nach seiner Überzeugung die Tragödie gewinnen. Nietzsche glaubt an die »*Wiedergeburt der Tragödie*« (129) aus dem dionysischen Geist der Musik und denkt dabei an Richard Wagner (1813–1883) und dessen von Mythen inspirierte Musikdramen. In *Jenseits von Gut und Böse* spricht er von der »Kindlichkeit« der Philosophen, von ihrem »tugendhaften Lärm« und von der »Tartüfferie« Kants (KSA 5. 18 f.). Das ist polemisch überzeichnet, trifft aber den unüberbrückbaren Gegensatz zwischen den nicht beherrschbaren Mächten des tragischen Schicksals und dem Versuch, der Tragik zu entfliehen und dem Leben mit den Kräften der menschlichen Vernunft und des guten Willens eine zuträgliche, gute Ordnung zu geben. Es gibt kein vermittelndes Sowohl-als-auch zwischen Tragödien und Ethik, sondern nur ein Entweder-oder.

Die Ethik der klassischen griechischen Epoche stellt sich gegen die Macht des unausweichlich scheinenden tragischen Geschicks, dem die Menschen ausgeliefert sind. Sie folgt zwar noch nicht Kants Aufklärungsmaxime, es zu wagen, die selbstverschuldete

Unmündigkeit mit dem eigenen Denken zu überwinden, geht aber einen ersten Schritt in diese Richtung. Wenn die Mythen und die Orakelsprüche wahr wären, wäre die Ethik bedeutungslos, vergeblich und lächerlich. Platon lehnt die Tragödiendichtungen und mit ihnen alle Dichtungen ab, weil sie – wie er meint – Unwahres erzählen und deswegen für die an der Wahrheit orientierten Erziehung der Menschen ungeeignet sind. Sein Lehrer Sokrates und er selbst wollen darüber aufklären, was gut und schön, wahr und unwahr und schlecht ist. Sokrates und Platon verstehen die Ethik als Aufklärung. Die Lehre von den Tugenden und vom bestmöglichen Handeln soll die Maßstäbe des guten Lebens setzen. Solche Maßstäbe sind in den Tragödien von Sophokles auch schon zu finden.

Sokrates mischt sich als Aufklärer unter die Leute auf dem Marktplatz in Athen und stellt ihnen Fragen, die sie nicht beantworten können und die zeigen, dass sie nichts wissen. Von sich selbst behauptet er zwar auch, dass er nichts weiß. Das tröstet die anderen aber nicht. Er macht sich mit seiner Fragerei unbeliebt. Die Leute wollen ihre Ruhe haben und das, was sie tun, nicht in Frage stellen müssen. Aufklärer gehen den Leuten damals wie später und heute auf die Nerven, weil sie zum Umdenken zwingen und Unruhe stiften. Sokrates diskutiert mit seinen Schülern, beschrieben in Platons Dialogen, über das, was gerecht, wahr, schön und gut, was weise und was töricht ist. Er zeigt seinen Schülern, wie man Einsicht gewinnen und die Wahrheit herausfinden kann (Dialektik). Er wird aber als Verführer der Jugend und als Leugner der Götter angeklagt und zum Tode verurteilt. Er kann sich zwar sehr gut verteidigen und nachweisen, dass keine der Anklagen begründet ist (*Apologie*). Er könnte fliehen, gehorcht aber dem Richterspruch und trinkt freiwillig das Gift des Schierlingskrauts und stirbt, umgeben von einigen seiner Schüler (399 v. Chr.). Platon ist nicht dabei, wie er selbst schreibt. Am Fuß der Akropolis in Athen kann man das Gefängnis sehen, in dem Sokrates angeblich gefangen gehalten wurde.

Die Orientierung an den Tugenden ist auch heute ein ethisches Angebot, das geschätzt wird. Manche glauben, dass in der Wirtschaftsethik die Tugenden der Gerechtigkeit, der Klugheit und der Mäßigung besonders hilfreich sind und sowohl moralischen als auch materiellen Gewinn sichern. Anstelle der kriegerisch klingenden ›Tapferkeit‹ sprechen wir von ›Mut‹ und ›Zivilcourage‹.

Der aufklärerische Charakter der Tugendethik wird heute kaum bemerkt. Die Tugendethik scheint eher harmlos zu sein und nicht weh zu tun, dabei zwingt sie uns wie jede Sittlichkeit dazu, unser Leben zu überprüfen und umzukehren. Deswegen können wir mit der Tugendethik höchstens indirekt materielle, direkt aber nur moralische Gewinne machen. Wirtschaftsethiker, welche die Tugenden als Gewinnmethode preisen, bemerken dies nicht.

In der Epoche, die später ›Aufklärung‹ genannt wird (16.–18. Jh.), spielt die Ethik eine große Rolle. Sie soll theoretisch unabhängig werden und nicht mehr im Bann der christlichen Theologie stehen. Spinoza (1632–1677) und Kant (1724–1804) sind diejenigen, die diese Entwicklung prägen. Es gibt in dieser Epoche auch radikale Aufklärer, denen es nicht um eine Ethik, sondern um die Kritik aller Religionen als finsterer Aberglaube und um die Abschaffung des feudalen und monarchischen Herrschaftssystems geht (LaMettrie, 1709–1751, Holbach, 1723–1789). Die französischen Materialisten bereiten im 18. Jahrhundert die Französische Revolution (1789) ideologisch vor. Friedrich der Große (1712–1786) bietet LaMettrie nach dessen Flucht aus Holland – er war schon aus Frankreich nach Holland geflohen – Asyl in Berlin an, macht ihn zu seinem Leibarzt und lässt sich von ihm abends vorlesen, wie der Historiker Hans-Christof Kraus berichtet (2017). Friedrich merkt aber, als ihm Holbachs *Systéme de la nature* vorgelesen wird, dass die Aufklärung alles, auch die Monarchie, umstürzen will. Das kann ihm nicht gefallen. Es ist schon in der Epoche der Aufklärung erkennbar, dass sich die Aufklärung, wie Max Horkheimer (1895–1973) und Theodor W. Adorno (1903–1969) in ihrer *Dialektik der Aufklärung* (1944) schreiben, gegen sich selbst wenden, unmenschlich und zerstörerisch werden kann. Horkheimer und Adorno denken dabei an den Nationalsozialismus und dessen unvorstellbare Verbrechen als späte Folgen der Aufklärung.

Gehen wir noch einmal zurück in die Antike, um zu verstehen, warum es von Anfang an nicht *die* oder nur *eine* Ethik gab. Es geht um die Frage, welche Art Wissen eine Ethik bietet. Platon und Aristoteles fragen, ob moralisches Handeln Wissen voraussetzt und wenn ja, welches. Mythen und Tragödien sind nicht wahrheitsfähig und kein Wissen. Sie machen Menschen abhängig von übermenschlichen Mächten. Wissen macht die Menschen von solchen Mächten unabhängig. Wenn wir wissen können, was gut ist, müssen wir es nur noch tun, dann herrschen wir über uns selbst und sind unabhängig. Mehr brauchen wir nicht in einer Ethik. Der Zusammenhang erscheint einfach. Platon glaubt, dass wir dann, wenn wir wissen, was gut ist, es auch tatsächlich tun, weil wahres Wissen zum Handeln motiviert. Wenn wir etwas tun, was schlecht ist, wissen wir auch nicht, was gut ist. Dann haben wir uns geirrt und nur gemeint, wir wüssten, was gut ist. Das Wissen des Guten führt, wie Platon glaubt, direkt zum guten Handeln. Moral ist eine kognitive Angelegenheit, hängt vom wahren Wissen ab. Wer weiß, was gut ist, handelt auch gut und weise.

Platons Schüler Aristoteles, mehr als eine Generation jünger als er, ist anderer Ansicht. Er glaubt, dass wir häufig wissen, was gut ist und was zu tun wäre, es aber dennoch nicht tun. Er glaubt auch, dass wir in diesem Fall unter einer Art Willensschwäche leiden. Der Wille folgt nicht der vernünftigen Einsicht, sondern gibt den eigenen Schwächen nach. Es kommt, wie Aristoteles glaubt, nicht nur darauf an, was wir wissen, wir müssen uns auch entscheiden, dem zu folgen, was wir wissen. Die Tugenden müssen eingeübt und zum Normalverhalten werden. Das tugendhafte Handeln ist für Aristoteles eine Verbindung zweier Arten von Tugenden, der ethischen (Verhaltenstugenden) und der dianoetischen (Verstandestugenden). Klugheit und Einsicht muss mit dem eingeübten Verhalten (Habitus) verbunden werden. Es geht nie nur um die richtige Einsicht, sondern immer auch um die Fähigkeit, ihr zu folgen. Die Verbindung des einen mit dem anderen muss eingeübt werden und in Fleisch und Blut übergehen. Erst dann können die Tugenden im Leben die ihr angemessene Bedeutung haben.

Die jeweils überzeugenden, aber unterschiedlichen Ansichten von Platon und Aristoteles über das Verhältnis zwischen Wissen und Ethik zeigen, dass es nicht nur *eine* oder *die* Ethik geben kann. Denn für beide Überzeugungen sprechen gute Gründe. Aristoteles ist nicht zwingender als Platon, und keiner widerlegt den anderen. Beide Überzeugungen können nur nicht koexistieren. Obwohl beide Philosophen die Tugenden als Maßstäbe des guten Handelns verstehen, haben sie doch sehr verschiedene Ansichten über das Verhältnis zwischen Wissen und Ethik. Wir können uns für die eine *oder* die andere Überzeugung entscheiden.

Für Platon gehört die Ethik zum Bereich des Wissens, für Aristoteles ist die Ethik ein eigenes Gebiet mit einer eigenen Art von Wissen, dem praktischen Wissen der Klugheit, also dem Wissen, das in der Praxis, im Handeln um seiner selbst willen benötigt wird. Auf Aristoteles geht die Trennung der Gebiete des Wissens zurück (u. a. Metaphysik, Kosmologie, Ethik, Logik, Physik, Tierkunde, Hermeneutik, Rhetorik). Das Wissen einer Theorie und das Wissen der Praxis erfordern, wie er glaubt, eigene Begrifflichkeiten, eigene Standards der Genauigkeit. In der Theorie gibt es Definitionen und Beweise, in der Praxis nicht. Es wäre in seinen Augen falsch, vom praktischen Wissen dieselbe Genauigkeit zu verlangen wie vom theoretischen Wissen. Wenn eine Tugend wie die Tapferkeit, wie Aristoteles lehrt, die Mitte zwischen Tollkühnheit und Feigheit ist, muss jeder diese Mitte selbst finden. Der Tollkühne muss lernen, auf kluge Weise der Situation entsprechend feige zu sein, und der Feige muss umgekehrt lernen, auf ebenfalls kluge Weise tollkühn zu sein. Dieser Prozess der Selbstbildung ist nicht mit Definitionen und theoretischer Präzision beschreibbar, folgt keinem allgemein gültigen theoretischen Rezept. Wem die Einübung einer Tugend gelungen ist, weiß erst dann, wie es geht, der Tugend gemäß zu handeln. Wem dies gelang, hat den ihm gemäßen, bestmöglichen moralischen Habitus entwickelt.

Es ist nach wie vor umstritten, in welchem Sinn die Ethik ein Wissen ist. Was ›Wissen‹ bedeutet, ist allerdings selbst ein Problem. Platon glaubt, Wissen sei etwas ganz anderes als wahre Meinung (u. a. Dialog *Menon*). Man kann, wenn er recht hat, seine eigene Meinung über irgendetwas prüfen und bestätigen, hat aber noch kein Wissen, unabhängig davon, wie viele andere diese Meinung auch als wahr bestätigen. In der Ethik geht es immer auch um das, was gut ist. Wer eine Meinung über das, was gut ist, hat, sie prüft und sie auch von anderen prüfen und bestätigen lässt, hat noch kein Wissen des Guten. Das ist die Konsequenz aus Platons Überzeugung. Wahres, dauerhaft gültiges Wissen vom Guten können wir nicht haben, wenn Platon recht hat. Wir können viele Meinungen über das Gute haben, und die können falsch oder unrichtig, aber auch richtig sein. In seinem letzten großen Dialog, den *Nomoi* (*Gesetze*, 903b-d), spricht er vom Guten als der ›Kraft des gemeinsamen Werdens‹. Das Gute ist eine Kraft, die für die Geltung der

Gesetze unverzichtbar ist, und wenn sie gelten, kann das Ganze der politischen Gemeinschaft gut werden.

Die zunächst enttäuschende Folgerung, dass wir nicht wissen, was das Gute ist, hängt aber nicht nur von Platons Unterscheidung zwischen Meinung und Wissen ab, sondern entspricht auch den Anforderungen, die wir heute an das, was ›Wissen‹ ist, stellen. Wir glauben, dass Wissen den Anforderungen moderner Naturwissenschaften gerecht werden sollte. Hypothesen müssen sich prüfen, bestätigen, aber auch verwerfen lassen. Dasselbe gilt für Gesetzmäßigkeiten, mit denen Wissenschaftler forschen. Wenn die Prüfung erfolgreich war, haben wir, wie wir glauben, Wissen gewonnen. Es ist nicht das Wissen, von dem Platon spricht. Es ist eher das, was er unter ›Meinung‹ versteht.

Denn unser modernes ›Wissen‹ ist nicht für immer, nicht dauerhaft, weil es sich als falsch herausstellen kann, es ist letztlich nur wahre Meinung. Das gilt auch für das Wissen, das in der Ethik eine Rolle spielt. Ein Verhalten, das eine Zeit lang als ›gut und wahr‹ gilt, muss nicht für immer gut und wahr sein. Man denke nur an die Ausbeutung der Natur durch den Menschen. Sie galt lange als gut, weil sie den Interessen des Menschen und seiner religiös legitimierten Herrschaft über die Natur diente. Heute wissen wir, dass die Ausbeutung der Natur schlecht ist, sowohl für die Natur als auch für uns selbst.

NATUR

Die Ausbeutung der Natur wird erst in der Moderne durch die Industrielle Revolution, das enorme Wachstum der Bevölkerungen, die Ausbeutung der Bodenschätze und den Welthandel bedrohlich. Goethes *Faust* ist eine klarsichtige dichterische Beschreibung dieser Moderne. Faust ist, wie Michael Jaeger sagt, ein »Global Player«, der nur die Zukunft, aber keine Gegenwart und vor allem keine Vergangenheit kennt (2018). Nichts hat Zeit zu reifen, alles strebt nach dem Gold, sagt Margarete im *Faust* (V. 2802 ff.) Rastlos folgt Faust dem Ziel der Aneignung und Unterwerfung der Natur, wie es der Lehre des französischen Aufklärers Saint-Simon (1760–1825) entspricht. Michael Jaeger beschreibt diese neue Religion des »régime industrielle« als Drehbuch der Industrialisierung und des Materialismus. Die Natur, die Goethe staunend erforscht und verehrt, wird dem Furor der Moderne geopfert. Von der Natur, die das Ganze war, in der Götter herrschten, bleibt nur ein Skelett übrig. Die Natur als Landschaft wird durch die Industrialisierung nicht verschont, sondern verseucht, vergiftet und entstellt.

Die Natur wird schon in der frühen Moderne zur sichtbaren, erlebbaren Landschaft, zur ästhetischen Natur. Joachim Ritter (1903–1974) eröffnet seine Untersuchung des Wandels der Natur zur Landschaft mit Petrarcas Wanderung zum Gipfel des Mont Ventoux im April 1335 (»Landschaft«, 1974). Das ursprüngliche Ganze, das Aristoteles als Theorie und als Kosmos denkt, zerfällt in diesem Wandel in einen verdinglichten, naturwissenschaftlich beherrschten Teil und in die künstlerisch, malerisch und dichterisch beschriebene Landschaft. Die Natur ist kein Ganzes mehr, sondern in unzusammenhängende Teile zerbrochen.

Dieser Wandel geschieht nicht plötzlich, sondern allmählich, Schritt für Schritt. Das Muster des Wandels ist eine Verbindung von Bleibendem mit Veränderungen. Die Vorsokratiker, die Denker vor Sokrates, sehen mit ihren Augen das wahrnehmbare Ganze und erforschen dessen Entstehung aus den vier damals angenommenen Elementen Wasser, Luft, Erde, Feuer. Die Entstehung der Götter (Theogonie) und die Entstehung des Kosmos (Kosmogonie) sind untrennbar miteinander verbunden. Götter und Kosmos sind zusammen die Natur. Das Denken aller Vorsokratiker trägt den Titel ›Über die Natur‹.

Goethe erinnert in *Faust II* an Thales von Milet (624/3–548/44 v. Chr.), der an den Ursprung von allem aus dem Wasser glaubt: »Alles ist aus dem Wasser entsprungen, / Alles wird durch das Wasser erhalten. / Ozean gönn' uns dein ewiges Walten. / Wenn du nicht Wolken sendetest, / Nicht reiche Bäche spendetest, / Die Ströme nicht vollendetest, / Was wären Gebirge, was Eb'nen und Welt? / Du bist's, der das frischeste Leben erhält.« (V. 8435–8443) Anaximander (610–547 v. Chr.) glaubt wie Thales von Milet an das Werden aus dem grenzenlos Unbestimmten und der dritte Milesier Anaximenes (585–528/4 v. Chr.) an den Äther, die Luft, als Ursprung von allem. Thales kann eine Sonnenfinsternis und eine gute Olivenernte vorhersagen und den Plan für den Bau eines Kanals entwerfen. Diese und andere vorsokratische Denker wie Heraklit aus Ephesos (520–460 v. Chr.) und Parmenides aus dem süditalienischen Elea (520/15–460/55 v. Chr.) kennen noch keine Ethik, aber sittliche Grundsätze. Sie glauben nicht mehr an die Macht des Schicksals, sondern an die eigene Kraft, das Leben zu gestalten. Vor allem aber sind sie von der Kraft des Denkens überzeugt, das Wirkliche zu erkennen. Es gibt noch die Götter und das Orakel in Delphi. Und die Griechen glauben noch lange, dass man die Götter durch Opfer gewogen machen kann, um gut zu leben.

Es dauert noch zwei Jahrhunderte, bis die Ethik zum Thema des Denkens wird. Sokrates diskutiert in Platons Dialogen mit seinen Schülern nicht mehr über die vier Elemente, sondern über einen ganz anderen Ursprung von allem. Es ist das Gute und das Wissen des Guten, aus dem alle Weisheit und Einsicht entsteht. Im athenischen Staat bewährt sich dieses Wissen in Gestalt der Gesetze. Sie sollen herrschen. Der Staat ist die neue Natur. Die Tugenden sind die wahren Güter, nicht Macht, Reichtum und Ehre, schreibt Platon in den *Nomoi* (Gesetze) am Ende seines Lebens. Im Guten sind Wissen und Ethik ein und dasselbe. Am Beginn der Ethik steht das Ende der Herrschaft der Götter. Sokrates wird als Atheist angeklagt.

Platons Schüler Aristoteles nimmt die frühen Denker ernst, glaubt aber nicht mehr an den Ursprung aus den Elementen. Er will die Natur als Einheit aus Kosmos und Theorie verstehen. Natur ist für ihn das, woraus alles wird, sei es Mensch, Pflanze oder was sonst ein Wesen hat (*Metaphysik*, 1032a). ›Natur‹ versteht er als das Werden zu dem, was ist. Die Natur strebt, wie er glaubt, immer zum Besseren, zum Sein, denn das Sein sei besser als das Nichtsein, und das Werden sei der Weg zu dem, was ist (*Über Werden und Vergehen*, Kap. 3). Die Natur bestimmt, wie er argumentiert, die Zeit des Werdens und Vergehens. Dabei komme es auf die Materie an, die ungleichmäßig verteilt sei. Ein Gott sorge dafür, dass das Werden unablässig wirke (*Über Werden und Vergehen*, Kap. 10). Aristoteles ist ein genauer Beobachter, der das Wesen der Dinge verstehen will, die er sieht. Es geht ihm um das Wesen der lebendigen Dinge und ihren Anteil an dem, was ist, nicht um das Bestaunen schöner Landschaften. Die Ethik, die Lehre von den Tugenden, ist aber nicht wie bei Platon Teil der Theorie, sondern Teil der Politik, der Praxis. Theorie und Praxis sind getrennt, haben ganz verschiedene Aufgaben.

Die aristotelische Trennung zwischen Natur und Ethik geben die Stoiker auf. Sie verstehen die Natur zwar wie Aristoteles ganzheitlich. Der Kosmos bleibt universeller Maßstab des Ganzen der Natur. Nun soll aber die Ethik in die Ordnung der Natur und des Kosmos integriert werden. Es scheint so, als ob nur die große, umfassende Ordnung der Natur in den endlosen Krisen, die dem Peloponnesischen Krieg (431–404 v. Chr.), den Athen gegen Sparta verlor, folgen, Schutz und Sicherheit gewähren kann. Thukydides (454–399/96 v. Chr.), ähnlich bedeutend als Historiker wie vor ihm Herodot (490/80–430/20 v. Chr.), beschreibt diesen Krieg bis zum Jahr 411 v. Chr. In Athen und gemeinsam mit dieser in der bedeutenden, kulturelle Maßstäbe setzenden Polis, beeindruckend beschrieben von Christian Meier (1993), verliert auch die Demokratie ihren Wert und ihre Bedeutung. Alexander der Große (356–323 v. Chr.), von Aristoteles erzogen, schafft ein Weltreich, in dem andere Gesetze gelten als in der demokratischen Polis. Athen hat seinen strahlenden Glanz verloren, für immer. Die Ruinen der Akropolis leuchten noch.

Die stoische Ethik ist eine Naturethik, welche die Ordnung des Größten im Kleinsten gespiegelt sieht und an die Wirksamkeit der

Gesetze des Kosmos in der Seele der Menschen glaubt. Jeder soll
zwar auch dem Wohl des Ganzen dienen. Die athenische Polis ist
aber nicht mehr das Modell der politischen Gemeinschaft, in der
gerechte Gesetze herrschen sollen. Die Tugend der Gerechtigkeit ist
nach wie vor sehr wichtig, aber in anderer Gestalt. Es geht nun um
die Vervollkommnung des eigenen Selbst, um Selbstbeherrschung,
um Gelassenheit und Weisheit. Das Wissen des Ganzen der Natur
und die Ethik sollen durch das eigene Tun und Denken in ein har-
monisches Verhältnis gebracht werden. Es geht um die Harmonie
in der Seele jedes Einzelnen und deren heilsames Wirken auf das
gemeinschaftliche Leben. Die kosmischen Gesetze gelten im Inneren des Menschen so wie im Ganzen der Natur. Der Größenunter-
schied zwischen dem Inneren des Menschen und dem Kosmos ist
nur äußerlich. Die Seele kann den Gesetzen der Natur folgen, weil
sie Teil der Natur ist.

Der Stoiker Marcus Tullius Cicero (106–43 v. Chr.) studierte die
Stoa bei Poseidonios auf Rhodos. Was bleibt und was sich verändert, zeigt Ciceros Verständnis der Gerechtigkeit. Ihre Grundforderung, schreibt er, sei die Verlässlichkeit, das Einhalten von Zu-
sagen und Übereinkünften (*De officiis*, I, 22). Das entspricht dem
politischen Charakter dieser Tugend. Es gibt aber auch den inneren, seelischen Charakter der Gerechtigkeit. Es ist das, was die
Menschen ihrer eigenen Natur schulden. Was einmal im Handeln
sichtbar war, ist nun in der Seele verborgen. Die Ehre des Tapferen
liege in der Kraft des Geistes, nicht des Körpers, schreibt Cicero
(23). Die Tugenden versteht er gleichwohl aristotelisch als das, was
sich gehört, das Schickliche (decorum, 27). Die Natur hat zwei Seiten, eine allgemeine, vernünftige, an der alle Menschen teilhaben
können und eine individuelle (207). Der Maßstab des Schicklichen
soll sich in der Gestaltung des Lebens zeigen, in den Freundschaf-
ten, in der Pflege und Vervollkommnung der eigenen Anlagen. Der
Philosoph, der sich diesen Maßstab zu eigen gemacht hat, ist dann
geeignet, dem Gemeinwesen zu dienen, und soll es auch.

Die Namen der griechisch-römischen Stoiker sind gut bekannt:
Seneca (1–65 n. Chr.), Epiktet (50–138 n. Chr.), Plutarch (46–
119 n. Chr.) und Marc Aurel (121–180 n. Chr.). Epiktet hat wie Sokrates keine Schriften hinterlassen. Es gibt aber Mitschriften seiner
Lehrsätze, die bemerkenswert sind, weil es um die Freiheit geht.

Spektakulär: »Frei ist, wer lebt, wie er will« (*Diatribe*, 1014). Dann folgen aber rasch die Einschränkungen: dass diese Freiheit die Freiheit von Irrtümern, von Täuschung und Selbsttäuschung, von niederer Gesinnung, von Furcht, Neid und Mitleid voraussetzt. Die Wendung nach innen, in die Natur des Seelischen, lässt sich nicht deutlicher beschreiben.

Marc Aurel (121–180 n. Chr.), der römische Kaiser (161–180 n. Chr.), beschreibt diese Wendung nach innen weniger spektakulär, aber praktisch wirksam: »Wenn du deine Pflicht tust, muß es dir gleichgültig sein, ob du dabei frierst oder warm bist, ob dich der Schlaf übermannen will oder du gut ausgeschlafen hast, ob dich die Leute schmähen oder preisen, ob du stirbst oder etwas anderes tust« (*Selbstbetrachtungen*, VI, 2). Die eigene Natur wird durch Selbstbeherrschung ethisch gut. Die Gefühle (Furcht, Zorn, Lust, Unlust, Scham) sollen kontrolliert werden, nicht zuletzt die von den Epikureern als höchstes Gut gepriesene Lust und die Suche nach ihr. Sie ist schon für Platon nicht der Weg zum Guten und Gerechten, weil die Tugenden keine bequemen Haltungen sind. Was der Tapfere tut, ist nichts, was Lust bereitet, weil es mühevoll ist. Die Integration der Lust in die Glückseligkeit ist für Aristoteles dagegen unbezweifelbar klar. Hellmut Flashar betont dies und glaubt, dass die Tugenden ohne Lust nicht glücklich machen (*Aristoteles*, [3]2014).

Wie später Hume glaubt Aristoteles, dass moralisches Handeln immer mit Lust oder Unlust verbunden ist. Die Stoiker glauben das nicht, weil sie sich von den Epikureer unterscheiden wollen. Epikur (341–210/71 v. Chr.) wird aber als Prediger der Lust missverstanden. Zumindest hält ihm der Stoiker Seneca zugute, dass er kein Lobredner der Lust sei, sondern eine naturgemäße Lust empfehle, die mit der Tugend vereinbar sei. Seneca schreibt dies seinem älteren Bruder Gallio, der Epikur schätzt. Die Lust ist kein Hindernis für die Tugend, aber nach Senecas Urteil auch keine notwendige Beigabe. Es komme darauf an, auch mit Schmerzen und unter Entbehrungen tugendhaft zu sein. Er unterscheidet klar: »Die Tugend ist etwas Hohes, Erhabenes und Königliches, unüberwindbar, nicht mürbe zu machen: die Lust etwas Niedriges, Sklavisches, Schwächliches, Einfältiges, dessen Heimstätte und Wohnort Bordelle und Garküchen sind.« (*Dialoge*, VII, 7, 12 f.)

Lust und Unlust sind auch nach dem Urteil der Stoiker Teil der menschlichen Natur, sollen im Denken und Handeln aber keine beherrschende Rolle spielen. Nicht unbedeutend ist für diese klare Haltung, dass die Stoiker in der Tugend die Kraft erkennen, sich gegen die Macht des Schicksals zu wehren. Seneca hält das »ganze Reich des Schicksals« für »nichtig« (VII, 25, 40). Die Natur der Seele ist nicht mehr mit der schicksalhaften Natur identisch. Der tugendhafte Mensch kann sich selbst befreien. Mit der stoischen Wendung ins seelische Innere, ins eigene Selbst verliert die aristotelische Praxis ihre grundlegende Bedeutung und die Gerechtigkeit verbindet nicht mehr Ethik und Politik. Die Gefahren des Individualismus sind in der Einheit von Ethik und Natur noch gebannt.

LUST UND SCHMERZ

Die Frage, ob die Lust zur Glückseligkeit und zum Guten gehört, wird von den einen bejaht, von den anderen verneint. Eine endgültige Antwort kennen wir nicht. Die Frage wird verschieden, aber nie endgültig beantwortet. Dies ist ein weiterer Grund dafür, dass es nicht *eine* Ethik gibt. Es ist sonnenklar, dass die Lust nie von Dauer ist und dass die Suche nach ihr ständig von neuem beginnen muss, wenn man sie trotz ihrer Unbeständigkeit sucht. Das macht sie für das Bedürfnis nach dem dauerhaft Guten, das zu unserer Natur gehört, ungeeignet. Das Gegenstück zur Lust, der Schmerz, soll aber vermieden werden, nicht nur, weil er unangenehm ist und weh tut, sondern weil er das Glück und das gute Handeln verhindern kann. Schon Zahnschmerzen, vor allem aber Hunger mindern die Hilfsbereitschaft und die Zuwendung zur Not der anderen. Deswegen scheint die Lust, zumindest aber die Vermeidung von Schmerz, in der Ethik nicht gänzlich außen vor bleiben zu können.

Eben waren wir in der Antike, jetzt sind wir mit der Frage, wie Lust und Schmerz mit einer Ethik verbunden sind, in der Moderne. Die Utilitaristen (J. Bentham, J. S. Mill, H. Sidgwick) werden dieser Verbindung gerecht, indem sie das Glück als Nutzen verstehen und dessen größtmögliche Steigerung zum Prinzip ihrer Ethik machen. Sie stellen mit dem Glücksprinzip eine Verbindung zwischen Wissen und Ethik her, indem sie diese Verbindung als Nutzenkalkül berechenbar machen. Wenn das größtmögliche Glück der größtmöglichen Zahl das Prinzip der Ethik ist, können die Glücksmengen als Summe der individuellen Nutzenerwartungen berechnet werden. Man muss nur die wahrscheinlichen individuellen Nutzenmengen zum Gesamtnutzen addieren. Dann kann man auch die Nutzenmengen vergleichen, und wenn man sich für die jeweils größere entscheidet, hat man das ethisch Richtige getan. Es kommt allein auf die Folgen, die Konsequenzen des Tuns an (Konsequentialismus). Die quantitativ besten Folgen sind auch qualitativ im ethischen Sinn die besten, wie Bentham (1748–1832) glaubt. Nicht alle Utilitaristen folgen ihm. J. S. Mill (1806–1873) und H. Sidgwick (1838–1900) glauben nicht an die Quantifizierbarkeit des Glücks und deswegen auch nicht, dass ethische Qualitäten quantitativ berechenbar sind. Zum Glücksprinzip müssen, wie die beiden glauben, intuitiv überzeugende ethische Maßstäbe wie die Gerechtigkeit und die Sympathie hinzukommen, damit das Ganze eine Ethik werden kann. Denn diese Maßstäbe lassen sich nicht aus dem Glücksprinzip ableiten.

Utilitaristische Theorien liefern zum Problem der gerechten Verteilung der Güter in einer Gesellschaft, wie Wilfried Hinsch (2016, 45–81) darlegt, sehr differenzierte Beiträge, die nicht pauschal mit Einwänden gegen den Hedonismus abgetan werden können. Derek Parfit (1942–2017) wird Henry Sidgwicks am weitesten entwickeltem Utilitarismus gerecht, indem er ihn mit Kants Theorie zu einer höchst anspruchsvollen Ethik verbindet (2011, Preface). Den Gedanken dieser Verbindung hat bereits Sidgwick selbst, weil er überzeugt ist, dass vom Glücksprinzip keine Prinzipien des Sollens abgeleitet werden können (Vossenkuhl, 1992).

Sympathie und Wohlwollen, das Mitempfinden mit anderen, könnten die Utilitaristen bei Adam Smith (1723–1790) und dessen *Theorie der moralischen Gefühle* (1759) kennen lernen. Smith gilt aufgrund seines berühmt gewordenen Werks über den Wohlstand der Nationen (1776) als Begründer der Nationalökonomie. Seine Vorschläge zur Steigerung der Produktivität durch Arbeitsteilung, zur Überwindung der Armut durch gerechten Lohn, der Vermeidung von Monopolen und der ›unsichtbaren Hand‹, die das Marktgeschehen lenkt, sind noch heute interessant. Der Kern seiner Lehre ist eine Ethik des menschlichen Empfindens und des Empfindens der Menschlichkeit. Er versteht das ethische Wissen als Verbindung von Rationalität und Emotionalität. Das Gute ist auch schön, weil wir für das Schöne und Gute nur *einen* Maßstab des Empfindens kennen.

Kennengelernt hat Smith diesen Gedanken bei seinem Lehrer Francis Hutcheson (1694–1746), einem der führenden Philosophen der Schottischen Aufklärung. Schon vor Hutcheson hat der Earl of Shaftesbury (1671–1713) über den ästhetischen Charakter des Guten nachgedacht. Das moralische und das ästhetische Gefühl können danach nicht zweierlei sein. Johann Gottfried Herder (1744–1803) und Friedrich Schiller (1759–1805) greifen diesen Gedanken auf und pflegen ihn.

Adam Smiths Theorie der moralischen Gefühle ähnelt in einem Punkt dem, was sein Zeitgenosse David Hume (1711–1776) glaubt, dass die Motive des Handelns nicht rein rationaler Natur sein können. Allerdings schließt Smith die Rationalität nicht wie Hume ganz als motivierende Kraft des Handelns aus. Den Gedanken Humes, dass die Vernunft die Sklavin der Gefühle (Affekte) ist, passt nicht in Smiths Ethik, weil er im Gegensatz zu Hume Vernunft und Gefühle miteinander in den Handlungsmotiven verbindet.

Die Verbindung zwischen Gefühlen und vernünftigem Denken wird in vielen Ethiken der Antike und der Moderne von der Vernunft beherrscht. Sie ordnet und harmonisiert in diesen Ethiken die Gefühle, damit die guten nicht überschäumen und die schlechten keinen Schaden anrichten. Wir haben mehrere Wörter, die wir oft so gebrauchen, als hätten sie dieselbe Bedeutung, nämlich ›Empfindung‹, ›Gefühl‹ und ›Affekt‹. Sie sind nicht scharf voneinander zu trennen, aber unterscheidbar. Empfindungen sind mit der Sensorik unseres Körpers, mit unserer biophysischen Verfassung, mit unseren Sinnen verbunden. Empfindungen nehmen wir wahr. Wir empfinden das, was wir sehen, hören, fühlen, riechen und schmecken. Ein Gegenstand fühlt sich warm oder kalt, weich, rau oder hart an, ist schwer oder leicht. Was wir empfinden, nennen wir ›Gefühle‹ und haben dafür Namen: Seligkeit, Spannung, Mitleid, Bedauern, Stolz, Hass, Verzweiflung, Trauer, Freude etc.

Die Adjektive, die unsere Empfindungen beschreiben, bezeichnen nach Ansicht des Empiristen John Locke (1632–1704) einfache, mit einzelnen Sinnen verbundene Vorstellungen (simple ideas). Es können auch mehrere Sinne zusammenwirken, etwa beim Schmecken, weil wir dabei immer auch etwas riechen, oder beim Hören, weil wir in die Richtung schauen, aus der wir ein Geräusch hören. Alle Empfindungen, die von der Ausdehnung, der Gestalt, der Bewegung und Anzahl von Dingen verursacht werden, nennt Locke ›primäre Qualitäten‹. Sie entsprechen unserer Wahrnehmungsfähigkeit, unserer Rezeptivität in der Sprache Kants. Es ist eine mehr oder weniger passive Fähigkeit, die wir zwar auch lenken, aber nur begrenzt beeinflussen können. Wir können unsere Sinne schärfen, z. B. als Musiker, Maler, Koch, Feinschmecker, Gärtner oder Klavierstimmer.

Alle Qualitäten, die nicht von den Dingen, sondern von unserer eigenen Empfindungsfähigkeit verursacht werden, wie Farbe, Töne, Geschmack, nennt Locke ›sekundäre Qualitäten‹ (1671, Buch 2, Kap. 8). Auch Wärme, Hitze, Kälte und Schmerzen sind unserer Empfindungsfähigkeit zuzurechnen. Mit den einfachen Vorstellungen verbinden wir dann eigene Gedanken (reflections) wie ›Ähnlichkeit‹ oder ›Muster‹. Unsere Empfindungsfähigkeit ist eng mit unserer Wahrnehmungsfähigkeit verbunden, dabei aber sowohl eine aktive als auch passive Fähigkeit. Wir können sie stärker beeinflussen als die Wahrnehmungsfähigkeit und z. B. für das Hören von Musik schärfen. Wir können uns auch unempfindlicher z. B. gegen Kälte machen.

Wir müssen uns beim Nachdenken über Empfindungen und Gefühle nicht notwendig an Locke oder einem anderen Empiristen orientieren, lernen dabei aber den Übergang von Empfindungen zu Gefühlen besser kennen. Empfindungen können unbestimmt und schwer beschreibbar sein, Gefühle haben dagegen einen Namen und lassen sich so identifizieren. Gefühle hängen nicht nur, aber auch von unserer eigenen Empfindungsfähigkeit ab, die wir steigern oder schwächen können. Wir können sie in unterschiedlichen Lernprozessen, aber auch durch unsere Lebensweise beeinflussen. Sie spielen in unserer sittlichen Entwicklung eine wichtige Rolle. Mitleid, Empathie sind nicht nur Wahrnehmungs-, sondern auch Empfindungsfähigkeiten, die wir uns aneignen und pflegen müssen, um sie zu haben. Sowohl Empfindungen als auch Gefühle sind nicht nur primäre und sekundäre, sondern auch kulturelle und vor allem sittliche Qualitäten. Sie werden in unserer Erziehung und in unserem Bildungsprozess geformt. Ohne diese Formung haben wir sie auch, wissen aber nicht, wie wir mit ihnen umgehen können.

Unter ›Affekten‹ verstehen wir gewöhnlich starke Gefühle, für die wir allgemeine Begriffe wie Liebe, Lust, Unlust, Furcht, Zorn und Hass haben. Sie sind mit unserer Wahrnehmungs- und Empfindungsfähigkeit verbunden. Sie sollten aber, wie es schon die Stoiker in der Antike vorschlagen, von der sittlichen Erziehung in unserem Bildungsprozess beherrschbar gemacht werden. Es kommt darauf an, wie wir den Zusammenhang zwischen Empfindungen und Gefühlen verstehen, wenn wir ihre Bedeutung für die Ethik erkennen wollen. Wir werden sehen, dass Spinoza den Affekten eine besondere Bedeutung in seiner *Ethik* gibt.

Adam Smith hat in der Moderne mit seiner *Theorie des moralischen Gefühls* den ersten Beitrag dazu geleistet, den Gefühlen eine ihnen angemessene moralische Bedeutung zu geben, die nicht von der Vernunft unterdrückt wird. In der gleichen Generation macht der wenig ältere David Hume einen ähnlichen Versuch, überzeichnet aber die Wirkung der starken Gefühle (passions), indem er die Vernunft zu deren Sklavin macht. Da dies ohne weitere Erklärung unverständlich ist, schauen wir uns seinen Versuch an.

Hume nimmt in seiner *Abhandlung über die menschliche Natur* (1739/40, Buch 2) an, dass es im menschlichen Geist (mind) zwei Arten von Wahrnehmungen gibt, Eindrücke (impressions) und Vorstellungen (ideas). Die Eindrücke unterteilt er in sinnliche und reflexive. Die sinnlichen sind die primären. Sie entstehen in der Seele ohne vorhergehende Wahrnehmungen, wie Hume meint (Buch 2, Teil 1, Sektion 1). Sie sind von uns selbst gewirkt, kommen von innen, aus unserer Natur, wenn man so will. Die reflexiven entstehen entweder unmittelbar aus den sinnlichen (alle Empfindungen, Schmerzen, Lust) oder sind gemischt mit Vorstellungen. Letztere nennt Hume ›Gefühle‹ (emotions), die er wiederum in starke (passions) und schwache unterteilt. Es geht ihm vor allem um die starken Gefühle, die er erneut in direkte und indirekte unterteilt. Die direkten entstehen aus dem Guten und Bösen, aus Lust und Schmerz (Leidenschaft, Abneigung, Trauer, Freude, Hoffnung, Furcht, Verzweiflung), die indirekten haben dieselben Wurzeln, sind aber mit anderen Qualitäten gemischt (Stolz, Demut, Ehrgeiz, Eitelkeit, Liebe, Hass, Neid, Mitleid, Bosheit). Hume beschreibt auch die Beziehungen zwischen diesen Gefühlen, zwischen Liebe und Hass auf der einen mit Stolz und Demut auf der anderen Seite. Es ist eine ausführliche Moralpsychologie, die wir im zweiten Buch seiner *Abhandlung* lesen. Es ist nicht die erste dieser Art in der Moderne, aber sie hat eine in der englischsprachigen Welt anhaltende Wirkungsgeschichte.

In Humes Darstellung haben weder die starken noch die schwachen Gefühle etwas mit der Vernunft zu tun. Ihre ersten Ursachen sind die Vermeidung von schlechten Gefühlen wie Unlust und Schmerz und die Neigung zu guten Gefühlen wie Lust. Aus dieser doppelten Wurzel entstehen alle Gefühle, wie er glaubt. Sie sind resistent gegen die Vernunft, weil sie immer zuerst, also vor der Vernunft, da sind. Sie bilden den menschlichen Willen, und dieser verursacht das Handeln. Gefühle allein sind, wie Hume meint, die Motive des Handelns, auch des moralischen. Die Vernunft kann, wie er im zweiten Buch (Sektion 3) seiner *Abhandlung* schreibt, keine Handlungen verursachen. Sie kann nicht die Impulse geben, von denen Handlungen verursacht werden. Deswegen, so folgert Hume, »ist und sollte« die Vernunft die »Sklavin der starken Gefühle« (»the slave of the passions«) sein.

Die strikte Trennung der Gefühle von der Vernunft lässt eine Korrektur der Gefühle durch die Vernunft nicht zu. Deswegen glaubt er auch, dass es keine unvernünftigen Gefühle geben kann. Dies schreibt er in der eben erwähnten Sektion seiner *Abhandlung*. Diese Konsequenz widerspricht allerdings unserer Intuition. Offenbar versteht Hume unter ›Gefühl‹ etwas anderes als wir. Gefühle haben nach seiner Überzeugung einen besonderen theoretischen Charakter, weil sie nur für sich selbst und für nichts anderes stehen. Sie repräsentieren nichts außer sich selbst. Deswegen wirken sie, nach Humes Überzeugung, intrinsisch, ohne von der Vernunft oder allgemein geltenden Regeln äußerlich beeinflusst zu sein. Sie sind, wie Hume meint, die unverfälschten, von nichts als den Gefühlen selbst beeinflussten Motive des Handelns.

Dies scheint auf den ersten Blick überzeugend zu sein. Wenn wir die Genealogie der Gefühle bei Hume selbst aber rückwärts verfolgen, kommen wir zu ihrer ersten Quelle, dem Guten und Bösen, der Lust und der Unlust bzw. dem Schmerz. Diese erste, unmittelbar wirksame Quelle enthält schon genau die Unterscheidungen, die in einer Moralphilosophie unverzichtbar sind. Die Moral wird von Hume an dieser Stelle mit der Natur vermischt. Die Stelle, an der dies geschieht, ist da, wo Empfindungen mit Vorstellungen gemischt werden. Mit dieser Mischung werden schwache und starke Gefühle erst unterscheidbar.

Die Gefühle repräsentieren also aufgrund dieser Mischung entweder etwas Gutes oder etwas Schlechtes. Wir können sie von Anfang an unterscheiden und ihre moralische Qualität erkennen und beurteilen. Deswegen können wir uns ihnen gegenüber auch verhalten. Wir sind bei dem, was wir tun, nicht einfach von der Vermeidung von Unlust oder Schmerz und der Neigung zur Lust determiniert. Wir können die Unlust, die mit der mühseligen Hilfe für andere verbunden ist, bewusst wählen. So versteht Hume den Willen (Buch 2, Teil 3). Er nennt den Willen den inneren Eindruck, den wir bewusst fühlen, wenn wir wissend (»knowingly«) neue Bewegungen unseres Körpers oder Wahrnehmungen unseres Geistes entstehen lassen. So aktiv-passiv erklärt Hume die Motive für Handlungen. Er sucht bei der Erklärung ihrer Wirkungsweise die Analogie mit physischen Ursachen, um zu zeigen, wie zwingend sie sind. Der Geist zieht reflektierend Schlüsse (aktiv) und handelt dabei quasi kausal (passiv) wie eine mechanische Kraft. Ähnliche Ursachen haben ähnliche Wirkungen, schreibt er, die wir einander gewohnheitsmäßig und unzuverlässig zuordnen.

Die kurze Darstellung von Humes Motivationslehre vermittelt zwei Einsichten. Die eine ist, dass er – gegen seine eigene Behauptung, dass die Vernunft die Sklavin der starken Gefühle ist – die Gefühle nicht wirklich von der Vernunft trennt. Er glaubt selbst, dass wir die Gefühle kognitiv, wissend beeinflussen und wählen können. Die zweite Einsicht ist, dass wir gut daran tun, Gefühle so zu verstehen, dass wir sie in unserer sittlichen Entwicklung und in unserem Bildungsprozess beeinflussen können. Wäre die Vernunft wirklich die Sklavin der Gefühle und die Gefühle strikt von der Vernunft getrennt, müssten wir nicht über die sittliche Bildung der Menschen nachdenken, weil sie wirkungslos wäre.

Hass, Eifersucht und Habgier sind nicht einfach starke Gefühle, die wir haben und denen wir sklavisch folgen. Wir wissen selbst nach Humes eigener Überzeugung, was wir tun, wenn wir diesen Gefühlen nachgeben und sie wissend als Motive für unser Tun wählen. Wenn wir solche Motive wählen, wissen wir, dass sie moralisch verwerflich und schlecht sind. Wenn wir dies wissen, wirken diese Gefühle nicht einfach intrinsisch und unausweichlich. Was wir wissend tun, können wir beurteilen und wählen. Unser Wille hat auch eine kognitive Qualität, deswegen sind unsere Motive nicht unwillentlich wirksam.

Dies zeigt ein Blick auf das sittliche Leben von Gesellschaften, in denen der Hass auf Andersgläubige und auf Menschen anderer Kulturen eine positive Bedeutung hat. Dieses Gefühl wird für die Abwehr der Anderen instrumentalisiert, wenn die Menschen erzogen werden. Das Ziel des Hasses ist von vornherein festgelegt.

Am Anfang steht das Wissen, wer die Anderen sind. Denn ohne dieses Wissen würde sich der Hass gegen alle, auch die Eigenen, richten. Das Gefühl ist also gar nicht intrinsisch, sondern mit dem Glauben verbunden, dass die Anderen schlecht sind. Vor dem starken Gefühl des Hasses stehen eine Unterscheidung und ein Urteil. Das Gefühl ist nicht unmittelbar kausal wirksam. Es muss bewusst gewollt werden.

Ähnliches trifft auf die Habgier und die Eifersucht zu. Keines dieser Gefühle ist nicht-repräsentational, weil sie Ausdruck der Selbstliebe und Eigensucht sind. Die Eigensucht ist ein Gefühl, das für nichts anderes und für niemand anderen steht als für den, der es empfindet. Ähnlich wie beim Hass setzt sie eine Unterscheidung und ein Urteil voraus. Der Eigensüchtige unterscheidet zwischen sich und allen anderen. Das Urteil betrifft die eigenen Interessen. Eine Person muss wissen, ob es um ihre eigensüchtigen Interessen geht oder nicht. Da dies nicht immer klar ist, muss die Person die Lage beurteilen. Es kann dem eigenen Interesse dienen, einem anderen zu helfen, falls von ihm Dankbarkeit zu erwarten ist, andernfalls lässt man es bleiben. Dieses Beispiel zeigt, dass die eigensüchtige Selbstliebe für eine Person nicht nur ein Gefühl, sondern ein Kalkül ist, mit dem sie rechnen kann. Die Selbstliebe ähnelt in dieser Hinsicht dem Glück. Denn auch das Glück kann ein Kalkül sein und ist es auch für die Utilitaristen. Keines der eben erwähnten Gefühle ist nicht-repräsentational.

Die Selbstliebe ist aber nicht von vornherein schlecht oder gar verwerflich. Sie ist dann ein gutes Gefühl, wenn sie nicht nur der eigenen Person, sondern allen anderen nützt. Dies glauben nicht nur die Utilitaristen, sondern auch Juden und Christen mit dem Gebot, den Nächsten wie sich selbst zu lieben. Kant dagegen hält die Selbstliebe für eine Quelle des Bösen und Verwerflichen, wie er in seiner *Religion innerhalb der Grenzen der bloßen Vernunft* (1793) schreibt. Er hält Gefühle für untauglich, eine Ethik zu begründen. Über den nicht-repräsentationalen Charakter der Gefühle hat er nicht nachgedacht. Er misstraut den Sitten und denkt nicht ernsthaft über die sittlichen Wurzeln der Ethik nach.

Wenn Gefühle eine Unterscheidung und ein Urteil voraussetzen, können sie – wie wir eben sahen – nicht intrinsisch motivieren. Der Glaube an die intrinsische Motivation hängt *auch* von dem

Menschenbild ab. Wenn Menschen als Vernunftwesen verstanden werden, als Tiere mit Verstand, ist es kaum möglich, an intrinsische Motive zu glauben und die Moral für etwas Nicht-Natürliches zu halten. Wenn Menschen rein biologisch als Naturwesen verstanden werden, als Tiere mit und ohne Verstand, ist ihre Moralnatur Teil oder gar Produkt ihrer biophysischen Natur. Dieser Naturalismus erlaubt ein blindes Grundvertrauen der Natur gegenüber, weil sie zuverlässig und stabil wie ein Mechanismus erscheint, gegen den die menschliche Vernunft nichts ausrichten kann. Gleichzeitig ist der Naturalismus kleingläubig den eigenen Möglichkeiten, Kräften und Fähigkeiten gegenüber.

Wer sich nicht auf das dualistische Entweder-oder von naturalistischem oder anti-naturalistischem Menschenbild einlassen will, wird sich nicht generell für oder gegen die Möglichkeit intrinsischer Motive entscheiden und genauer hinsehen, um welche Gefühle es jeweils geht. Es gibt Gefühle, deren Gewicht schwerer wiegt als jede vernünftige Überlegung. Dies sind die Traumata. Es handelt sich, wie das griechische Wort ›trauma‹ sagt, um Wunden, um seelische Verletzungen. Sie können von schrecklichen Erfahrungen herrühren, die sich in die Seele eingebrannt haben. Solche Verletzungen sind mit Angst verbunden, zerstören das Selbstvertrauen und verunsichern das Verhalten. Sie sind schwer zu heilen, und die von ihnen bewirkten Gefühle sind kaum zu bannen. Wenn überhaupt, dann können solche Gefühle nur therapeutisch gebannt werden. Solange sie nicht gebannt sind, wirken sie wie intrinsische Motive, gegen die sich die Menschen nicht wehren können. Menschen, die unter traumatischen Verletzungen leiden, können zwar denken und urteilen, sich aber nicht von den Ängsten befreien, welche die Verletzungen angerichtet haben. Sie können nicht angstfrei handeln. Moralisch ist diese Unfreiheit schwer, vor allem aber nicht allgemein beurteilbar. Es kommt auf den einzelnen Menschen, auf seine Gefühle, Erfahrungen und Verletzungen an. Diese Erfahrungen müssen von den Betroffenen erzählt werden, wenn die Verletzungen verstanden und behandelt werden sollen. Nur eine von Erfahrung geleitete therapeutische Praxis kann helfen, das Vertrauen gegenüber den anderen Menschen, das zerstört wurde, wiederherzustellen. Ohne dieses Vertrauen ist keine Heilung möglich (Willi Butollo / Regina Karl [4]2019).

Historisch bewegen wir uns nun rückwärts, vom Utilitarismus des 19. Jahrhunderts und von Hume (18. Jh.) zu Spinoza (1632–1677). Er sagt vieles, was uns hilft, uns über uns selbst aufzuklären. Deshalb bewegen wir uns in Wirklichkeit gar nicht rückwärts, sondern vorwärts. Spinoza entwickelt in seiner Ethik vor Hume eine anspruchsvolle, differenzierte Lehre der Affekte. Affekte sind die Empfindungsfähigkeiten des Körpers. Sie sind nicht nur passiv wie bei Hume, sondern auch aktiv. Die Affekte äußern sich in Aktivitäten und in Leidenschaften (*Ethik*, 223). Spinoza trennt die Affekte nicht von der Vernunft und den Körper nicht vom Geist (98–595). Beides ist überzeugender als Humes Trennung von Vernunft und Gefühlen. Spinoza wird historisch dem Rationalismus zugerechnet, und dafür spricht seine geometrische, argumentative Methode. Er denkt in Definitionen, Lehrsätzen und Beweisen, ist dabei aber ein Naturalist, der Geist und Natur – aus theologischen Gründen – als integrales Ganzes betrachtet. Es gibt für Spinoza nur eine alles umfassende Wirklichkeit, keine Dualismen. Seine pantheistische Theologie, in der Gott und Natur eins sind (deus sive natura), hat seit dem 18. Jahrhundert viele davon abgehalten, ein tieferes Interesse an seiner rationalen Psychologie zu entwickeln.

Da in der Natur, wie er glaubt, nichts geschieht, was man ihr als Fehler anrechnen könnte – es wäre ja ein Fehler, der Gott selbst anzurechnen wäre –, sind alle Affekte natürlich, auch die, die wir für schlecht halten wie Hass, Zorn und Neid (*Ethik*, 221). Hass könne zwar niemals gut sein, sagt er (457). Die Anlage dazu ist aber ebenso wie bei Zorn und Neid nicht von sich aus schlecht. Umgekehrt sind auch die positiven Affekte nicht von sich aus gut. Aus denselben natürlichen Anlagen kann Gutes und Schlechtes entstehen. Heterogene Affekte wie Mitleid, Neid und Ehrgeiz können aus derselben natürlichen Anlage entstehen (267 ff.). Gute und schlechte Affekte haben dieselben natürlichen Wurzeln.

Die wichtigsten, entscheidenden, allen anderen Affekten zu-
grundeliegenden Affekte sind Begierde, Freude und Trauer. Spinoza
definiert sie im dritten Teil der *Ethik* (336 ff.). Begierde sei die »Es-
senz« des Menschen. Sie umfasse alle Arten des menschlichen Strebens. Spinoza macht zwischen Trieb und Begierde, zwischen dem
Bewusstsein der Begierde im Wollen und ihrer unbewussten Wirksamkeit keinen Unterschied. Er unterscheidet auch nicht zwischen
dem, was angeboren ist und was erworben wurde. Er verwendet
drei Begriffe für die Wirksamkeit der Affekte: Begierde (cupiditas),
Trieb (appetitus) und Streben (conatus). Es sind seine Bezeichnun-
gen für alle Formen des Strebens (337). Das Wesen des Menschen
ist zu streben, sich auf etwas zu richten. Deswegen ist dies der wich-
tigste aller Affekte. Ihm folgt die Freude. Sie ist der Übergang »von
einer geringeren zu einer größeren Vollkommenheit«, und dann
als dritter Affekt die Trauer. Sie ist der Freude entgegengesetzt als
Übergang von einer größeren zu einer geringeren Vollkommenheit
(339). Der Strebecharakter ist allen Affekten gemeinsam, auch den
beiden wichtigsten, der Freude und der Trauer.

Das Schlechte an Hass, Zorn und Verachtung gehe auf die
Trauer zurück, die ihnen zugrunde liege (*Ethik*, 457 ff.). Trauer
liege auch dem Mitleid, der Hoffnung und der Furcht zugrunde
(463), aber auch der Scham (479) und der Demut. Weil sie mit dem
Affekt der Trauer verbunden sei, könne die Demut keine Tugend
sein (469). Wer von der Vernunft geleitet sei, lasse sich nicht von
jenen Affekten leiten. Einige dieser Überzeugungen Spinozas widersprechen der christlichen Ethik, welche die Hoffnung, die Demut und das Mitleid schätzt, andere werden bei heutigen Psycho-
logen Zustimmung finden, die in der Empathie, der Fähigkeit des
Mitempfindens und Mitleidens, neben dem Guten auch Schlechtes
sehen (Fritz Breithaupt 2017). Spinoza ist unserer Zeit näher als spätere Ethiker, die Vernunft und Affekte trennen und das eine von
vornherein für potentiell gut und das andere für potentiell schlecht
und unvernünftig halten. Vernunft und Affekte sind, wie Spinoza
glaubt, im Geist vereint und nur durch dessen Wirken unterscheidbar.

Man vergleiche Spinozas Grundaffekte der Begierde, der Freude
und der Trauer mit der Auffassung, dass Lust und Unlust bzw. die
Suche nach Glück und die Vermeidung von Schmerz die Antriebe

menschlichen Handelns seien. Beides sind Auffassungen, die eine gewisse Plausibilität haben. Sie haben aber eine unterschiedliche Reichweite und Tiefe. Lust und Unlust schließen sich als Alternativen jeweils aus, entweder ist das eine oder das andere bestimmend. Freude und Trauer können gleichzeitig wirksam werden, sich abwechseln und sich mischen (*Ethik*, Lehrsatz 23, 265). Der Weg zu einer größeren Vollkommenheit kann von der Gegenbewegung der Trauer behindert sein, und umgekehrt kann die Freude die Wirksamkeit der Trauer beenden. Diese Auffassung der Antriebe zum Handeln lässt die Dynamik erkennen, die wir als typisch für das menschliche Handeln und Empfinden erachten und selbst auch erleben können.

Spinoza sagt, niemand wisse, wie der Geist den Körper bewege, und wer behaupte, der Geist verursache Handlungen, kenne die wahren Ursachen der Handlungen nicht (*Ethik*, 229). Die Menschen hätten die Affekte, die sie antreiben, nicht unter Kontrolle. Die Entscheidungen des Geistes seien »nichts als die Triebe selbst«, und jeder handhabe »alles von seiner Affektivität her« (233). Die Affekte bestimmen unser Tun. Angesichts dieser Gedanken läge es nahe zu vermuten, dass Spinoza den menschlichen Geist deterministisch und das von ihm bewirkte Verhalten pessimistisch beurteilt. Beides trifft nicht zu. Durch unsere Vernunft befreien wir uns, wie Spinoza glaubt, von Furcht, Aberglauben und allen Übeln und machen uns selbst frei. Schlecht sei, was »die Ursache von Trauer ist«, und gut sei, was immer mit unserer Natur übereinstimme (425). Menschen wichen, getrieben von ihren Affekten, voneinander ab und könnten sich gegenseitig hassen und um etwas beneiden (IV. Teil, Lehrsatz 34). Dabei stimmten sie ihrer Natur nach völlig überein (431); es sei nur dieselbe Sache, um die es ihnen geht, die sie entzweit. Ihrer Anlage nach stimmten sie dennoch überein. Wenn sie unter der Leitung der Vernunft lebten, stimmten sie sogar notwendig überein (Lehrsatz 35). Die Menschen lebten aber nur selten unter der Leitung der Vernunft (435). Das höchste Gut sei, sich von der Vernunft leiten zu lassen, den Weg der Tugend zu gehen und Gott zu erkennen. Dies sei allen Menschen gemeinsam (437).

Die menschliche Freiheit sieht Spinoza differenziert und mit einer gewissen Zurückhaltung. Er glaubt, dass wir durch unsere Vernunft freier werden können. Ein freier Mensch sei einer, der »nach dem Gebot der Vernunft lebt« und »sich nicht von Furcht vor dem Tod leiten« lässt (495). Wir seien allerdings nicht frei geboren. Wären wir frei geboren, könnten wir, solange wir frei wären, »keinen Begriff von gut und schlecht bilden« (ebd.). Das ist ein merkwürdiger, erklärungsbedürftiger Gedanke. Er geht auf Spinozas Auffassung zurück, dass die Erkenntnis des Schlechten Trauer, damit ein Übergang zu einer geringeren Vollkommenheit und deswegen »inadäquat« sei (Lehrsatz 64, 491). Frei geboren zu sein, hieße, der Leitung durch die Vernunft nicht zu bedürfen und dementsprechend auch nicht nach größerer Vollkommenheit zu streben. Frei geboren zu sein, wäre ein Gut, das uns daran hindert, nach einem größeren Gut zu streben, und damit schlecht. Durch die Vernunft streben wir immer nach dem größeren Gut und dem kleineren Übel (ebd.).

Den Sündenfall, von dem die *Genesis* berichtet, deutet Spinoza als Verlust der ursprünglichen Freiheit, die dann durch die Patriarchen »geleitet vom Geist Christi, d. h. von der Idee Gottes«, wiedererlangt worden sei. Auf diese Idee beruft sich Spinoza, wenn er dafür argumentiert, dass »der Mensch frei ist und das Gute, das er für sich begehrt, (auch) für andere Menschen begehrt« (497). Er erläutert dann im Einzelnen, was den freien Menschen kennzeichnet: Er kann im Vertrauen auf sich selbst Gefahren meiden und überwinden, er sucht die Freundschaft mit anderen; nur freie Menschen seien fähig, einander »im höchsten Maße« dankbar zu sein; sie handeln »niemals arglistig, sondern stets loyal« (501). Dieses Bekenntnis zum Humanismus entspricht Spinozas Auffassung der Freiheit.

Spinoza ist kein Pessimist. Er glaubt ganz realistisch und gut nachvollziehbar, dass Hass sich durch Hass vermehre und steigere. Er glaubt aber auch, dass die Liebe den Hass tilgen könne. Wenn der Hass von Liebe besiegt werde, gehe er in Liebe über (301). Spinoza entwirft eine Liebes-Ethik. Die Liebe hält er für das stärkste Gefühl. Guido Ceronetti (1927–2018) bringt diesen Grundgedanken von Spinozas Liebes-Ethik indirekt auf den Punkt: »Für den, der nicht liebt, ist es so, als wäre er gar nicht geboren« (2005, 39, meine Übers.). Die Liebe ist Lebenskraft, das, was am meisten Freude bereitet, und wenn wir keinen Grund zur Freude hätten und nicht lieben würden, könnten wir nicht leben. Spinoza zitiert aus Ovids Liebesgedichten (279) und zeigt damit, dass er Liebe und

Lust nicht trennen will und die Liebe nicht als unkörperliches, rein vernünftiges Gefühl überhöht.

Die Wörter laetitia und tristitia wurden bis zu der dankenswerten Neuübersetzung von Wolfgang Bartuschat häufig mit ›Begierde‹ und ›Unlust‹ und nicht mit ›Freude‹ und ›Trauer‹ übersetzt. Die missverständliche Übersetzung reduziert die Begierde auf eine psychisch-mechanische Funktion. Das ist misslich, irreführend und falsch. Denn Freude und Trauer sind als Affekte geistige und körperliche Stimmungen, die anhalten können und den Glanz und das Licht oder das Elend und Dunkel unseres Daseins bestimmen. Sie flackern nicht nur auf wie Lust und Unlust. Vor allem können wir Freude und Trauer nicht wie Lust und Unlust über deren vielfältige Gegenstände wählen. Wenn uns ein Gedanke Unlust bereitet, denken wir an etwas anderes; wir haben die Wahl. Freude oder Trauer können wir nicht einfach wählen; sie werden uns zuteil wie ein Geschenk oder begegnen uns wie ein Missgeschick. Mit Hilfe der Vernunft können wir dann nach der größeren Vollkommenheit streben und die geringere vermeiden. Freude und Trauer, aber nicht Begierde und Unlust treffen das Licht und Dunkel, die Weite, Tiefe und Enge, das Glück und Unglück der Stimmungen unseres Daseins.

Der Vorbehalt gegenüber den irreführenden Übersetzungen von laetitia und tristitia hat einen tieferen Grund in der ontologischen Verpflichtung von Spinozas Denken. Es geht ihm um etwas, was es tatsächlich gibt, und nicht nur um die Bedeutung von Namen. Wolfgang Bartuschat erklärt die ontologische Verpflichtung Spinozas in seiner Einleitung zu dessen *Abhandlung über die Verbesserung des Verstandes* (1993, XIV f.). Bartuschat macht deutlich, dass die Wahrheit der Ideen in Spinozas Denken ontologisch verbürgt sein müsse. Diese Verpflichtung entspricht einer theologischen Grundüberzeugung, die gleichzeitig eine erkenntnistheoretische und ethische ist. Spinoza erklärt schon im ersten Gedanken dieser Schrift, dass das, was wahrhaft gut ist, beständig sein müsse und dass dafür alles untauglich ist, was im täglichen Leben eine unbeständige Rolle spielt. Es geht um das, was es ermöglicht, »eine beständige und höchste Freude auf ewig« zu genießen (1993, 7). Spinozas ontologische Verpflichtung zeigt, dass so Unbeständiges wie Lust und Unlust nicht zur beständigen Freude führen können. Wolfgang Bartuschat hat auch den Text der *Abhandlung* neu übersetzt und geholfen, Missverständnisse von Spinozas rationaler Psychologie zu vermeiden.

Was Spinoza schon in der frühen *Abhandlung* schreibt, arbeitet er in der *Ethik* aus. Der erste Teil der *Ethik* dient der theologischen Grundlegung seiner Ontologie. Der Lehrsatz 15 (31) sagt: »Was auch immer ist, ist in Gott, und nichts kann ohne Gott sein oder begriffen werden.« Gott ist der Maßstab des Wissens, der Wahrheit und der Ideen und damit auch die Richtschnur der menschlichen Erkenntnis der Natur, der eigenen inneren und der äußeren.

Spinoza entwirft schon in der *Abhandlung* ein methodisches Instrumentarium, um der ontologischen Verpflichtung der geistigen Tätigkeiten, des Denkens und Empfindens, gerecht zu werden. Dazu gehören der Reihe nach eine angemessene Erfassung der Ziele, die bestmögliche Wahrnehmung und die richtige Wahl des Anfangs. Die wahren Ideen müssten von allen unvollkommenen Wahrnehmungen unterschieden werden. Dafür müssten taugliche Regeln gefunden werden, mit denen eine Ordnung festgelegt werden könne, mit der wir unnützes Denken vermeiden können. Auf diesem Weg, so glaubt Spinoza, gelangen wir zur Idee des perfektesten Seienden (1993, 40 f.).

Seine Naturphilosophie schließt am Ende alles ein und ist eine Naturreligion. Alles Seiende ist in Gott vereint. Diese Identifikation Gottes mit allem, was ist, steht im Hintergrund des späteren Spinozismus- oder Pantheismus-Streits. Jacobi (1743–1819) wirft Spinoza Atheismus vor, Herder (1744–1803), Lessing (1729–1781) und Goethe glauben, dass dieser Vorwurf nicht berechtigt ist, und verteidigen Spinoza mit unterschiedlichen Argumenten. Goethe bekennt sich zum Gedanken des ›Eins als alles‹. Der Gedanke wird in Italien zu seinem Leitmotiv. Dieses Motiv führt ihn zum Gedanken der Metamorphose. Er lernt, das Göttliche in Pflanzen und Steinen zu sehen (Michael Jaeger, »En kai pan: Goethes spinozistisches Bekenntnis«, ³2015, 157–166). In Spinozas eigener Lebenszeit löst aber der von ihm 1670 anonym veröffentlichte *Theologisch-politische Traktat* eine heftige Kritik aus. Die *Ethik* ist erst posthum 1677 erschienen.

Die Einlösung ontologischer Verpflichtungen mit theologischen Mitteln ist mehr als ambitioniert. Der Wissenschaftsgläubige denkt eher an eine naturwissenschaftliche als eine theologische Grundlegung der Ontologie. Mittlerweile gibt es gute Gründe, an der generellen Zuverlässigkeit wissenschaftlicher Grundlegungen der Ontologie zu zweifeln. Zu viele wissenschaftliche Erkenntnisversprechen haben sich nicht erfüllt. Spinozas Einsichten in die vieldeutigen menschlichen Affekte werden nicht obsolet, wenn wir seine Theologie nicht teilen. Wir können seinen methodischen Anspruch von seiner Theologie trennen und erkennen dann, dass die ontologische Verpflichtung nach wie vor darin besteht, alle Fehlorientierungen unserer geistigen Tätigkeiten, unseres Empfindens, Denkens und Urteilens zu meiden, um am Ende – vielleicht – zu dem zu gelangen, was zuverlässig und beständig bei allen Veränderungen dasselbe bleibt. Wenn wir damit theoretisch nicht erfolgreich sind, spricht dies nicht gegen die praktische Suche danach. Spinozas Denken erhellt die Welt unserer Affekte und Stimmungen und vertieft unser Selbstverständnis als moralische Wesen. Seine Liebes-Ethik ist eine Ethik der Menschlichkeit.

SCHAM

Scham ist ein sittliches Gefühl. Es gibt viele sittliche Gefühle, die Ergebnis der Erziehung sind und in unserer biophysischen Natur eine Wurzel haben. Eines dieser Gefühle ist die Scham. Wir schämen uns, wenn wir nackt und schutzlos dem Blick der anderen ausgeliefert sind. Wir schämen uns unserer Nacktheit. Diese Scham ist spontan, unbewusst selbst-adressiert und schließt die Unterscheidung zwischen sich und den Anderen ein, zunächst aber ohne Urteil. Das Schamgefühl ist unwillentlich mit der eigenen Person verbunden. Niemand, der sich schämt, muss sich erst darüber klar werden und beurteilen, an wen oder gegen wen sich dieses Gefühl richtet. Selbst beim sog. Fremdschämen schämt man sich selbst, obwohl das Gefühl vom Verhalten einer anderen Person ausgelöst wird.

Die Scham ist dann nicht-repräsentational, wenn sie tatsächlich für nichts anderes als sich selbst steht. Solange sie dies tut, wirkt die Scham ähnlich intrinsisch motivierend wie traumatische Verletzungen. Sie kann aber leichter als solche Verletzungen überwunden werden. Die Scham ist ein Gefühl, das – wie Spinoza glaubt – mit Trauer vermischt und deswegen nicht gut ist (*Ethik*, 479). Wir wollen sie deswegen meiden, auch wenn wir es nicht wirklich durch eigenen Entschluss können. Die Suche nach Freude und das Meiden von Trauer lenken unsere moralische Entwicklung. Die Scham gehört zur Stimmung der Trauer. Da es vielfältige und kulturell sehr unterschiedliche Gründe für das Gefühl der Scham gibt, müssen wir sie als sittliches Gefühl nicht nur ernst nehmen, sondern auch ihre Gründe verstehen. Ob sie eine grundlegende Bedeutung für die Sittlichkeit hat, ist umstritten. Wenn sie diese Bedeutung nicht hat, kann sie nicht Teil einer ethischen Theorie sein.

Dem widerspricht der Theologe Klaas Huizing (*1958). Er glaubt, dass die Scham den »kritischen Ausgangspunkt menschlicher Freiheit« markiert, »sich zu ändern« und »den eigenen Charakter zu formen und Haltungen auszubilden« (2016, 16). In dieser Entwick-

lung könne die Schamerfahrung entweder verdrängt oder man
könne schuldig werden, wenn die Scham zu einer Ursache für Gewalt wird. Das Schamgefühl, das sich nicht der eigenen Nacktheit,
sondern der Entblößung durch mangelnde Ehrfurcht und fehlenden Respekt anderer bewusst ist, kann tatsächlich Ursache von Gewalt werden. Wer missachtet wird, schämt sich zuallererst selbst
dafür und rechnet die Missachtung dann erst missbilligend und
schließlich zornig jemand anderem zu. Umgekehrt können sich
Menschen für die Selbstentblößung anderer schämen, selbst wenn
es sich dabei um Kunstwerke handelt. Die Scham kann eine sexuelle
und religiöse Bedeutung haben, sie kann mit Versagen, Misserfolg
und Missachtung, aber auch mit Schüchternheit und Unsicherheit
verbunden sein. Sie hat bei allen diesen Erscheinungsweisen immer etwas Ängstliches und ist Ausdruck von Ungeschütztheit und
Verletzlichkeit.

Aus allen diesen Gründen ist die Scham Ausdruck des sittlichen
Empfindens. Sie steht dort, wo Sittlichkeit und Natur, Seele und
Körper ungetrennt sind. Eine Ethik, zumindest eine auf kulturelle
Integration bedachte, sollte diesem moralischen Gefühl besondere
Aufmerksamkeit schenken und den unterschiedlichen Bedeutungen der Scham und deren Ursachen gerecht werden. Dazu muss sie
den vielfältigen, teilweise sehr unterschiedlichen kulturellen Gründen der Scham gerecht werden. Diese Unterschiede dürfen nicht
ignoriert oder als archaisch, obskur und altmodisch abgetan werden. Der Ethikunterricht in Schulen sollte die Gründe der Scham
ernst nehmen. Nur dann kann er zur Integration von Kindern aus
anderen Kulturen beitragen. Eine Ethik, in der die vielfältigen kulturellen und religiösen Gründe und Bedeutungen der Scham ignoriert werden, mag theoretisch befriedigend sein, ist aber nicht nur
fragwürdig, sondern sittlich indifferent oder sogar unsittlich.

Das Schamgefühl kann auch für etwas anderes als nur für sich
selbst stehen, etwa für einen Selbstwertverlust, der durch ein eigenes Versagen ausgelöst wurde. Darauf macht Ernst Tugendhat
aufmerksam (1993, 57 ff.). Ihm geht es vor allem um das moralische Versagen, das tadelnswert und empörend ist. Nicht jede Art
von Versagen ist aber tadelnswert, nicht einmal das moralische. Es
ist dann nicht tadelnswert, wenn jemand überfordert wurde und
nicht die Kraft und Fähigkeit hatte, das zu tun, was moralisch ge-

boten war. Wenn sich andere dann darüber empören, sind sie überheblich und selbst unmoralisch. Empörung kann leichtfallen und zur Gewohnheit werden. Dann ist sie von Selbstgerechtigkeit und Überheblichkeit nicht zu unterscheiden und selbst tadelnswert.

Zu den Arten des Versagens, die meistens nicht tadelnswert sind, gehört das sportliche und künstlerische Versagen. Diese Arten des Versagens lösen bei verständnisvollen Menschen keine Empörung, sondern eher Bedauern, Mitgefühl und Sympathie aus, jedenfalls bei denen, die wissen, wie schwer es ist, unter hohen Ansprüchen nicht zu versagen. Ein Fußballfan kann sich für das Versagen der eigenen Mannschaft schämen, eine Klavierlehrerin für das nicht gelungene Vorspiel ihres Schülers und dessen Eltern erst recht.

Scham benötigt nicht notwendig einen anderen Menschen als Gegenüber. Man kann sich auch vor sich selbst schämen, weil man versagt hat und plötzlich erkennt, dass man sich bisher einbildete, mehr zu können oder ein besserer Mensch zu sein. Diese Scham muss sonst niemandem auffallen. Man kann sich auch über die eigene Kleidung oder den misslungenen Haarschnitt schämen, ohne dass dies jemand bemerkt oder sich jemand darüber mokiert. Wenn sich andere aber über einen lustig machen, fällt es einem schwer, sich nicht zu schämen, es sei denn, man hat ihnen durch Selbstironie selbst Anlass dazu gegeben. Zunächst harmlos erscheinende Schamgefühle können mit zunehmender Intensität verletzend und durch Überheblichkeit und Selbstgerechtigkeit anderer bewirkt werden.

Die ethische Bedeutung der Scham kann in einer Analyse menschlicher Gefühle und deren Bedeutung für die moralische Urteilsbildung geklärt werden. Spinoza glaubt, wie erwähnt, dass die Scham zur Trauer gehört und sie deswegen das Verhältnis der Menschen zur Gerechtigkeit und anderen moralischen Ansprüchen behindert. Die Trauer behindert allgemein, wie er glaubt, den Gebrauch der Vernunft (*Ethik*, 517). Aus Spinozas Perspektive ist die Scham ein Hindernis des vernünftigen moralischen Urteilens und ethisch negativ wirksam.

Dieses Urteil trifft nur einen Aspekt der Scham. Wir würden uns irren, wenn wir aus diesem Aspekt schließen würden, dass es besser und vernünftiger wäre, sich nicht schämen zu können. Das Gegenteil ist richtig. Sich nicht schämen zu können, ist unsittlich und ein moralischer Defekt. Es ist, wie Robert Spaemann (1927–2018) zeigt, vor allem ein seelischer Defekt mit moralisch schlechten Folgen (2011, 216–235, bes. 219). Das Schamgefühl korrespondiert dem Ehrgefühl, deswegen ist schamloses Verhalten auch ehrlos. Spaemann weist darauf hin, dass die Scham zur Integrität der Person gehört und dass das verbreitete Ressentiment gegen die Scham ein Ressentiment gegen die Integrität der Person ist (2011, 230). Sich schämen zu können, ist eine unverzichtbare sittliche Fähigkeit. Wie wichtig und unverzichtbar sie ist, zeigt sich auf erschreckende Weise im schamlosen Verhalten. Öffentlich und ohne Schamgefühl Unrecht zu tun und anderen Unrecht zuzufügen, ist wahrhaft schamlos.

Ein besonders erschreckendes Beispiel solch schamlosen Verhaltens sind die öffentlichen Versteigerungen des Eigentums deportierter deutscher jüdischer Familien in vielen deutschen Städten, die nach dem Pogrom am 9. und 10. November 1938 begannen. Auf den Auktionen, auf denen der Hausrat jüdischer Familien versteigert wurde, herrschte großer Publikumsandrang. Das Unrecht geschah »vor aller Augen«, wie der Bildband von Klaus Hesse und Andreas Nachama (2018) am Beispiel der Stadt Lörrach zeigt. Niemand schien sich dabei zu schämen. Die private und staatliche Bereicherung an jüdischem Eigentum wurde durch die zuständigen Behörden genau dokumentiert. Was Frank Bajohr (1997) am Beispiel der »Arisierung« jüdischen Eigentums in Hamburg beschreibt, geschah überall in Deutschland. Die Akten der Devisenstellen der Landesfinanzämter dokumentieren das Unrecht bis ins kleinste Detail. Niemand schämte sich, die Möbel, den Schmuck und die Kleidung deutscher jüdischer Bürgerinnen und Bürger zu einem Schnäppchenpreis zu kaufen und dann auch zu benutzen, ohne über das Schicksal dieser Menschen, die einmal Nachbarn, Bekannte oder Kollegen waren, nachzudenken. Das von Winfried Nerdinger gegründete und – siebzig Jahre nach dem Ende der Naziherrschaft – Ende April 2015 eröffnete Münchner NS-Dokumentationszentrum berichtet von dieser kollektiven Schamlosigkeit am Beispiel der Stadt München, der sog. ›Hauptstadt der Bewegung‹.

Wenn das Schamgefühl, wie Klaas Huizing annimmt, die Freiheit tatsächlich fördern sollte, sich und sein Verhalten zu ändern und ein anderer, besserer Mensch zu werden, dann ist das Ressentiment in jeder Hinsicht das Gegenteil. Auch das Ressentiment ist wie die Scham ein sittliches Gefühl, aber ein schlechtes. Es macht unfrei, weil es nicht wie die Scham ein Ansporn ist, sich zu ändern und ein besserer Mensch zu werden. Das Ressentiment richtet sich gegen Menschen, die leistungsfähiger, begabter und bessergestellt sind, denen man sich in sozialen, wirtschaftlichen oder beruflichen Hinsichten nicht gewachsen fühlt und denen man ihre Überlegenheit insgeheim übelnimmt. Das quälende Gefühl der eigenen Unterlegenheit wird zur Grundlage des sittlichen Empfindens. Es ist eine schlechte Grundlage mit schlechten Folgen. Wenn das Ressentiment das vorherrschende sittliche Empfinden in einer Gesellschaft ist, herrschen Missgunst, Neid und Hass und vergiften das soziale Leben. Spannungen, Zwist und Unfrieden zwischen besser und schlechter Gestellten sind die Folgen. Das Ressentiment lässt keine Selbstkritik zu. Jedes Ressentiment stabilisiert sich selbst und macht sich immun gegen Kritik.

Auch der Moralismus stabilisiert sich selbst und macht sich immun gegen Kritik. Moralistisch ist eine Einstellung, die bestimmte Verhaltensweisen als moralisch schlecht oder gar verwerflich verurteilt, ohne dass es dafür Gründe gibt. Aversion, Hass, Verachtung und Widerwillen sind die Wurzeln des Moralismus. Die Lebensführung, der Geschmack, das Verhalten und die Lebensweise anderer, die von der jeweils eigenen abweichen, werden moralisiert und moralisch verurteilt. Homophobie ist ein Beispiel für Moralismus. Das sexuelle Empfinden Homosexueller, das Teil ihrer Natur ist, wird als abweichend, unnatürlich und verwerflich abgeurteilt. Aus Aversion und Hass entsteht der homophobe Moralismus.

Moralismus und Ressentiment sind amoralische Verhaltensweisen, weil sie unbegründet sind und in moralischer und sozialer Hinsicht schlechte Folgen haben. Regeln der Fairness werden missachtet, es entsteht Unfrieden und Unzufriedenheit, Hass und Abneigung gegen andere und ihre Lebensverhältnisse werden gefördert. Beide Varianten der Amoral sind miteinander verwandt. Eine Ursache des Moralismus kann das Ressentiment, das Gefühl der Unterlegenheit sein. Dann sind Ressentiment und Moralismus kaum zu unterscheiden.

Der Moralismus kann auch eine scheinbar entgegengesetzte Ursache haben, das Gefühl der Überlegenheit. Das Gefühl der Unterlegenheit bezieht sich auf den eigenen sozialen Status. Der Erfolg, das Verdienst und die Reputation der Anderen, werden beneidet. Das Gefühl der Überlegenheit gibt sich einen moralischen Anstrich. Der Moralist fühlt sich anderen gegenüber moralisch überlegen. Er kritisiert ihr Verhalten als amoralisch, ohne zu bemerken, dass es auf sein eigenes Verhalten zutrifft. Diese Blindheit gegenüber den eigenen Defiziten wird auch erkennbar, wenn anspruchsvolle moralische Forderungen erhoben werden, die man selbst nicht erfüllt. Der Moralismus ist so wie das Ressentiment immun gegen Kritik, vor allem gegen Selbstkritik. Die Gefühle moralischer Überlegenheit und sozialer Unterlegenheit haben ähnliche Folgen, obwohl sie entgegengesetzt zu sein scheinen.

Friedrich Nietzsche hat in seiner *Genealogie der Moral* (KSA 5, 270 ff.) das Ressentiment als schöpferischen Ausgangspunkt des Sklavenaufstands in der Moral bezeichnet. Es sei ein stiller, aber am Ende machtvoller Aufstand, und er sei schöpferisch, weil er das Gefühl der eigenen Schwäche, Unterlegenheit und Ohnmacht vergessen mache und in etwas Positives, ja scheinbar Gutes ummünze. Die Schwäche, sagt Nietzsche »soll zum *Verdienste* umgelogen werden« (281 ff.). Ohnmacht wird zur »Güte«, Niedrigkeit zur »Demut«, Unterwerfung zu »Gehorsam«. Was Nietzsche unter ›schöpferisch‹ versteht, ist die sich selbst gegen Kritik immunisierende Kraft des Ressentiments, die sich dann als Sklavenmoral dauerhaft etabliert. Es ist die Moral der Mehrheit der Schwachen, die sich zusammenrotten und sich nur als Mehrheit gegen die wenigen Starken behaupten können.

Nietzsche billigt den Starken überlegene Kräfte und Fähigkeiten zu, Superiorität in allen außermoralischen Belangen. Sie geben sich ihre eigenen Regeln; sie scheinen zur Herrschaft geboren zu sein.

In den Augen der Schwachen verhalten sie sich amoralisch, weil sie sich keinen allgemein geltenden Regeln unterwerfen. Sie verhalten sich anderen gegenüber als Herren. Wenn sie glauben, anderen gegenüber tatsächlich in jeder Hinsicht überlegen zu sein, verhalten sie sich selbst dann moralistisch, wenn sie jede Moral ablehnen. Was Nietzsche der Sklavenmoral vorwirft, gilt dann auch für die Herrenmoral. Max Scheler (1874–1928) deutet die von Nietzsche beschriebene Umwertung als den Ausgangpunkt eines sittlichen Gefühls, als »seelische Selbstvergiftung« und als Grundlage dauerhafter Werttäuschungen (1978). Alle moralischen Übel verbindet er mit dem Ressentiment: »Rachegefühl und -impuls, Haß, Bosheit, Neid, Scheelsucht, Hämischkeit« (1978, 4).

Scheler greift in seiner moralpsychologischen Untersuchung des Ressentiments Äsops Fabel vom Fuchs und den sauren Trauben auf. Der Fuchs hätte gerne die Trauben, aber sie hängen zu hoch für ihn. Er kommt nicht an sie heran, hält sie deswegen für sauer und will sie nicht mehr haben. Der Fuchs rationalisiert seine Unfähigkeit: Was er zwar gerne hätte, aber aufgrund seines Unvermögens nicht haben kann, will er dann auch nicht. Scheler sieht darin eine für das Ressentiment typische Auflösung der Spannung zwischen Streben und Nichtkönnen: Der Wert des Guten, das man eigentlich haben will, werde herabgesetzt, ja sogar geleugnet (29 f.). Der Schein der Klugheit werde gewahrt. Klugheit werde aber zu einer miesen Art Rationalität und Cleverness herabgestuft und korrumpiert. Die Klugheit sei aber die Kraft zu beurteilen, was zu tun ist und was man wirklich nach besten Kräften tun kann. Sie sei die Voraussetzung dafür, dass man sich dann für das moralisch Beste entscheidet, auch wenn es schwerfällt, anstrengend und unbequem ist, so Schelers Überlegungen.

Das Ressentiment verträgt sich mit dem Utilitarismus. Ein Utilitarist kann es für rational halten, auf die Trauben zu verzichten, wenn er sie ohnehin für sauer hält. Der Verzicht ist dann kein Verlust. Jon Elster ist von dieser utilitaristischen Einstellung nicht überzeugt. Die Rationalität wird dabei, wie Elster argumentiert, in ihr Gegenteil verkehrt und die Wahl zwischen verschiedenen Optionen unterlaufen (1987). Wenn ich nämlich nur das mit meiner Wahl erreichen will, was im Rahmen meiner Möglichkeiten liegt, wenn ich meine Wahl bequem dem anpasse, was naheliegt, muss ich gar nicht mehr wählen. Dann entscheiden die naheliegenden, leicht und bequem erreichbaren Möglichkeiten darüber, was ich wähle, und letztlich wird meine Wahl überflüssig. Dann habe ich auch keine Aspirationen mehr, die über das hinaus gehen, was sich ohnehin anbietet, und ich verhalte mich adaptiv.

Adaptiv ist mein Wahlverhalten, wenn ich zwar gerne etwas Besseres hätte, was ich auch erreichen könnte, wenn ich mich bemühen und aufstehen würde, dann aber doch lieber sitzen bleibe und mit dem vorliebnehme, was in Reichweite liegt. Wenn dieses Verhalten meinem Charakter entspricht und typisch für mich ist, bilde ich mir nur ein zu wählen, wähle aber nicht. Ohne es zu bemerken, gebe ich meine Wahlfreiheit auf. Diese Haltung liegt vielen Verhaltensweisen zugrunde, die der Umwelt und dem Klima schaden. Ich hätte zwar gerne saubere Luft, benutze aber dennoch für kurze Strecken mein Auto, obwohl ich auch Gehen oder Radfahren könnte, weil das Auto einfach bequemer und schneller ist. Dies ist nur eines von vielen Beispielen eines Nützlichkeitsdenkens, das nur scheinbar vernünftig, letztlich aber unvernünftig und unsittlich ist.

Nietzsche sieht eine enge Verbindung zwischen der Sklavenmoral und dem Nützlichkeitsdenken. Im fünften Hauptstück von *Jenseits von Gut und Böse* (1885) spricht er von der »Heerden-Nützlichkeit« (KSA 5, 121) und der »Heerdenthier-Moral« (124), die zum Mittelmaß der Instinkte in der Herde passt. Es müsse aber »*neue Philosophen*« (126) geben, die sagen, ja befehlen, was sein soll, schreibt er. Er spricht auch davon, einen »*Menschen zu züchten*« (127), um seine noch nicht ausgeschöpften Möglichkeiten zu aktivieren, die ihm dann helfen, die Sklavenmoral zu überwinden. Nietzsche verwirft die herkömmliche Moral und denunziert die Tugend. Sie neige zur Dummheit und die Dummheit neige zur Tugend, schreibt er im Siebten Hauptstück. Das passt nicht ganz zur schöpferischen Kraft des Ressentiments und zur Umwertung der Tugenden. Dumm sind die cleveren Nützlichkeitsdenker ja nicht, im Gegenteil, sie kennen ihren Vorteil und wissen ihn zu nutzen. Der Schein der Tugend bringt Vorteile.

Scheler schließt sich Nietzsches Polemik gegen die Tugenden nicht an. Im Gegenteil, er preist die Tugend, allerdings nur anhand der Demut und der Ehrfurcht. Die Tugend sei ein »lebendiges

Machtbewusstsein zum Guten« (1950, 14). Scheler preist die Demut, die Nietzsche als Umwertung der Niedrigkeit verachtet, als »tiefe Kunst der Seele«, als *»Entspannung* des Geistes« (32 f.). Er preist auch die Tugend der Ehrfurcht, verbindet sie mit der Scham und nennt Letztere »eine Offenbarung der Schönheit in der Geste ihres Sichselbstverbergens« (52). Dies erinnert unwillkürlich an Sandro Botticellis ›Geburt der Venus‹, die elegant in der Muschelschale steht und schamhaft ihr Geschlecht verbirgt. Scham und Ehrfurcht haben eine gemeinsame Wurzel, glaubt Scheler. Beide Gefühle zeigen, wie er sagt, »Bruchstellen« (54), an denen uns klar wird, was wichtig und unwichtig ist. Sie verzögern aber, wie er bemerkt, den wissenschaftlichen Fortschritt, weil sie altmodisch und weltabgewandt seien.

Tatsächlich ist Scheler in der Zeit, in der er die *Rehabilitierung der Tugend* schreibt, selbst weltabgewandt und tief religiös. Die Verbindung, die er zwischen Scham und Ehrfurcht sieht, ist trotz seines frommen Tonfalls erhellend, weil sie den kritischen Wendepunkt des sittlichen Bewusstseins trifft. Scham und Ehrfurcht treffen sich an der Stelle, an der wir uns von dem befreien können, was an uns selbst und unserem Verhalten schlecht ist.

Robert Spaemann (2011, 230) weist auf einen Aspekt des Ressentiments hin, der bisher unbedacht blieb: Das Ressentiment kann mit der Wahrhaftigkeit und Ehrlichkeit auftrumpfen und sich brüsten. Wer sich – wie Rousseau (1792–1778) in seinen *Bekenntnissen* – zu seinen Verfehlungen bekenne und sich mit dieser Offenheit brüste, benutze das »Pathos der Aufrichtigkeit« als »große Waffe des Ressentiments« (231). Das moralische Versagen wird dabei – in Nietzscheanischer Diktion – zu etwas moralisch Gutem umgelogen. Sklavenmoral und Ressentiment können sich nach diesem Muster lautstark auf den Straßen und wirkungsvoll im Internet vereinigen. In der Menge Gleichgesinnter erscheint das eigene moralische Versagen wie ein mutiger Protest gegen ›Die-da-oben‹, gegen die Anderen etc.

Für das aus dem Französischen entliehene Wort ›Ressentiment‹ gibt es kein passendes deutsches. Für das ähnlich klingende, aber anders gemeinte englische Wort ›resentment‹ gibt es dagegen mehrere. Es bedeutet ›Zorn‹, ›Wut‹, ›Groll‹ und ›Verstimmung‹, also Gefühle, die vom fortissimo bis zum piano reichen. Diese Gefühle können auch im Ressentiment eine Rolle spielen, aber nur eine verdeckte, unterdrückte. Man will die eigene Unterlegenheit nicht zugeben und grollt stattdessen insgeheim dem Überlegenen. Wir haben über den offenen, nicht zum Ressentiment führenden Groll schon im Zusammenhang mit der Scham und dem moralischen Versagen nachgedacht. Dabei fiel auf, dass dieses sittliche Gefühl nicht über alle Zweifel erhaben ist. Denn nicht jedes moralische Versagen ist schuldhaft und begründet Empörung und Groll. Wenn die Empörung, unabhängig davon, ob ein moralisches Versagen kritikwürdig und schuldhaft ist oder nicht, habitualisiert wird, können wir sie kaum vom Ressentiment unterscheiden, weil sie selbstgerecht ist. Jedes Ressentiment ist selbstgerecht. Abgesehen von dieser Gefahr, zum Ressentiment zu werden, sind Wut und Empörung sittlich wirkungsvolle Gefühle, aber keine Argumente in einer gut begründeten Moralkritik.

Gefühle wie Wut, Groll und Empörung gehören zur Sittlichkeit, nicht zur Ethik. Dies wird uns bewusst, wenn wir an teilweise widersprüchliche kulturelle und religiöse Gründe für Wut und Empörung denken. Über die freizügige Unterwäschereklame und das ungenierte Zurschaustellen nackter Körper können sich Menschen empören, die aus Kulturen und Regionen stammen, in denen Nacktheit ein Tabu ist. In Kulturen, in denen es dieses Tabu nicht gibt, wird die Nacktheit anders, vielleicht gar nicht wahrgenommen. Nacktheit kann auch abhängig vom kulturellen oder religiösen Zusammenhang als etwas Normales wahrgenommen werden.

Wettkämpfe in der griechischen Antike wurden nackt ausgetragen, allerdings getrennt nach Geschlechtern. Die Sportstätten waren die Gymnasien. Das Wort ›gymnos‹ bedeutet ›nackt‹, keine wörtliche Empfehlung zur Nachahmung in den Schulen, die sich dieses Namens bedienen. In der Bildenden Kunst der Renaissance konnten griechische Göttinnen wie die Venus, aber auch Heilige, nackt dargestellt werden. Dagegen empörten sich Menschen im 19. Jahrhundert über die künstlerische Darstellung nackter Körper. Manche Darstellung einer nackten Göttin oder Heiligen wurde aus religiöser Prüderie mit einem Schleier über dem Geschlecht nachträglich korrigiert. Genau genommen bewirkte diese Korrektur das Gegenteil und erotisierte die leicht verdeckte Nacktheit erst wirklich.

Das sittliche Empfinden, das Anstoß nimmt an der Nacktheit, ist ein Produkt sozialer und kultureller Entwicklungen. Dies behauptet jedenfalls Norbert Elias (1897–1990; 1939). Das genaue Gegenteil behauptet Hans Peter Dürr (*1943, ⁵2017). Dass die Menschheit wirklich zivilisierter im Sinn von gesitteter wird, will Elias nicht behaupten. Es geht ihm vor allem darum, die Wandelbarkeit der Affekte und ihrer Kontrolle nachzuweisen, weil viele Soziologen davor eine Art Wandellosigkeit sozialer Strukturen annahmen. Elias identifiziert Wandel nicht mit Fortschritt. Offensichtlich gibt es gute Gründe, die für die These vom Zivilisationsprozess als Prozess des Wandels aller, auch der sittlichen Gefühle sprechen. Es sprechen jedenfalls mehr Gründe dafür als dagegen, wie Pierre Bourdieu (1930–2002) zeigt. Er untersucht die Empörung über einige Werke Manets im Paris des 19. Jahrhunderts. Bourdieus Untersuchung bestätigt in einer historischen Momentaufnahme die These von Elias und nicht diejenige Dürrs (2015). Die sittlichen Gefühle, die Bourdieu sehr eindringlich beschreibt, erscheinen mehr als ein Jahrhundert später prüde und scheinheilig, zumindest befremdlich und schwer nachvollziehbar.

Untersuchungen wie die eben erwähnten zeigen, wie wechselhaft und unstet sittliche Gefühle sind. Sie zeigen vor allem auch, dass sich das Verhalten der Menschen in moralischer Hinsicht nicht stetig verbessert. Wechselhaft und unstet ist auch das Verhältnis der Menschen zu ihrem Geschlecht und zur Sexualität. Phasen der Prüderie und der Libertinage können sich abwechseln. Woran Menschen Anstoß nehmen und was sie für normal halten, ist nicht immer dasselbe. Wir wünschen uns heute, dass jeder Mensch

an rassistischen Äußerungen und fremdenfeindlichem Verhalten
Anstoß nehmen sollte, und beklagen, dass viele dies nicht tun. Es
ist nicht lange her, dass solche empörenden Verhaltensweisen als
patriotisch galten und politisch erwünscht waren. Manches, wie
die Nacktheit, erscheint dagegen harmlos, auch wenn sie in einer
Zeit tadelnswert, in einer anderen normal erscheint. Wie immer
das Verhältnis sittlichen Empfindens zu sozialen und kulturellen
Erscheinungen und Entwicklungen ist, es ist Ausdruck von Haltungen, die in der ethischen Theoriebildung ernst zu nehmen, aber
nicht Grundlage, Teil oder Ersatz für die Theorien sind.

Peter Strawson (1919–2006) betont dies in seiner Untersuchung
von Begriffen wie ›Schuld‹, ›Tadel‹, ›moralische Verantwortung‹,
›Reue‹ und ›Strafe‹ (1974). Er wehrt sich dagegen, diese Begriffe,
wie er sagt, zu über-intellektualisieren und sie mit metaphysischen
Optionen wie Determinismus oder Anti-Determinismus zu ver-
knüpfen. In Verbindung mit solchen theoretischen Optionen ist es,
wie er meint, unklar, ob es überhaupt so etwas wie ›Schuld‹ und
›Verantwortung‹ gibt, weil der Determinismus behauptet, dass es
Willensfreiheit nicht gibt. Wenn es keine Willensfreiheit gibt, kann
es auch kein Verantwortung und Schuld geben. Strawson will sich
auf diese Debatte nicht einlassen. Schuld, Tadel, Reue und Verantwortung sind, wie er glaubt, primär sittliche Gefühle, die eine moralische Praxis beschreiben und die Besonderheiten dieser Praxis
zum Ausdruck bringen. Sie erfüllen wie die Strafe bestimmte Zwecke in sozialen Ordnungen, und je nachdem, wie gut oder schlecht
sie diese Zwecke erfüllen, kann der Typ und das Maß der Strafe
verändert werden.

Es ist nicht sinnvoll, diese Zwecke durch metaphysische oder
wissenschaftliche Annahmen zu ersetzen, um daraus dann die Art
und den Umfang von Strafen abzuleiten. Hinter den Zwecken, die
Strafen erfüllen sollen, stehen Vorstellungen wünschenswerter sozialer und politischer Verhältnisse, für die es ihrerseits nicht notwendig Begründungen gibt, vor allem keine metaphysischen. Mit
diesen Verhältnissen sind die sittlichen Gefühle der Individuen
verbunden. Sie haben Gewissensbisse, Schuldgefühle, Gefühle der
Reue und der Scham, die eine Art psychologischer Kehrseite der
herrschenden sozialen Ordnung sind. Auch für sie gibt es nicht
notwendig eine Begründung. Offensichtlich ist dies, wenn wir an

rassistisches und fremdenfeindliches Verhalten denken, für das die Akteure keine Gewissensbisse oder Schuldgefühle empfinden, geschweige denn Reue und Scham. Wir sollten uns daran erinnern, dass sich der Rassismus vor nicht allzu langer Zeit und nicht nur in Deutschland den Schein der Wissenschaftlichkeit gab, allerdings nur in Deutschland mit verheerenden Folgen. Für die erschreckende Rückkehr des Rassismus in der Gegenwart suchen wir nach Erklärungen. Aristoteles empfiehlt, die moralisch Unbelehrbaren zu bestrafen, aber womit und wie?

Sittliches Empfinden zeigt sich im Verhalten der Menschen und ist Ausdruck einer moralischen Praxis. Eine Person ist, wie Peter Strawson zeigt, moralisch verantwortlich, wenn sie auf das eigene Verhalten und das Verhalten anderer mit Gefühlen wie Dankbarkeit, Groll, Vergebung, Nachsicht, Liebe, Verletzlichkeit und auch Empörung reagieren kann. Da diese Gefühle aber historisch und kulturell wechselhaft, unstet und keineswegs universal gültig sind, eignen sie sich nicht als Grundlage ethischer Theorien, selbst dann nicht, wenn sie, wie R. Jay Wallace dies tut, mit Kants Moraltheorie verbunden werden (1994). Jene Gefühle sollten aber Gegenstand ethischer Theorien und ihrer Kritik sein, wie ich anfangs sagte. Bisher haben wir uns fast ausschließlich mit der menschlichen Sittlichkeit, mit sittlichen Gefühlen und nur am Rande mit ethischen Theorien beschäftigt. An einigen Stellen wurde klar, dass jene Gefühle zwar mit ethischen Theorien verbunden sind. Unklar blieb aber, wie die Verbindung zu verstehen ist. Bevor wir dieser Frage weiter folgen, beschäftigen wir uns mit einer ethischen Theorie, die nichts mit sittlichen Gefühlen zu tun haben will, aber als Theorie bestechend ist.

Es ist die Ethik Immanuel Kants (1724–1804). Er argumentiert in seiner *Grundlegung zur Metaphysik der Sitten* (1785) gegen jeden Beitrag der Gefühle zu dem, was moralisch geboten ist. Kant will die Ethik zu einer eigenständigen, unabhängigen Theorie machen, um ihr so die größtmögliche Verbindlichkeit zu geben. Dazu führt er das Konzept des »reinen Willens« ein, eines Willens, der frei von allen Beweggründen ist, die nicht von der Vernunft bestimmt sind. Gefühle und Leidenschaften, auch die Tugenden sind nach seinem Urteil für die Menschen wertvoll, aber nicht »ohne Einschränkung gut« wie der gute Wille.

Der Wille bedarf aber, wie Kant glaubt, einer radikalen Reform, um nicht rückfällig und wieder böse zu werden. Er muss der Pflicht folgen und lernen, »aus Pflicht« und nicht nur »pflichtgemäß« zu handeln. Es ist auch Pflicht, die »eigene Glückseligkeit« zu sichern, denn als Unglücklicher kann man nichts vernünftig wollen. Um dies alles zu erreichen, bedarf es eines »Prinzips des Wollens«, das Kant zwischen der Vernunft und den äußeren Zielen des Handelns ansiedelt. Diese prinzipienbasierte Balance zwischen beiden Seiten soll der Pflichtbegriff sichern. Pflicht sei die »*Notwendigkeit einer Handlung aus Achtung fürs Gesetz*« (IV, 400). Das Gesetz, um das es geht, ist das moralische. Es kommt zustande, indem eine Handlungsmaxime, die das Handlungsziel einer Person enthält, auf ihre Tauglichkeit als allgemein geltendes Gesetz geprüft wird und dann als Moralgesetz gilt.

Naheliegende und geläufige Beispiele für Maximen sind, seine Versprechen zu halten und die Wahrheit zu sagen, also Regeln, die intuitiv überzeugend und anerkannt sind. Sie müssen aber dennoch auf ihre Tauglichkeit als Gesetze, denen jedermann aus Pflicht folgen soll, geprüft werden. Dies ist eine Aufgabe, die sich nicht nebenbei oder von selbst erledigt. Es gibt nämlich auch Maximen, die intuitiv überzeugend sein können, aber nicht als Pflichten taugen. Eine Maxime dieser Art ist, anderen nur dann zu helfen, wenn sie einem schon geholfen haben. Wer diese Maxime der Reziprozität der Hilfe zum Gesetz seines Handelns machen will, wird rasch einsehen, dass er Gefahr läuft, keine Hilfe zu bekommen, wenn er selbst sie benötigt, nur weil er dem, von dem er Hilfe erwarten könnte, noch nie geholfen hat. Deswegen kann er nicht wollen, dass diese Maxime allgemein verbindlich wird. Ähnliches gilt für die Maxime, nur denen zu helfen, die Mitglied im selben Club sind. Die Reziprozität der Hilfe ist dann zwar innerhalb des Clubs gesichert, aber nicht darüber hinaus.

Wenn Gesetze eine uneingeschränkte Verbindlichkeit haben sollen, müssen sie kategorische Imperative sein. Solche Imperative unterscheidet Kant von hypothetischen, die lediglich Zweck-Mittel-Beziehungen herstellen nach dem Muster, wenn du Gutes tun willst, spende Geld. Hypothetische Imperative mögen moralisch gut gemeint sein, sind aber nicht moralisch verbindlich. Nur wirklich uneingeschränkt verbindliche Imperative sollen wie Naturgesetze gelten. Dies ist eine der Formulierungen des Kategorischen Imperativs: »[H]andle nur nach derjenigen Maxime, durch die du zugleich wollen kannst, daß sie ein allgemeines Gesetz werde.« (IV, 421) Es ist auf dem Weg zu diesem Imperativ die erste Aufgabe, taugliche Maximen zu finden.

Kant diskutiert Maximen, die untauglich für kategorische Imperative sind. Alle Selbstliebe-Maximen sind, wie Kant zeigen will, untauglich. Der Suizid ist sein erstes Beispiel. Die Suizid-Maxime ist: »[I]ch mache es mir aus Selbstliebe zum Prinzip, wenn das (sic!) Leben bei seiner längeren Frist mehr Übel droht, als es Annehmlichkeiten verspricht, es mir abzukürzen.« (422) Kants Argument ist, dass diese Maxime nicht zu einem allgemein geltenden Gesetz taugt, weil sie einen Widerspruch enthält. Die Selbstliebe wird in der Maxime sowohl zur Förderung als auch zu Vernichtung des Lebens verwendet. Das ist ein Widerspruch, also kann daraus kein kategorischer Imperativ werden. Auch in seinem zweiten Beispiel geht es um eine Selbstliebe-Maxime. Ich leihe mir in meiner Not Geld, verspreche, es zurückzahlen, weiß aber, dass ich es nicht zurückzahlen kann. Der Widerspruch hier ist, dass ich etwas aus Selbstliebe verspreche, wohl wissend, dass ich es nicht halten kann.

Kant diskutiert noch zwei weitere Selbstliebe-Maximen. Die Pointe ist jeweils dieselbe, dass man mit ihnen in einen Widerspruch gerät und dass man einen Widerspruch nicht als allgemein geltendes Gesetz wollen kann. Diese Unmöglichkeit wird aber erst zwingend, wenn die Vernunft darüber entscheidet, was man wollen kann und was nicht. Die Vernunft gestattet keine Ausnahmen, zu denen man aus Selbstliebe gerne neigen würde. Sie entlarvt die Widersprüchlichkeit der Selbstliebe-Maximen. Anders als Shaftesbury (1671–1713) vorschlägt, darf die Vernunft keine Verbindung mit den Gefühlen eingehen, sondern muss rein vernünftig bleiben. Handeln geht aber nicht ohne den Willen, etwas Bestimmtes zu tun. Die Geneigtheit des Willens dazu soll eine »Triebfeder« bewirken, die ein bestimmtes Ziel hat, das gleichzeitig ein allgemeines ist. Dieses Ziel kann nicht nur abstrakt allgemein sein, sondern muss notgedrungen einen Inhalt haben. Abstrakt allgemein und gleichzeitig konkret soll es sein.

Es sieht wie eine unlösbare Aufgabe aus, die abstrakte Allgemeinheit mit einem konkreten Inhalt auszustatten. Kant erfüllt sie, indem er erst den Willen und dann dessen Ziel definiert. Den Willen definiert er als die Fähigkeit, »*nach der Vorstellung* der Gesetze« (IV, 412) zu handeln. Diese Fähigkeit gebe es nur bei vernünftigen Wesen. Das Ziel definiert er mit genau diesem vernünftigen Wesen. Der Mensch ist das Ziel, weil jedes vernünftige Wesen »als Zweck an sich selbst« und »nicht bloß als Mittel zum beliebigen Gebrauche« existiere (428). Die Existenz des Selbstzwecks macht das allgemeine Ziel zu einem konkreten, weil es dabei um jeden einzelnen Menschen geht, eine geniale Lösung einer zunächst unmöglich erscheinenden Aufgabe. Die subjektive Triebfeder, etwas Bestimmtes zu tun, ist gleichzeitig ein objektiver, vernünftiger Beweggrund. Dementsprechend formuliert Kant eine zweite Version des Kategorischen Imperativs: »*Handle so, daß du die Menschheit, sowohl in deiner Person als in der Person eines jeden anderen, jederzeit zugleich als Zweck, niemals bloß als Mittel brauchst.*« (429) Jeder Mensch hat in seiner eigenen Person ein allgemein-konkretes Handlungsziel, weil die Menschheit in jeder Person deren Würde ausmacht. Jede Person *existiert* konkret als Selbstzweck. Ich bestimme mich zu einem Handeln, das diesem Selbstzweck entspricht, zumindest nicht widerspricht. Zu diesem Wollen muss ich mich selbst bestimmen. Dem Selbstzweck entspricht der Selbstzwang, das zu wollen, was Pflicht ist und dem Moralgesetz entspricht.

Es scheint nun aber widersprüchlich zu sein, dass die Selbstbestimmung aus Freiheit ein Selbstzwang ist. Friedrich Schiller (1759–1805) bezweifelt, dass diese Verbindung von Zwang und Freiheit dem Menschen gerecht wird. In seinen siebenundzwanzig Briefen *Über die ästhetische Erziehung des Menschengeschlechts* (1793 f.), die er seinem Förderer Herzog Friedrich Christian von Holstein-Augustenburg schreibt, versteht er den Willen als »vollkommen frei zwischen Pflicht und Neigung« (Vierter Brief). Er nennt im selben Brief diese Freiheit von jeder Nötigung das »Majestätsrecht« der Person. Gleichzeitig sieht er aber, dass die Person, die in der Freiheit – wie er sagt – ihren eigenen Grund hat, ihre widerstrebenden Triebe beherrschen muss. Das kann sie durch den »Spieltrieb«, der sich in der ästhetischen Erziehung bilden kann.

Genau um diese Erziehung geht es Schiller in den Briefen. Vernunft und Natur nötigen sich in dem Erziehungsprogramm wechselseitig (Vierzehnter Brief). Nur da sei der Mensch »ganz Mensch, wo er spielt«, schreibt Schiller im Fünfzehnten Brief. Der »abstrakte Denker« habe oft ein »kaltes Herz«, weil er seine Gefühle unterdrücke (Sechster Brief). Das Handeln aus Pflicht, die reine Pflichterfüllung, die Kant fordert, hält Schiller nicht für die höchste Stufe des Handelns. Es gebe ein »ästhetisches Übertreffen der Pflicht« und dieses Handeln sei »edel« (Dreiundzwanzigster Brief). Schiller ängstigt sich nicht wie Kant vor der Selbstliebe und anderen Neigungen. Schillers Freiheit ist zwar auch eine Vernunftfreiheit, wird aber nicht von der Vernunft beherrscht, sonst könnte der Spieltrieb nicht frei sein. Kant und Schiller sind beide überzeugt, dass des Menschen eigentliches Wesen die Freiheit ist und dass er nur durch seine Freiheit zu dem werden kann, was er als Wesen mit Würde ist. Wir werden später – mit Kant – überlegen, was ›Würde‹ bedeutet.

Weder Kant noch Schiller zweifeln daran, dass Menschen einen freien Willen haben. Dabei glauben beide an die determinierenden Kräfte der Natur. Schiller schreibt drei medizinische Dissertationen über den Zusammenhang der tierischen und vernünftigen Natur im Menschen, zweifelt dabei aber nicht an einer Einheit dieser Naturen. Vor ihm glaubt Kant, dass der Determinismus der Natur mit der Freiheit ohne Widerspruch zusammen bestehen kann. Schon zu ihrer Zeit und früher zweifeln viele (u. a. Thomas Hobbes (1588–1679), die franz. Materialisten) an dieser Vereinbarkeit. Auch heute neigen viele zum Determinismus. Dafür scheinen psychologische Experimente zu sprechen, die in einer Versuchsanordnung vor dem willentlichen Schnippen mit einem Finger ein nicht bewusstes bioelektrisches Bereitschaftspotential im Gehirn feststellen (Benjamin Libet, 1999). Wenn dies tatsächlich für den Determinismus sprechen sollte, trifft das zu, was der Psychologe Wolfgang Prinz griffig formuliert: »Wir tun nicht, was wir wollen, sondern wir wollen, was wir tun.« (1996) Eine Prüfung der Argumente für den Determinismus zeigt aber, dass der Determinismus ein Mythos ist, wie Brigitte Falkenburg (2012) nachweist.

Die Schwierigkeiten, die wir mit der Freiheit haben, liegen darin, dass wir zwar behaupten können, *dass* es sie gibt, aber nicht wissen, *was* sie genau ist und wie sie wirkt. Kant nennt das Bewusstsein der Freiheit ein »unerklärliches Faktum« (V, 43) und die Freiheit selbst ein »unerforschliches Vermögen« (47). Das Unerforschliche gibt uns keine Ruhe, weil wir nicht zufrieden sind, bevor es nicht doch erforscht oder als Illusion entlarvt ist. Wir neigen törichterweise und ohne Grund dazu, das, was wir nicht wissen, für nicht existent zu halten. Wir glauben, dass nur das existiert, was wir auf der Grundlage wissenschaftlicher Nachweise wissen. Die Wissenschaftsgeschichte lehrt, dass dies ein Aberglaube, zumindest ein leicht widerlegbares Vorurteil ist. Wir wissen nämlich von vielem nicht, was es ist, wissen aber, dass es existiert. Dazu gehört nicht nur die Freiheit, sondern auch das Leben oder die Gravitation.

Die eben erwähnte rationalistische und deterministische Haltung der Freiheit gegenüber stellen wir – hoffentlich – spätestens dann in Frage, wenn wir daran denken, dass Menschen für die Freiheit, nicht nur ihre eigene, ihr Leben aufs Spiel setzen. Viele Menschen haben sich und ihr Leben in der Geschichte für die Freiheit geopfert. Angesichts dieser Opfer sollten wir nicht in Frage stellen, dass Freiheit existiert, und wir sollten nicht behaupten, dass Freiheit eine deterministisch verursachte Illusion ist. Wollten wir wirklich behaupten, dass z. B. die Mitglieder der Weißen Rose im Nationalsozialismus ihr Leben für die Freiheit nicht aus freiem Willen opferten, sondern weil sie dazu determiniert waren und gar nicht anders konnten? Diese Behauptung würde den Mut jener jungen Menschen, für die Freiheit zu sterben, zu einem biologischen Ereignis ohne moralischen Wert herabwürdigen.

Wenn wir die Freiheit abstrakt und ohne Rücksicht auf die Menschen, ihre Nöte und ihre Geschichte denken, verstehen wir sie ohnehin nicht. Schon mit einem solchen Verständnis würdigen wir ihre Bedeutung für das menschliche Leben herab. Freiheit ist nicht einfach ein Begriff, sondern ein Anspruch und eine Aufgabe, der wir uns stellen müssen, wenn wir sie schätzen und gewinnen wollen. Friedrich Schiller ist sich dessen bewusst. Er schreibt in seinen Briefen *Über die ästhetische Erziehung des Menschengeschlechts* (Zweiter Brief), worum es ihm bei seinem Nachdenken über die Freiheit geht. Es geht ihm um den »Bau einer wahren politischen Freiheit«. Wir dürfen nicht meinen, dass sich Schiller nicht der politischen Aufgabe bewusst ist, die das Programm der ästhetischen Erziehung hat. Er selbst hat mit großem persönlichem Risiko für die politische Befreiung gekämpft. Freiheit ist für ihn und seine Zeitgenossen keine leere, abstrakte Schreibtischidee.

Wir müssen uns fragen, ob die Freiheit für uns in der liberalen, offenen Gesellschaft nur noch eine Schreibtischidee und keine politische Aufgabe mehr ist. Es scheint so, als ob wir nicht mehr für sie kämpfen müssten. Der Schein trügt. Jede politische Radikalisierung, jede Art von Extremismus, jede Gesetzlosigkeit, jede Ideologie und jeder soziale Egoismus gefährden die Freiheit. Keine geringeren Gefährdungen der Freiheit sind Armut, Hunger, die

Ausbeutung von Abhängigen und die Zerstörung der natürlichen Lebensbedingungen. Von allen diesen Gefahren ist unsere Welt nicht frei, im Gegenteil, es gibt sie zuhauf, und sie scheinen eher zu- als abzunehmen. Unsere Freiheit ist gefährdet, und wenn wir nicht für sie kämpfen, werden wir sie verlieren. Es gibt sie nie ein für alle Mal.

Der Kampf für die Freiheit ist eine moralische Aufgabe, zu der wir verpflichtet sind. Diese Verpflichtung reicht in alle Bereiche unseres Lebens hinein, weil kein Bereich von allen anderen getrennt werden kann. Wenn wir darüber nachdenken, wie die weitere Zerstörung der natürlichen Lebensverhältnisse aufgehalten und die verheerenden Folgen des Klimawandels verhindert werden können, dürfen wir nicht vergessen, dass die Migration nicht nur von Kriegen und Gewalt, sondern auch vom Verlust der Lebensgrundlagen in vielen Regionen der Welt verursacht wird. Es sollte uns bewusst sein, dass nicht nur die Anderen, sondern wir selbst zumindest indirekt von dem Unglück und der Not der Anderen betroffen sind. Unser nächster Gedanke sollte sein, dass der Kampf für unsere Freiheit sich nicht gegen andere richten darf, deren Freiheit nicht weniger, sondern mehr gefährdet ist als unsere.

Die Ethik hat immer wieder neue Aufgaben, die es in der bisherigen Geschichte noch nicht gegeben hat. Da sich die Gefährdungen der Freiheit verändert haben, verändern sich auch die Verpflichtungen, die wir als Freiheitswesen haben. Wenn wir nicht nur an unsere eigene Freiheit, sondern auch an die Freiheit der anderen denken, erkennen wir Konflikte, für die wir noch keine Lösungen haben. Ethik wird zu einer Konfliktwissenschaft. Die üblich gewordene Trennung zwischen allgemeiner und angewandter Ethik wird obsolet. Bevor wir überhastet und atemlos von Konflikten zwischen Ansprüchen auf Freiheit sprechen, müssen wir uns aber fragen, ob sie nicht doch schon prinzipiell gelöst sind.

John Rawls (1921–2002) argumentiert für die gleiche Freiheit aller Mitglieder einer Gesellschaft (1981) als Prinzip. Wenn wir ihm folgen, dürfen wir – innerhalb einer Gesellschaft – keinen Unterschied zwischen der eigenen Freiheit und der Freiheit der anderen machen. Wir dürfen unsere Freiheit auch nicht mit anderen Gütern wie Arbeit, Einkommen oder Status verrechnen. Niemand darf seine Freiheit für mehr Einkommen, einen höheren Status oder mehr Sicherheit aufs Spiel setzen oder freiwillig einschränken. Die Freiheit hat in Rawls' Denken eine ähnlich prinzipielle und absolute Bedeutung wie in Kants Ethik. Die Freiheit duldet keinen Ersatz und darf nicht relativiert werden.

Aus der gleichen Freiheit aller in einer Gesellschaft ergeben sich Ansprüche bei der gerechten Verteilung aller Arten von teilbaren und unteilbaren Gütern, von Geld aus Steuermitteln über Arbeitsplätze bis zu den politischen Ämtern in einer liberalen, rechtsstaatlichen Demokratie. Rawls fordert auf der Grundlage des Freiheitsprinzips, dass alle Mitglieder einer Gesellschaft freien Zugang zu den politischen Ämtern haben und die Teilhabe an allen anderen Gütern gerecht sein soll. Sein Grundgedanke ist, dass Fairness im Umgang der sozialen Gruppen miteinander herrschen sollte und dass eine faire Verteilung der verfügbaren Güter nicht durch einen festen Schlüssel, sondern durch transparente Verfahren garantiert werden kann. Alle verteilbaren und verfügbaren Güter sind begrenzt und knapp. Deswegen ist ihre gerechte Verteilung ein Problem.

Rawls' Lösung für die gerechte Verteilung von knappen Gütern ist das sog. Differenzprinzip. Es ist ein Verfahrensprinzip, das besagt, dass immer dann, wenn in einer Gesellschaft Güter verteilt werden, auch die am schlechtesten Gestellten mehr bekommen sollen. Wenn also z. B. die Wohlhabenden von der Senkung von Steuern profitieren, sollen auch die Arbeitslosen und Rentner mehr Geld bekommen. Es sollen auch die Kinder der am schlechtesten Gestellten besser versorgt werden. Deren Freiheit ist durch schlechte Ernährung und Hunger besonders gefährdet, weil ihre Lernleistungen in der Schule schon allein deswegen geringer sind als die der anderen, die gut genährt zur Schule gehen. Die künftige Teilhabe am sozialen Leben ist gefährdet, weil die Entwicklung ihrer Befähigungen, die für ihre Teilhabe nötig sind, frühzeitig und oft irreparabel eingeschränkt wird, wenn sich ihre Befähigungen durch ihre von Hunger und Armut erschwerten Lebensverhältnisse nicht oder nur schlecht entwickeln.

Wer sich unter ›Verfahrensgerechtigkeit‹ nichts vorstellen kann, möge sich dies anhand eines Beispiels, das Rawls selbst vorschlägt, vergegenwärtigen. Man stelle sich einen Kuchen vor, der verteilt werden soll. Eine Person wird gebeten, den Kuchen aufzuteilen.

Diese Person soll sich ihr Stück als letzte nehmen. So verhindert das Verfahren der Aufteilung und Verteilung, dass sich derjenige, der den Kuchen aufteilt, bei der Verteilung das größte Stück nimmt. Natürlich ist dies ein recht einfaches Beispiel. Die Verteilung von Steuermitteln, die der Staat eingenommen hat, ist sehr viel schwieriger. Es sollte aber trotz der komplexen Aufgabe, die verfügbaren Mittel in einer Gesellschaft zur Förderung aller sozialen Bereiche aufzuteilen, der Grundsatz gelten, dass sich keine soziale Gruppe dabei Vorteile verschafft. Die Verteilung der Güter soll fair sein und allen dienen.

Rawls Theorie folgt dem Gedanken, dass Gerechtigkeit Freiheit voraussetzt. Dieser Gedanke besagt auch, dass es nur in einem politischen System, das Freiheit schützt und gewährt, auch eine gerechte Verteilung der Güter geben kann. Die Freiheit kann in einem politischen System nur durch Gesetze geschützt werden. Ihre Geltung ist nach Rawls' Urteil in einer pluralistischen Gesellschaft mit einer Vielzahl von Religionen und Weltanschauungen wichtiger als die moralischen Überzeugungen der Individuen. Aristoteles sieht zwar auch die Bedeutung des politischen Systems der Polis, glaubt aber, dass gerechte Verhältnisse nur durch die Gerechten, also die Personen, die über die Tugend der Gerechtigkeit verfügen, möglich sind. Sein Gedanke, dass das Gerechte die Mitte zwischen Zuviel und Zuwenig ist, passt zwar auch zu einem Modell der Gerechtigkeit als Verfahren, wie Rawls es entwickelt. Da eine Einigkeit über das Zuviel und Zuwenig in einer Gesellschaft aber kaum zu erwarten ist, muss das politische System die Möglichkeit bieten, Einigkeit über die Verteilung von Gütern in rechtlich geregelten Verfahren zu erzielen.

Das Differenzprinzip ist von Utilitaristen kritisiert worden, weil es nicht der Steigerung des Gesamtnutzens einer Gesellschaft diene. Das Arbeitslosengeld und die Rente seien für das Leben der Erwerbslosen und Rentner zwar wichtig, diese Mittel fallen aber – wie einige Utilitaristen bemängeln – für die Investitionen aus, welche die Wohlhabenden für das Ganze der Gesellschaft tätigen könnten. Das Geld wäre, wie jene Utilitaristen meinen, bei den Investoren besser aufgehoben als bei den Erwerbslosen und Rentnern, es sei denn, die Rentner haben ihre Rente im Lauf ihres Erwerbslebens selbst schon vorfinanziert. Solche hartherzigen Einwände übersehen, dass es menschen- und bürgerrechtliche Ansprüche auf die Sicherung der Würde und des Lebens besonders auch der Menschen gibt, die nicht aus eigener Kraft für sich sorgen können. Es geht daher um die Frage, in welchem Verhältnis diese normativen Ansprüche zu den verteilbaren Gütern stehen. Diese Frage wird vom Differenzprinzip nicht gelöst. Damit löst dieses Prinzip auch nicht die Konflikte, die aus Freiheitsansprüchen entstehen.

Das Differenzprinzip berücksichtigt auch nicht, dass die Menschen in einer Gesellschaft Ansprüche auf Güter haben, die knapp und verteilbar, aber nicht teilbar sind. Dieses Problem ist z. B. bei der Organtransplantation offensichtlich, aber auch beim Schutz der Umwelt. Der Anspruch auf sauberes Trinkwasser und schadstofffreie Luft ist ein normativer. Der Anspruch auf ein Spenderorgan ist normativ gesichert durch die Pflicht, Leben zu erhalten und zu retten, wenn dies möglich ist. Das Beispiel der Organtransplantation zeigt, dass es normative Ansprüche auf Güter gibt, die wie die Organe nicht nur knapp, sondern auch nicht teilbar sind. Kein Kranker, der durch ein Spenderorgan gerettet werden könnte, sollte von der Organverteilung und niemand sollte vom Genuss sauberen Wasser und schadstofffreier Luft ausgeschlossen werden. Entweder sind die Ansprüche unteilbar oder die Güter, die verteilt werden sollen. Absolut erscheinende normative Ansprüche können aber nicht erfüllt werden, wenn die verteilbaren Güter nicht nur knapp, sondern ebenso unteilbar wie die Ansprüche selbst sind. Deswegen gibt es absolute Ansprüche nur in ethischen Theorien, nicht aber in der Praxis. Dies schränkt die praktische Bedeutung der Theorien ein. Es gibt außerdem Verteilungsregeln, die z. B. von Alkoholkranken, die eine Lebertransplantation benötigen, eine sechsmonatige Abstinenz vor dem Eingriff verlangen. Diese Regel ist nicht unumstritten.

Es geht bei der Verteilung von Gütern um die eben erwähnte Frage, wie die absolut erscheinenden normativen Ansprüche durch eine Verteilung von Gütern, die entweder gar nicht – wie Organe – oder nicht in der erforderlichen gesundheitlich zuträglichen Qualität – wie Wasser und Luft – teilbar sind, erfüllt werden können. Als Lösung für diese Frage schlage ich ein Modell vor, die Maximenmethode (2006, Kap. 5). Das Modell geht von Rawls' Gedanken der Gerechtigkeit durch Verfahren aus und entwickelt ihn weiter. Gleichzeitig gehe ich – unabhängig von Rawls – davon aus, dass normative Ansprüche keine absoluten sein können, weil sie dann nicht erfüllbar wären. Das Verfahren, das ich vorschlage, folgt drei Maximen, der Knappheits-, der Normen- und der Integrationsmaxime. Die Knappheitsmaxime besagt, dass dann, wenn Güter knapp und unteilbar wie die eben erwähnten sind, der normative Anspruch der Knappheit angepasst werden sollte. Dies ist dann unausweichlich, wenn die Menge der zu verteilenden Güter immer mehr schrumpft, weil z. B. die Steuereinnahmen sinken und die Arbeitslosigkeit gleichzeitig steigt. Der normative Anspruch auf die Verteilung von Gütern kann sich nur nach ihrer Verfügbarkeit richten. Bei verteilbaren Gütern wie Geld ist dies – wenn es da ist – einfach, bei unteilbaren Gütern nicht. Eine dauernde, ungebremste Anpassung kann die normativen Ansprüche rasch relativieren und am Ende ignorieren und die Menschen ihrer Ansprüche sogar ganz berauben.

Deswegen setzt die Normenmaxime der Anpassung eine Grenze. Es kommt darauf an, wo die Grenze gezogen wird. Wenn es um die Sicherung des Lebens geht, muss das Minimum festgelegt werden, das dafür unverzichtbar ist. Dies fordert die Normenmaxime. Beide Maximen, die Knappheits- und die Normenmaxime, sollen aber immer im Blick auf das Ganze einer Gesellschaft und die Integration und Integrität ihrer Gruppen angewandt werden. Deswegen ist als dritte die Integrationsmaxime notwendig. Sie fordert, den Blick auf das Ganze und auf die Verhältnisse zwischen den sozialen Gruppen zu richten. Wenn die Schere zwischen Armen und Reichen, zwischen gesundheitlich gut und schlecht Versorgten, zwischen Menschen mit und ohne Arbeit immer größer wird, ist der soziale Friede und damit eine ganze Gesellschaft gefährdet. Soziale Gruppen fühlen sich dann zu Recht benachteiligt, abgehängt und aus der Gesellschaft ausgeschlossen. Die Integrationsmaxime soll dies verhindern.

Die Maximenmethode sollte dauerhaft und immer aufs Neue angewandt werden, weil die Menge und die Qualität der Güter sich mehr oder weniger rasch verändern. Die Maximenmethode entspricht der Aufgabe der Ethik als einer Konfliktwissenschaft. Es kann in der Ethik nicht nur darum gehen, zu erklären, was ›Sollen‹ und ›gerecht‹ bedeuten und was Pflichten sind oder wie Normen kohärent aus Prinzipien abgeleitet werden können. Es muss auch darum gehen, die Gefährdung normativer Ansprüche durch die Veränderungen der Lebenswelt und die daraus entstehenden Konflikte zu erkennen.

Eine Ethik, die dazu beitragen kann, Konflikte bei der Verteilung von Gütern zu lösen, muss sich mit der Frage auseinandersetzen, die ich das ›methodische Grundproblem der Ethik‹ nenne (2006, Kap. 5.2). Es ist das Problem, wie normative, qualitative Ansprüche tatsächlich mit verfügbaren Gütern quantitativ befriedigt werden können. Ansprüche wie die auf die Sicherung der Freiheitsrechte oder die Sicherung der Menschenwürde und des Lebens haben für das soziale Ganze nur dann die ihnen angemessene Bedeutung, wenn die dafür nötigen Güter auch gerecht verteilt werden können. Die Gerechtigkeit bleibt so lange ein abstrakter Anspruch, solange die Voraussetzungen nicht geprüft werden, unter denen dieser Anspruch in einer Gesellschaft konkret erfüllt werden kann. Die Maximenmethode soll das methodische Grundproblem der Ethik durch das eben beschriebene Verfahren lösen.

Die Lösung von Konflikten, die aus den gleichen Ansprüchen sozialer Gruppen auf eine gerechte Verteilung von Gütern entstehen, gehört ebenso zu diesen Voraussetzungen wie die Existenz von Gütern, die zu verteilen sind. Materielles und Immaterielles,

Quantifizierbares und nicht Quantifizierbares, positivrechtlich gesicherte bürgerrechtliche und grundrechtlich gesicherte Ansprüche müssen bei der Lösung von Konflikten verbunden und zuei-
nander ins Verhältnis gesetzt werden. Das Quantitative lässt sich
dabei nicht vom Qualitativen trennen. Wie die Verbindung zwischen beidem jeweils aussehen soll, ist das methodische Grundproblem der Ethik. Aristoteles sieht dieses Problem, wenn er die
Tugend der Freundschaft, vor allem aber auch das gute Leben von
materiellen Gütern abhängig macht. Freund kann nur der sein, der
über genügend äußere Güter verfügt und die Mittel hat, zu helfen,
großherzige Einladungen zu machen oder einem Freund in der Not
aus der Patsche zu helfen. Die Zuneigung zu einem Freund genügt
nicht für die Freundschaft. Was Aristoteles über die Freundschaft
sagt, können wir analog auf die Aufnahme von Flüchtlingen und
Asylsuchenden übertragen. Es bedarf einiger materieller Voraussetzungen, um sie aufnehmen zu können und dem Gebot gerecht
zu werden, Menschen in Not zu helfen, ohne jemanden dadurch
zu gefährden.

Bleiben wir noch bei der Maximenmethode. Die erwähnte Integrationsmaxime bezieht sich nicht nur auf die Ansprüche der Bürgerinnen und Bürger einer Gesellschaft, also auf diejenigen, die bereits zu ihr gehören. Die Aufgabe, die Konflikte zwischen diesen Ansprüchen zu lösen, ist ethisch bereits anspruchsvoll. Noch anspruchsvoller sind die Lösungen von Konflikten, die in den letzten Jahren und Jahrzehnten durch die weltweiten Migrationsbewegungen in vielen Gesellschaften entstanden sind. In *Die Möglichkeit des Guten* habe ich dazu nicht Stellung genommen, weil die Arbeitslosigkeit damals ein dringenderes Problem war als die Migration. Wenig später änderte sich die Lage.

Die Mitglieder einer Gesellschaft, die Staatsbürger sind, haben privat- und bürgerrechtliche Ansprüche, die Flüchtlinge und Asylsuchende nicht haben. Sie werden allein durch menschenrechtliche Ansprüche geschützt. Beide Gruppen von Menschen partizipieren auf ungleiche Weise an den verteilbaren Gütern einer Gesellschaft. An der Verteilung einiger Güter, wie Arbeit oder politische Rechte, nehmen Flüchtlinge nicht teil. Ihr Leben wird vor allem durch finanzielle Zuwendungen und gesundheitliche Versorgung geschützt. Asylsuchende haben dagegen in unserem Land verfassungsrechtliche Ansprüche auf Schutz, wenigstens bis ihr Antrag auf Asyl entschieden ist. Die Unterscheidung zwischen Flüchtlingen und Asylsuchenden ist selbst schon schwierig, kann aber außerdem zu Konflikten zwischen deren Ansprüchen und denjenigen der Staatsbürger führen, weil sie alle an derselben Menge verteilbarer Güter partizipieren.

Diese Konflikte nehmen zu, je mehr Menschen vor Gewalt, Unrecht und sozialer Not fliehen und Zuflucht in Staaten suchen, die ihr Leben sichern können. Der von Gefahren und Unrecht begleitete Zugang zu diesen Staaten wird politisch und rechtlich in Europa uneinheitlich geregelt, wenn überhaupt. Die Unübersichtlichkeit dieser Regelungen und die ungleiche Verteilung und Art der Lasten, die Staaten für Flüchtlinge und Asylsuchende zu tragen haben, aber auch die kulturelle und religiöse Fremdheit der Schutzsuchenden sind Quellen der sozialen Verunsicherung bei sozialen Gruppen in so gut wie allen europäischen Staaten. Diese Verunsicherung zeigt sich in der Furcht vor Benachteiligungen, aber auch in der Furcht vor einer Gefährdung der inneren Sicherheit durch die Fremden, denen anhand vereinzelter Delikte allgemein eine Neigung zu kriminellem Handeln unterstellt wird, ohne dass es dafür wirklich einen Nachweis gäbe. Terroristische Anschläge, seien sie religiös oder politisch motiviert, verunsichern die Menschen zusätzlich, weil sie erwarten, dass sie durch die staatlichen Institutionen vor Terror und Gewalt geschützt werden.

Rein rechtliche Regelungen können Konflikte dieser Art nicht lösen und innere und äußere Sicherheit nicht allein gewährleisten. Häufig werden Konflikte, welche die innere Sicherheit gefährden, nicht oder nur unzureichend verstanden. Es ist eine ethische und politische Aufgabe, diese Konflikte ernst zu nehmen und nach Lösungen zu suchen. Zunächst müssen wir diese Aufgabe in ihren Einzelheiten erkennen können. Es geht nicht einfach darum, prinzipielle Ansprüche wie die auf Freiheit und Gleichheit in einer generellen Manier auf alle Menschen in einer Gesellschaft ungeachtet ihrer Gruppenzugehörigkeit auszudehnen. Integration kann mit bloß abstrakten und prinzipiellen Vorgaben nicht gelingen. Es geht bei einer Integration, die ethischen Ansprüchen genügt, um die gerechte Verteilung aller verfügbaren Güter, der Rechtsgüter, die der Sicherheit und dem Schutz des Einzelnen dienen, ebenso wie der materiellen Güter, die das Leben und die Teilhabe am sozialen Leben sichern. Die Ansprüche der sozialen Gruppen sind nicht gleich. Es wäre ungerecht, sie so zu behandeln, als wären sie gleich. Die prinzipiellen Ansprüche der Freiheit und Gleichheit müssen mit der Ungleichheit der Ansprüche möglichst konfliktfrei verbunden werden.

Dies kann mit der Maximenmethode theoretisch, aber auch praktisch gelingen. Mit ihr überlegen wir zuerst, wie sich die Knappheitsmaxime auf die unterschiedlichen Ansprüche der sozialen Gruppen anwenden lässt. Die Gruppe der Bürgerinnen und Bürger müssen wir dabei von der Gruppe der Flüchtlinge und Asylsuchenden unterscheiden. Wenn wir dies nicht tun, können wir keiner dieser Gruppen gerecht werden, weil ihre Ansprüche rechtlich, politisch und kulturell unterschiedlich sind und zum Teil erheblich voneinander abweichen. Diese Anspruchsunterschiede dürfen wir nicht ignorieren. Dies würden wir aber tun, wenn wir sie alle gleich behandeln würden. Würde die Knappheitsmaxime allein und undifferenziert auf alle Gruppen angewandt, wäre dies jeder dieser Gruppen gegenüber ungerecht. Zumindest die Gruppe der Bürgerinnen und Bürger könnte diese Verteilung nicht als gültig anerkennen. Diese Gruppe würde dann wohl auch an der Geltung des gesamten politischen Verteilungssystems zweifeln und dies in ihrem Wahlverhalten protestierend kundtun.

Die Normenmaxime hilft, die unterschiedlichen Normen, die den Ansprüchen zugrunde liegen, zu erkennen. Die Frage ist, welche normativen Ansprüche auf welche Weise im Verteilungssystem berücksichtigt werden. Arbeitslose Bürger sollten nicht so unterstützt werden, als ob sie in ihrer Gesellschaft Fremde, Flüchtlinge oder Asylsuchende, wären. Die ungerechte Gleichbehandlung würde die politischen Teilhabeansprüche und das Selbstwertgefühl der Mitglieder der Gesellschaft als Bürger verletzen. Die Sicherung der Menschenwürde und des Lebens gilt zwar gleichermaßen für alle sozialen Gruppen. Der normative Anspruch auf Würdeschutz und Lebenssicherung muss aber mit anderen normativen Ansprüchen kohärent sein. Im Ergebnis bedeutet dies, dass diejenigen, die in einer Gesellschaft politische, rechtliche, soziale und kulturelle Teilhabeansprüche genießen, materiell so abgesichert werden sollten, dass sie dauerhaft in ihrer Gesellschaft leben können und ihre Ansprüche nicht durch Verarmung und Ausgrenzung verlieren. Auch ihr Selbstwertgefühl und ihre Integrität als Mitglieder der Gesellschaft darf durch die Verteilung der Güter nicht gefährdet werden.

Die Integrationsmaxime fordert dann dazu auf, Anspruchskonflikte zwischen den Gruppen durch Aufklärung über das Verteilungssystem und die Geltung von positiven Rechten und von Verfassungsrechten zu entschärfen. Die Integrationsmaxime fordert, dass das Ziel der Integration in Stufen verfolgt wird, etwa als Steigerung der kulturellen Teilhabe durch eine besonders qualifizierte und anforderungsgerechte Schulbildung für Kinder von Migranten und durch die Vermittlung von Sprachkompetenzen zur

Verbesserung der Kommunikation und des Verständnisses für die Gastkultur und die Wahrung des Respekts vor ihr. Kulturelle und religiöse Konflikte dürfen nicht ignoriert werden, wenn die Integration gelingen soll. Die Schulbildung kann dazu beitragen, eine religiös oder politisch motivierte Radikalisierung zu verhindern. Die staatlichen Institutionen sollten den Aufgaben des Staates als Ordnungsmacht gerecht werden und z. B. Parallelgesellschaften und Ghettobildung verhindern. Wenn diese Aufgabe nicht erfüllt wird, verlieren die Bürger ihr Vertrauen in die politischen und rechtlichen Institutionen.

Die soziale Integration kann nur gelingen, wenn alle Mitglieder der Gesellschaft ihre Pflichten kennen, respektieren und sie in ihrem Verhalten beachten. Die Teilhabe am sozialen Sicherungssystem, an kulturellen Angeboten, am Gesundheits- und Bildungssystem und an allen öffentlichen Einrichtungen ist mit Pflichten der wechselseitigen Rücksichtnahme und der Aufrichtigkeit bei der Wahrnehmung der eigenen Ansprüche verbunden. Es sind Pflichten, die zwar von niemandem ausdrücklich verlangt werden, aber dem sittlichen Selbstverständnis der Menschen und ihrem Selbstwertgefühl entsprechen sollten. Die Integration nimmt die Menschen in die Pflicht, sich selbst zu integrieren und alles dafür zu tun, dass auch alle anderen dies können. Den Rechten korrespondieren Pflichten. Ansprüche an staatliche Institutionen ohne sittliche Selbstansprüche sind egoistisch, beuten die Sozialsysteme aus und machen die Integration letztlich unmöglich. Die Menschen sollten erkennen, dass jede Art des Schwarzfahrens und der Übervorteilung der sozialen Sicherungsangebote allen schadet und verwerflich ist. Wenn Schwarzfahren eine Praxis ist und staatliche Leistungen ohne Bedürftigkeit angenommen werden, entspricht die Sittlichkeit der Empfänger dieser Leistungen nicht der politischen und soziale Ethik, die diesen Leistungen zugrunde liegt. Wenn das sittliche Verhalten der Menschen nicht der Ethik staatlicher Leistungen entspricht, erstarren die sozialen Beziehungen und Verhältnisse in formalen Rechtsansprüchen und in Anspruchsdenken.

Die Differenzen zwischen Sittlichkeit und Ethik bedürfen einer sorgfältigen, fallbezogenen Analyse, weil sie sich auf die Geltung vieler Rechtsansprüche auswirken. Die Ansprüche auf Kindergeld und Jugendschutz, das Familienrecht, nicht zuletzt das Strafrecht gelten für alle sozialen Gruppen, auch für Asylsuchende und Flüchtlinge. Deren sittliche Überzeugungen stimmen oft aufgrund ihrer religiösen Überzeugungen nicht mit der Geltung der Rechtsverhältnisse in jeder Hinsicht überein. Nicht nur das Verständnis von ›Familie‹ ist sittlich und damit kulturell und religiös bestimmt. Zwischen diesem Verständnis und dem geltenden Familienrecht sind Konflikte, wie die Rechtspraxis zeigt, kaum zu vermeiden. Die Diskussion der Beschneidung männlicher Nachkommen im Judentum und Islam als Körperverletzung hat gezeigt, wie schwierig es ist, die sittlich bedingten Konflikte mit den geltenden Rechtsverhältnissen zu entschärfen. Die Integrationsmaxime fordert, dass Konflikte zwischen den Rechtsansprüchen aller Gruppen und den sittlichen Ansprüchen einzelner Gruppen nicht zulasten der Integrität des sozialen Ganzen ausgetragen werden dürfen. Die Befriedung der Konflikte zum Schutz des Ganzen sollte Vorrang haben.

Mit Mehrheitsentscheidungen, wie sie im parlamentarischen System gelten, können die eben erwähnten Konflikte nicht zuverlässig befriedet werden. Mehrheitsentscheidungen werden den differenzierten, unterschiedlich begründeten normativen Ansprüchen der sozialen Gruppen nicht gerecht. Sie sind dafür viel zu undifferenziert. Mehrheitsentscheidungen haben Gewinner und Verlierer. Im parlamentarischen System ist dies unumgänglich, weil Mehrheitsentscheidungen Machtverhältnisse zwischen politischen Parteien repräsentieren, die ihrerseits unumgänglich sind. Die Gesetze, die so zustande kommen, sollten aber legitimen Ansprüchen gerecht werden und nicht primär parteipolitische Machtverhältnisse widerspiegeln, auch wenn dies unvermeidlich scheint.

Wenn die Integration aller sozialen Gruppen in das Ganze der Gesellschaft nicht das primäre Anliegen aller demokratischen Parteien ist, bevor sie mit Mehrheiten über Gesetze entscheiden, kann das parlamentarische System der Integration nicht dienen, sondern nur die Desintegration und Spaltung vertiefen. Der Gesetzgeber ist sich dieses Problems bewusst und bildet von Fall zu Fall überparteiliche, parlamentarische Kommissionen, die versuchen, den differenzierten Problemen der Integration aller legitimen Ansprüche gerecht zu werden, bevor dann am Ende Mehrheiten entscheiden.

Zur Lösung besonders schwieriger Probleme können sich parlamentarische Mehrheiten auch unabhängig von den parteipolitischen Fraktionen bilden. Dafür sind im deutschen Grundgesetz zwei Artikel maßgebend. Der eine, Artikel 4 (1), schützt die Glaubens-, Gewissens- und Religionsfreiheit aller Bürger als »unverletzlich«. Der andere, der Artikel 38 (1) schützt die Gewissensfreiheit der gewählten Volksvertreter. Wenn es um schwierige Entscheidungen geht, gerade auch solche, welche die Glaubens-, Gewissens- und Religionsfreiheit der Bürger betreffen, kann der Fraktionszwang aufgehoben werden und die Parlamentarier folgen bei der Abstimmung ihrem Gewissen. Dieser zweite Artikel schützt die Gewissensfreiheit der Parlamentarier, damit die Neutralitätspflicht eingehalten werden kann und deren Entscheidungen weltanschaulich neutral sein können. Kommentare weisen darauf hin, dass der Artikel 38 (1) nicht die Freiheit schützt, die der Artikel 4 (1) meint. Es geht bei der Neutralitätspflicht um das Gesamtwohl des Staates. Deswegen sollten sich die Parlamentarier von diesem Gesamtwohl und nicht von ihren eigenen weltanschaulichen Einstellungen leiten lassen. Ob sich das eine vom anderen trennen lässt, ist unklar und eher zu bezweifeln.

Wir bewegen uns nun in immer enger werdenden, konfliktreichen moralischen Räumen. Die Freiheit wird durch Ungleichheiten aller Art gefährdet, durch Ungleichheiten zwischen Arm und Reich, zwischen Gesunden und Kranken, zwischen Menschen mit und ohne Arbeit, zwischen den Geschlechtern, zwischen Erfolgreichen und Erfolglosen, zwischen Glücklichen und Unglücklichen. Es geht dabei immer gleichzeitig um die Gefährdung der individuellen und der kollektiven Freiheit, weil diese beiden Freiheiten untrennbar miteinander verbunden sind.

Viele Ungleichheiten wie die ungleiche Entlohnung von Frauen und Männern bei gleicher Arbeit sind ungerecht. Ungerechte Ungleichheiten können ethisch kritisiert und mit einer ethisch anspruchsvollen, guten Gesetzgebung aufgehoben werden. Die Ungleichheiten zwischen Gesunden und Kranken, Glücklichen und Unglücklichen, zwischen Erfolgreichen und Erfolglosen, Reichen und Armen sind dagegen per se nicht ungerecht, es sei denn, sie haben vermeidbare Ursachen. Wenn Ungleichheiten moralisch fragwürdige oder verwerfliche Ursachen haben, sind sie ungerecht und vermeidbar. Solche Ursachen gefährden vor allem die Freiheit der Unglücklichen und Erfolglosen, der Armen und Kranken und verursachen Konflikte zwischen ihnen und allen anderen, die sie zu Verlierern machen.

Wenn die Ungleichheiten aber unvermeidbar sind, weil sie zur Natur der Menschen gehören, und dazu zählen die ungleichen Befähigungen, Begabungen und Eignungen und der Erfolg und das Ansehen, die daraus entstehen, sind sie nicht ungerecht. Ungerecht werden diese Ungleichheiten erst dann, wenn bei der Güterverteilung den Erfolgreichen und den Erfolglosen mehr oder weniger, als ihnen jeweils zusteht, zugeteilt wird. Die Leistungsfähigkeit der einen darf nicht die Schwäche der anderen vertiefen, und die Schwäche der einen darf nicht die Leistungsfähigkeit der anderen mindern. Wenn dies aber dennoch geschieht, ist es beiden Gruppen gegenüber ungerecht und das freiheitliche System wird durch Desintegration gefährdet. Auch Behinderungen und die Folgen von Erkrankungen und Verletzungen gehören zur Natur des Menschen. Sie schränken den Erfolg bei der Ausübung von Berufen ein. Es wäre aber ungerecht, diese Schwächen den Behinderten anzulasten. Die Integration der Behinderten in die Arbeitswelt zeigt, ob deren Würde verletzt wird oder nicht.

Auch die Ungleichheit der Geschlechter gehört zur Natur des Menschen. Dieser Ungleichheit entsprechen ungleiche Befähigungen, die aber nicht immer so klar wie bei der Vater- oder Mutterschaft sind. In vielen Berufen ist die Ungleichheit der Geschlechter keine Ursache für ungleiche Befähigungen und Leistungen. Die Berufe und Tätigkeitsfelder, in denen es anders ist, sind im Lauf der Sozialgeschichte und der Veränderungen der Berufs- und Arbeitswelt weniger geworden. Es ist ungerecht, gänzlich ungerechtfertigt und moralisch verwerflich, aus der Ungleichheit der Geschlechter andere Ungleichheiten zum Vorteil der einen und Nachteil der anderen abzuleiten.

Die Konflikte, die aus den Ungleichheiten entstehen, werden erst dann zu einem Thema der Ethik, wenn sie mit amoralischen Interessen wie der Ausübung von Macht, der Ausbeutung und der Benachteiligung derer, die sich nicht dagegen wehren können, missbraucht werden. Diese Ungleichheiten sind aus zwei Gründen Thema der Ethik. Zum einen sind sie ungerecht, wenn sie Gleichheitsansprüche verletzen. Zum anderen sind sie moralisch verwerflich, wenn sie aus der Ungleichheit der Menschen ungleiche Freiheiten machen und die Freiheitsrechte einschränken. Dies geschieht, wenn Frauen die Ausübung bestimmter Berufe versagt wird, für die sie nicht weniger geeignet sind als Männer. Es geschieht auch, wenn Behinderten der Zugang zur Arbeitswelt versperrt wird, weil sie körperlich oder geistig nicht das Gleiche leisten können wie Nicht-Behinderte.

Die Freiheit wird aber nicht nur durch Ungleichheiten, sondern auch durch erzwungene Gleichheiten gefährdet. Wenn von Menschen mit unterschiedlicher Leistungskraft und unterschiedlichen Befähigungen gleiche Leistungen verlangt werden, ist dies nicht nur ungerecht, sondern gefährdet die Freiheit der Überforderten. Deren Selbstwertgefühl wird dabei verletzt und ihr sozialer Status leidet. Dadurch entstehen neue und dauerhafte Ungleichheiten. Der gute aristotelische Gerechtigkeitsgrundsatz, Gleiches gleich und Ungleiches ungleich zu behandeln, wird missachtet.

Es entstehen aber auch Konflikte durch erzwungene Gleichheiten, wenn denen, die mehr als die anderen leisten, die Vorteile, die sie daraus ziehen könnten, versagt und vorenthalten werden. Allein schon an dieser Ungerechtigkeit durch erzwungene Gleichheit wird klar, dass Konflikte nicht vermieden werden, wenn der Gleichheit ein Vorrang vor der Freiheit eingeräumt wird, wie dies der Sozialismus und der Kommunismus fordern. Konflikte durch Gleichheitsforderungen entstehen auch durch die sog. Identitätspolitik, wenn etwa die Gleichheit der Geschlechter zur Konfrontation ihrer jeweiligen geschlechtsspezifischen Ansprüche führt und die Ansprüche des einen Geschlechts gegen die des anderen durchgesetzt werden sollen.

Es gibt aber auch Konflikte, die durch die individuelle Freiheit verursacht werden. Sichtbar werden sie etwa in der medizinischen Versorgung der Menschen. Patienten haben als Bürger in einer freiheitlichen Rechtsordnung einen Anspruch auf Selbstbestimmung. Ihre Autonomie kann aber zu Konflikten führen, wenn sie z. B. eine von Ärzten empfohlene Therapie ablehnen und etwas wollen, was Ärzte für schädlich halten. Ärzte folgen einem sittlichen Grundsatz ihrer Standesethik, wenn sie das Gebot des Nichtschadens beachten. Die Einhaltung dieses Gebots kann leicht mit der Autonomie von Patienten in Konflikt geraten, wenn Patienten einer ärztlich empfohlenen Therapie misstrauen und sie ablehnen.

Nicht nur dieses Beispiel zeigt, dass Menschen ihre Freiheit dazu nutzen können, sich selbst und damit auch ihre Freiheit zu gefährden. Es gibt keine Rechtspflicht, die eigene Freiheit nicht zum eigenen Schaden zu gebrauchen. Wenn es sie geben würde, könnte es verboten werden zu rauchen, ungesund zu essen, lebensgefährliche Sportarten zu betreiben und süchtig nach Alkohol oder anderen Suchtmitteln zu werden. Alle diese Gefährdungen sind schädlich und lebensgefährlich, aber nicht verboten. Menschen sind frei, ihre Freiheit zu missbrauchen. Sie können den Missbrauch nur selbst verhindern. Es ist aber unklar, ob es nicht doch eine moralische Pflicht gibt, seine Freiheit nicht zu missbrauchen. Wir werden dieser Frage nachgehen, wenn es um die Sorge für Leben und Sterben geht.

Es ist unklar, ob Menschen, die den Missbrauch ihrer Freiheit nicht selbst verhindern können oder wollen, vor ihrer eigenen Freiheit geschützt werden sollten. In einer Hinsicht sollten sie vor ihrer Freiheit geschützt werden, in einer anderen nicht. Sie sollten geschützt werden, wenn sie von ihrem Unglück überwältigt oder von ihrer seelischen Erkrankung unerträglich gequält oder von ihrer Sucht gelähmt sind und sich das Leben nehmen wollen, weil sie ihrem Unglück, ihrer Erkrankung und ihrer Sucht entfliehen wollen. Es ist zweifelhaft, ob sich diese Menschen frei für das Sterben entscheiden. Wir sollten ihnen helfen, nicht sterben zu wollen, wenn wir Gründe haben, an ihrem Freiheitsvermögen zu zweifeln. Dies bedeutet aber nicht, dass wir den Sterbewunsch selbst für moralisch verwerflich halten müssen und sie unter allen Umständen daran hindern sollten, sich für das Sterben zu entscheiden.

Schmerztherapien helfen Menschen, die an unerträglichen Schmerzen leiden. Sie können dazu beitragen, dass Menschen nicht mehr sterben wollen. Palliativstationen helfen Menschen, die unheilbar krank, dem Tod nahe sind und an unerträglichen Schmerzen leiden. Diese Einrichtungen nehmen den Sterbewunsch von Menschen ernst und bieten einen Weg zum Sterben an, der ihre Würde respektiert. Die Palliativmedizin respektiert die Freiheit der Patienten und folgt allen ethischen Ansprüchen, die im Zusammenhang mit dem Tod stehen.

Wir sahen, dass Kant glaubt, die Selbsttötung sei moralisch verwerflich, weil sie von der Selbstliebe motiviert werde. Der Sterbewillige widerspreche sich selbst, weil er aus demselben Grund sowohl leben und glücklich sein als auch sich töten wolle. Dieses Argument unterstellt, dass der Unglückliche, der Schwerkranke und der Süchtige die gleiche Willensfreiheit haben wie der Glückliche, Gesunde und an keiner Sucht und keinen unerträglichen Schmerzen Leidende. Ob dies so ist, wissen wir nicht. Was wir aber wissen, ist, dass wir dem Unglücklichen, Schwerkranken und an unerträglichen Schmerzen Leidenden weder die Willensfreiheit noch die Widerspruchsfreiheit zur Pflicht machen können. Deswegen können wir ihm den Sterbewunsch mit keinem ethischen Argument verbieten. Die Ethik hat hier eine Grenze. Nicht der Sterbewillige, sondern wir selbst würden uns widersprechen, wenn wir dem Sterbewilligen einerseits Freiheit zugestehen, ihm andererseits verbieten würden, dass er sie ausübt. Wir sollten nicht mit uns selbst in Widerspruch geraten. Dies ist ein ethischer Anspruch.

Die Selbstgefährdung aus Freiheit bedroht beim Sterbewilligen allein das eigene Leben. Dies zu verhindern, wäre auf nicht begründbare Weise paternalistisch, weil der Schaden, wenn er überhaupt einer ist, von ihm selbst getragen und verantwortet wird. Wenn wir dem Sterbewilligen beim Sterben und zum Sterben verhelfen wollen, kommt es darauf an, was wir selbst glauben. Wenn wir glauben, dass das Leben zwar verloren geht, aber für den Sterbewilligen eine Erlösung ist, werden wir ihm helfen. Dann ist der sog. assistierte Suizid moralisch erlaubt. Wenn wir aber glauben, dass das Sterben niemals aktiv gefördert werden darf, werden wir dem Sterbewilligen nicht helfen. Auch dies ist moralisch erlaubt. Würden wir verpflichtet, ihm dennoch zu helfen, würden wir dazu verpflichtet, uns selbst zu widersprechen. Eine solche Verpflichtung kann es aber nur geben, wenn wir etwas moralisch Verwerfliches glauben würden. Die Überzeugung, dass einem an unerträglichen Schmerzen Leidenden der Wunsch zu sterben nicht versagt werden sollte, ist nicht verwerflich.

Es kommt, wie Bettina Schöne-Seifert (2020) zeigt, darauf an, allen Aspekten gerecht zu werden, die bei der eigenen Entscheidung zu sterben und für die ärztliche Hilfe dabei eine Bedeutung haben. Es gibt nicht die eine richtige Strategie, sondern nur die Ergebnisse sorgfältigen Abwägens. Es kommt darauf an, offen, undogmatisch und ohne Vorbehalte und Tabuisierungen über den Wunsch zu sterben und die Unterstützung dabei zu sprechen und zu schreiben. Die Freiheit, sich nach reiflicher Überlegung und ohne äußeren Druck für den Suizid zu entscheiden, darf nicht eingeschränkt werden.

Gänzlich anders verhält es sich, wenn Personen in Ausübung ihrer Freiheit, ob sie dies wollen oder nicht, anderen Schaden zufügen würden. Dann sind paternalistische Einschränkungen der Freiheit gerechtfertigt und zum Wohl anderer sogar geboten. Was bedeutet ›paternalistisch‹? Paternalistisch (abgeleitet von lat. pater, Vater) sind Entscheidungen zum Wohl von Personen unabhängig davon, was diese selbst wollen. Paternalistische Einschränkungen der Handlungsfreiheit sind nicht gerechtfertigt, wenn die Handelnden die Risiken ihres Handelns selbst tragen. Dagegen sind sie gerechtfertigt, wenn diese Risiken für andere schädlich oder gefährlich wären. Es ist paternalistisch und gerechtfertigt, einer Person, die z. B. an Epilepsie leidet, den Berufswunsch eines Piloten oder Busfahrers zu verweigern, weil ein plötzlicher epileptischer Anfall die Passagiere gefährden würde.

Es wäre wiederum paternalistisch, aber nicht gerechtfertigt, einem Kranken eine Therapie gegen dessen eigenen Wunsch zwingend zu verordnen. Es würde ihm wahrscheinlich schaden, wenn er die Therapie nicht erhielte, aber auch in diesem Fall wäre es sein eigener Schaden, den er mit seiner autonomen Entscheidung verantwortet. Paternalismus ist, wie diese Beispiele zeigen, nicht in jedem Fall unethisch. Es kommt darauf an, wer die Risiken trägt. Die Ausübung der Freiheit kann durch paternalistische Entscheidungen oder Regeln auf gerechtfertigte oder nicht gerechtfertigte Weise eingeschränkt werden.

Um welche Freiheit geht es dabei? Eben war von ›Handlungsfreiheit‹ die Rede, davor von ›Willensfreiheit‹. ›Handlungsfreiheit‹ bedeutet, dass eine Person frei ist, zu tun oder nicht zu tun, was sie will. Ob sie auch tun kann, darf, soll oder nicht soll, was sie will, sind andere, weitergehende Fragen. Was eine Person tun will, ihre Handlungsfreiheit, zeigt sich und ist beobachtbar. Mit der Willensfreiheit verhält es sich dagegen anders. Kant sagt, es sei ein »für die menschliche Vernunft unauflösliches Problem«, »wie ein freier Wille möglich sei« (V, 72). Dem werden viele zustimmen. Er sagt in derselben Schrift auch, dass der freie Wille von Naturgesetzen unabhängig sei. Dem werden viele nicht zustimmen. Es ist dagegen kaum zu bestreiten, dass die Willensfreiheit nicht beobachtbar ist. Dasselbe trifft ganz allgemein auf den Willen zu, solange er sich nicht geäußert hat. Wenn der Wille vor seiner Äußerung nicht beobachtbar ist, dann trifft dies natürlich auch auf die Willensfreiheit zu.

Was sowohl bei der Handlungs- als auch bei der Willensfreiheit nicht beobachtbar ist, ist der Wille selbst. Wir wollen nicht behaupten, dass es einen Willen nur gibt, wenn wir seine Äußerung beobachten können. Diese Behauptung können wir leicht entkräften, weil wir den eigenen Willen unterdrücken können. Was wir nicht klären können, ist die Frage, wie der Wille wirkt und was er ist. Vielleicht neigen wir zu der Annahme, der Wille sei eine Ursache des Handelns. Dann ist aber die Frage offen, was den Willen dazu bringt, eine Handlung zu verursachen. Es liegt nahe zu sagen, es sei der Wille selbst. Diese tautologische Auskunft erklärt nichts, sagt vor allem nicht, wie diese Selbstverursachung zu verstehen wäre. Ob sich das ›selbst‹ auf die sich ihrer selbst bewusste Person oder ihre biophysische Natur beziehen würde, bliebe offen. Kant schließt Letzteres aus, während Naturalisten das Gegenteil glauben. Sie plädieren für den Determinismus und die allgemeine kausale Wirksamkeit der Naturgesetze, als wäre klar, was dies bedeutet. Wir wollen nicht wiederholen, was wir dazu schon sagten. Aristoteles wählt einen Mittelweg, wenn er den Willen als moralisches Strebevermögen versteht, bei dem die Seele auf die Vernunft hört und ihr folgt (aretê ethikê).

Es fällt selten auf, dass analoge Fragen auch zur Vernunft gestellt werden können, denn auch sie ist nicht beobachtbar und auch sie ist nicht nur dann wirksam, wenn wir wissen, dass wir etwas Bestimmtes denken. Wir sprechen dann von ›Reflexion‹ und unterstellen dabei, dass sich die Vernunft im Denken auf sich selbst beziehen kann. Es ist nicht ausgeschlossen, dass sich auch der Wille – wie die Vernunft – reflexiv auf sich selbst beziehen kann. Dies kann aber, wenn überhaupt, wie im Fall der Vernunft, nur auf bewusste, uns selbst klare Weise geschehen. Auch in diesem Fall stehen wir vor der Frage, was ›bewusst‹ bedeutet. Das menschliche Bewusstsein ist sowohl im Hinblick auf die Vernunft als auch auf den Willen ein offenes Problem, das sicher nicht durch die Verbindung des Wortes ›bewusst‹ mit dem Wort ›selbst‹ geklärt ist. Wer sind wir denn selbst? Diese Frage sollten wir beantworten können, wenn wir die Fragen davor beantworten wollen. Sich selbst zu erkennen, ist die von Sokrates erklärte Aufgabe jedes Menschen. Eine allgemeine Antwort darauf gibt es nicht. Jeder Mensch trägt für seine eigene Antwort selbst Sorge, weil er nur so seinem eigenen Wesen gerecht wird. Stellvertreter können der Sorge nicht gerecht werden.

Kehren wir zurück zum Paternalismus. Paternalistische Einschränkungen beziehen sich immer auf die Handlungsfreiheit. Es ist aber nicht ausgeschlossen, dass sie nicht auch Einfluss auf die Willensfreiheit haben. Wir haben schon über die menschliche Sittlichkeit nachgedacht. Sittliche Prägungen, die sich in unserem Handeln zeigen, sind nur denkbar, wenn sie Teil unseres Willens werden können. Diese Prägungen sind mit der Erziehung im Kindes- und Jugendalter nicht abgeschlossen. Sie sind nie abgeschlossen. Wir können in unserem ganzen Leben Prägungen in Gestalt von Anstößen aufnehmen und verinnerlichen, ohne dass wir uns bewusst dazu entscheiden.

Ein Anstoß (engl. nudging) kann auf ähnlich unbewusste Weise wirksam werden wie der Wille selbst. Wenn dies so ist, reicht der Paternalismus tiefer, als uns vielleicht lieb ist. Ausschließen können wir dies nicht, wie wir überhaupt nicht ausschließen können, dass auch die Willensfreiheit – und nicht nur die Handlungsfreiheit – äußeren Ursachen unterliegt und von ihnen mitgeprägt wird. Nicht nur ein Kind, sondern auch ein Erwachsener wird vor dem Griff zur Schokolade zögern, wenn sie öfter gefragt werden, ob sie dick werden oder lieber schlank bleiben möchten. Sie werden sich diese Frage irgendwann selbst stellen, wenn der Anstoß dazu häufig genug gegeben wurde. Sie werden dann wahrscheinlich aus eigenem Willen nicht mehr zur Schokolade greifen. Das nudging hätte dann Erfolg gehabt.

WÜRDE

Kants Ethik hilft uns zu verstehen, was ›Würde‹ bedeutet. Die Würde ist ein integraler Bestandteil seiner Ethik. Die Autonomie des Willens ist für ihn »oberstes Prinzip der Sittlichkeit« (IV, 440). Die Grundlage dafür ist die Freiheit. Sie ermöglicht die Autonomie, die Selbstgesetzgebung, und die reine Vernunft ermöglicht ihrerseits die Freiheit des Willens. Dies ist der Wirkungszusammenhang, der die Autonomie, die Selbstgesetzgebung, ermöglicht. Die Wirkungskette reicht von der Vernunft über die Freiheit zur Autonomie. Kant schlägt als Form der Selbstgesetzgebung den Kategorischen Imperativ vor: »[H]andle nur nach derjenigen Maxime, durch die du zugleich wollen kannst, daß sie ein allgemeines Gesetz werde« (421), und: »Handle so, daß du die Menschheit, sowohl in deiner Person als in der Person eines jeden anderen, jederzeit zugleich als Zweck, niemals bloß als Mittel brauchst« (429).

Dies sind die beiden Formulierungen des Imperativs. Sie scheinen inhaltlich unverbunden nebeneinander zu stehen. In der ersten geht es um die Prüfung und Überführung von Maximen in Gesetze, in der zweiten um Personen als Zwecke an sich selbst. Ein sprachlicher oder begrifflicher Zusammenhang zwischen den Imperativen ist nicht erkennbar. Sie haben aber einen inneren Zusammenhang. Es ist die »Idee der *Würde*«, die den Zusammenhang herstellt. Sie ist das entscheidende Motiv, dem kategorischen Imperativ zu folgen. ›Würde‹ sei ein »innerer Wert«, der »kein Äquivalent verstatte« (434), sagt er. Weil jeder Mensch und die Menschheit insgesamt jeweils ein *Zweck an sich* sind, haben er und sie Würde.

Bevor wir uns der Würde zuwenden, wollen wir uns überlegen, was Kant mit der ersten Formulierung des Imperativs vorschlägt. Maximen sollen auf ihre Tauglichkeit für Gesetze geprüft werden. Maximen sind allgemeine Regeln. Eine anerkannte Maxime ist ›Halte deine Versprechen‹. Wir sollen uns nun überlegen, ob sie als Verbindlichkeit für alle Menschen, als Gesetz, gelten kann. Dafür eignet sie sich, wenn wir uns keinen Widerspruch denken können, der dann entstehen würde, wenn wirklich alle Menschen ihr folgen. Das ist offensichtlich nicht der Fall. Anders verhält es mit der Maxime ›Helfe anderen nur, wenn sie dir schon geholfen haben‹. Wenn ich die Perspektive dieser Maxime umkehre, entdecke ich einen Widerspruch. Wenn ich nämlich selbst von jemandem Hilfe benötige, dem ich noch nicht geholfen habe, und er sich an jene Maxime hält, habe ich Pech. Dann sehe ich, dass die Maxime mir schaden kann. Das kann ich vernünftigerweise nicht wollen. Offensichtlich lässt sich die Maxime nicht ohne Widerspruch zu einem Gesetz machen.

Schwieriger zu verstehen als die erste Formulierung des Imperativs ist die zweite, in der es um die Würde geht. Kant will die Würde in einer von Vernunft bestimmten, aber uns bekannten, realen Welt ansiedeln. Er will ihr einen Ort im menschlichen Leben geben. Deswegen beschreibt er, allerdings sehr kurz, den ganzen denkbaren Wert- und Motivationszusammenhang, in dem wir Menschen handeln (434 f.). Wir folgen, wenn wir handeln, Zwecken, Wertvorstellungen. Sie sind – nach Kants Verständnis – die Ursachen, die Antriebe unseres Wollens und Handelns. Wir stellen uns einen Zweck vor und folgen ihm dann, indem wir uns selbst zum Handeln durch die Zweckvorstellung verursachen. Wenn ich es zu meinem Lebenszweck mache, gesund zu sein, treibe ich Sport, esse gesunde Nahrung etc. Mit der Vorstellung dieses und jedes anderen Zwecks, den ich mir vornehme, verursache ich das, was ich tue.

Es gibt, wie Kant meint, drei mögliche Arten von Zwecken und Wertvorstellungen. Die einen entsprechen unseren Bedürfnissen und Neigungen, die anderen unserem Geschmack und die dritten unserem inneren Wert. Die ersten haben einen »Marktpreis«, die zweiten einen »Affektionspreis«, die dritten haben keinen Preis, sondern Würde. Alle Zwecke zusammen bilden das »Reich der Zwecke«, den gesamten Motivationszusammenhang menschlichen Denkens und Handelns. Das Bedürfnis nach Gesundheit hat einen Marktpreis, kostet etwas. Dem Geschmack kann die Betrachtung von Kunstwerken oder das Hören von Musik oder das Lesen von Gedichten dienen. Je nachdem, ob die Kunst, die Musik oder die Gedichte gefallen, ist ihr Affektionspreis höher oder niedriger. Die dritte Art von Zwecken hat keinen höheren oder geringeren Preis, sondern Würde. Offenbar lässt sich die Würde nicht quantifizieren. Sie ist eine Qualität, ein Wert eigener Art.

Dem Reich der Zwecke stellt Kant das Reich der Natur gegenüber. In der Natur herrschen ausnahmslos deren Gesetze, völlig unabhängig von dem, was wir wollen. Im Reich der Zwecke herrschen unsere eigenen Gesetze. Wir bestimmen diese Gesetze und folgen ihnen, wenn wir wollen. Der Mechanismus ist in beiden Reichen verschieden. In der Natur funktioniert er zuverlässig, im Reich der Zwecke funktioniert er in Abhängigkeit von unserem Willen, also unzuverlässig. Wir lassen hier offen, ob und wie wir nach Kants Überzeugung die Gesetze des Marktes und dessen Preise bestimmen können. Er glaubt, dass wir von Natur aus nach Glück streben. Da das Glücksstreben auch ein Erfolgsstreben ist, bestimmt es den Markt und seine Preise. Wir handeln im Markt nach Kants Modell als Naturwesen, als zuverlässig nach Erfolg Strebende. Die Schwierigkeit ist, dass wir sowohl natur- als auch selbstbestimmte Freiheitswesen im Reich der Zwecke sind, und beides gleichzeitig. Das Sowohl-als-auch ist in Kants dualistischem Denken aber eher ein Entweder-oder. Als Freiheitswesen im Reich der Zwecke dürfen wir uns nicht vom Glücksstreben bestimmen lassen.

Kant beantwortet die Frage, wie wir gleichzeitig Freiheits- und Naturwesen sein können, nur indirekt. In der »Dialektik« der *Kritik der reinen Vernunft* weist er nach, dass es keinen Widerspruch zwischen diesen beiden Wesen gibt. Mit der Widerspruchsfreiheit ist aber nicht die Frage beantwortet, wie wir als *ein* Wesen aus Freiheit und Natur handeln und den Dualismus überwinden können. Indirekt nimmt Kant auch an, dass wir den Dualismus im Reich der Zwecke überwinden können. Denn im gesamten Reich der Zwecke sind wir sowohl Natur- als auch Freiheitswesen. Wir sind also gleichzeitig unsere eigenen Herren (›Herrinnen‹ passt hier nicht) und Untertanen. Nur wenn wir beides gleichzeitig sind, können wir überlegen, wie wir die Zwecke miteinander verbinden können. Wir müssen sie miteinander verbinden, weil wir als Akteure ja nur *einen* Verstand und *einen* Willen haben, mit denen wir alles verhandeln, was entweder einen Preis oder eine Würde oder beides hat. Wir müssen den Unterschied zwischen Preis und Würde kennen, wenn es um die Zwecke unseres Lebens geht.

Stellen wir uns das Handeln im Reich der Zwecke an einem Beispiel vor, am Beispiel der Arbeit. In der Welt der Arbeit geht es um viele Zwecke gleichzeitig. Die meisten Menschen müssen Geld verdienen, um leben zu können, aber nur wenige können den Preis ihrer Arbeit selbst bestimmen. Der Marktpreis der Arbeit sollte aber nicht die Würde verletzen. Das würde er tun, wenn sich der Arbeitende zum bloßen Mittel des Geldverdienens um jeden Preis machen würde oder von denen, die den Marktpreis seiner Arbeit festlegen, dazu gemacht würde. Die Frage ist nur, wann dies der Fall sein würde, wann sich jemand selbst zum bloßen Mittel machen würde oder von anderen dazu machen ließe.

Wir sind jetzt wieder da, wo wir schon waren, beim methodischen Grundproblem der Ethik. Erneut geht es darum, etwas zu quantifizieren, was seiner Natur nach keine Quantität ist. Dies tun wir, wenn wir überlegen, welchen Preis die Würde hat. Damit tun wir etwas, was Kant – nach gängigem Verständnis – ausdrücklich ablehnt. Die Würde habe (»verstatte«) kein Äquivalent, sagt er. Wie sollen wir dann aber entscheiden, von welcher Höhe an der Marktpreis der Arbeit gegen die Würde verstößt? Wenn die Instrumentalisierung der eigenen Person und der Person jedes anderen verboten sein soll, müssen wir wissen, wann genau, also bei welchem Preis, die Instrumentalisierung beginnt.

Kant sagt dazu nichts, weil er das Beispiel der Arbeit und ihres Marktpreises nicht diskutiert. Er gibt aber Hinweise, wie der Marktpreis gefunden werden könnte. Er erklärt zunächst, dass es bei der Würde um den Wert einer »Denkungsart« geht (IV, 435), also keineswegs um etwas Wertfreies. Was mit ›Denkungsart‹ gemeint ist, verstehen wir, wenn wir uns überlegen, wie wir einer Denkungsart folgen oder sie ignorieren können. Wenn wir unsere Pflichten kennen und ihre Verbindlichkeit erkennen, wissen wir, dass wir ihnen folgen sollten. Wenn wir dies tun, folgen wir der moralischen Denkungsart. Wer sich aber entschließt, gegen besseres Wissen seine Pflichten nicht zu erfüllen, folgt einer anderen, einer unmoralischen Denkungsart. Er lässt sich vielleicht von Egoismus, Gewinnstreben oder Geltungssucht bestimmen. Es gibt viele Denkungsarten, aber nur eine moralische und nur sie ist – in Kants Sinn – selbstbestimmt und vernünftig. Sie besteht darin, dass ich mich bei meinen Entscheidungen über das, was ich tun will, allein von meiner Einsicht in meine Pflichten bestimmen lasse. Alleine diese Denkungsart hat einen inneren Wert, und sie allein entspricht dem Wert der Würde.

Wenn wir wissen, mit welcher Denkungsart wir uns selbst bestimmen sollten, heben wir Kants Dualismus von Natur und Freiheit im Reich der Zwecke auf. Wir geben den Pflichten Vorrang vor allen anderen Motiven. Die Achtung vor dem selbstbestimmten moralischen Gesetz soll unser erstes und vorrangiges Motiv sein. Damit entsprechen wir der Würde. Die Einsicht in den Wert der Würde »setzt sie über allen Preis unendlich weg« (IV, 435), sagt Kant. Die Würde ist unvergleichlich. Wir müssen deswegen erst die Pflichten bestimmen, dann können wir erkennen, wann ein Marktpreis, z. B. der Arbeit, die Würde verletzt. Kant hat sich nicht dazu geäußert, wie ein Marktpreis moralisch festgelegt werden kann. Wir versuchen dies, indem wir sein Würde-Konzept in das Verfahren der Maximenmethode integrieren, die wir im Rahmen der Konfliktethik kennen gelernt haben. Wir ergänzen Kants Ethik mit unserer Methode.

Zuerst müssen wir erkennen, um welche Pflichten es geht. Pflichten gewinnen wir aus Handlungsmaximen, aus denen wir moralische Gesetze machen können. Kant nennt zwei Maximen, die der Bestimmung des Marktpreises der Arbeit moralisch zugrunde liegen können, die »Treue im Versprechen« und das »Wohlwollen aus Grundsätzen« (IV, 435). Aus beiden Maximen können wir moralische Gesetze machen. ›Handle so, dass du deinen Versprechen treu bleibst‹. So können wir das eine Gesetz formulieren. Die Treue zu den Versprechen aller Beteiligten schafft in einem Verfahren, in dem der Marktpreis der Arbeit ausgehandelt wird, zuverlässiges, dauerhaftes Vertrauen. Das Wohlwollen aus sittlichen Grundsätzen zeigt sich ebenfalls in diesem Verfahren im Umgang der Verhandlungspartner miteinander. Diesen Imperativ können wir so formulieren: ›Handle so, dass du den Anderen immer und grundsätzlich wohlwollend begegnest‹.

Wenn diese beiden Pflichten beim Aushandeln des Marktpreises der Arbeit eingehalten werden, wird niemand zum bloßen Mittel der Einkommenssicherung gemacht. Vertrauen und Wohlwollen sind die sittlichen Prinzipien, die einen gerechten Marktpreis der Arbeit ermöglichen. Die Höhe des Marktpreises hängt von der Fairness des Verfahrens ab. Es muss vertrauenswürdig und fair sein. Dann verletzt der Marktpreis der Arbeit die Würde nicht. Kants Auffassung der Würde kann auf diese Weise helfen, den Marktpreis der Arbeit zu finden, ohne dass sich der Arbeitende zum bloßen Mittel seiner Einkommenssicherung machen muss. Vertrauen und Wohlwollen sind die sittlichen Prinzipien des Verfahrens, in dem der gerechte Preis der Arbeit festgelegt wird. Die Höhe des Marktpreises ist keine absolute, sondern eine relative Größe. Sie ist relativ durch die Zuverlässigkeit und Angemessenheit des Verfahrens, in dem der Preis ausgehandelt wird. Das Verfahren muss vertrauenswürdig sein, dann ist der Preis angemessen. Damit wird das methodische Grundproblem der Ethik für die Bewertung der Arbeit verbunden mit Kants Würde-Konzept lösbar. Wir dürfen uns nicht von dem ›unendlichen‹ Abstand zwischen Preis und Würde verwirren lassen und dann eine Verbindung zwischen Preis und Würde von vornherein ablehnen oder für unmöglich halten.

Es geht darum, den Preis der Würde aus der Einsicht in unsere Pflichten zu erkennen. Wenn es um die Bewertung der Arbeit geht, sollen die Pflichten das vertrauenswürdige Verfahren leiten, in dem der Wert der Arbeit so festgelegt wird, dass die Würde des Arbeitenden nicht verletzt wird. Die Pflichten bestimmen den moralischen Raum, in dem wir uns bei der Festlegung der Preise für den Wert aller unserer Entscheidungen und Handlungen bewegen sollten.

In der Einleitung stellte ich die Frage, wie bei Konflikten zwischen der eigenen Ethik und fremden Sitten entschieden werden kann, ohne dass die eigene Position unbedingten Vorrang genießt. Diesseits der eigenen und fremden moralischen Räume gibt es das Wesen des Menschen, das, was der Mensch ist, so können wir annehmen. Dieses Wesen ist weder das Ergebnis einer ethischen Theorie noch ist es von Sitten abhängig. Es ist etwas, was es vor jeder Theorie und vor allen Sitten gibt. Mit dem nicht reflexiv erzeugten und begrifflich nicht allgemein bestimmten Wesen von etwas haben wir Schwierigkeiten, weil wir es nur finden, aber nicht erfinden können. Das Wesen von etwas ist nicht das Ergebnis von Definitionen oder Ableitungen und deswegen nicht nachweisbar. Dennoch sollten wir es ernst nehmen.

Aristoteles überlegt, ob das Wesen von etwas allgemein bestimmt werden kann, und kommt zu dem Ergebnis, dass es nichts Allgemeines sein kann. Das Wesen des Menschen existiere nur als einzelner Mensch (*Metaphysik*, 1038b). Auch in seiner *Zweiten*

Analytik (Buch II, Kap. 6) überlegt er »Was ist ein Mensch?« (92a). Er prüft alle möglichen Merkmale (Lebewesen, sterblich oder unsterblich, zweibeinig etc.) und kommt zu dem Ergebnis, dass eine Sammlung solcher Merkmale das Wesen des Menschen nicht definiert, weil dieses Wesen nicht in analytische Bestimmungen zerfällt, die dann wieder in einer Definition zusammengefasst werden könnten. Was es heißt, als dieses Seiende zu existieren (tò tí ên eînai), ist nicht definierbar und kann nicht allgemein bestimmt werden. Es kann nur gefunden und als das erkannt werden, was es wirklich ist. Der Mensch existiert als Einzelner. Das ist sein Wesen. Seine Merkmale definieren ihn nicht, machen ihn aber erkennbar. Nicht jeder Mensch hat dieselben Merkmale, und viele Merkmale sind bei jedem Menschen anders, sein Geschlecht, seine Hautfarbe, sein Fingerabdruck, seine Größe, seine Sprache etc. Das Wesen des Menschen können wir nur bei jedem einzelnen Menschen so, wie er oder sie ist, finden, aber nicht durch allgemeine Begriffe erfinden. Wir dürfen das Wesen des Menschen nicht allgemein festlegen. Theorien, die dies taten, führten pseudowissenschaftlich zum Rassismus und zur Verachtung aller Menschen, die den Theorien nicht entsprachen.

Mit Aristoteles' Verständnis des Wesens des Menschen können wir die Würde verbinden. Sie verpflichtet uns, dieses Wesen zu achten. Der innere Wert jedes einzelnen Menschen ist, völlig unabhängig von seinen äußeren Merkmalen, die Würde. Wenn dies so ist, können wir die Konflikte zwischen der eigenen Ethik und fremden Sitten nicht einseitig lösen. Das Wesen des Menschen berechtigt uns nicht, mit unseren eigenen Überzeugungen fremde moralische Räume zu kolonisieren. Wenn andere Kulturen mit dem, was sie unter dem Menschen verstehen, andere moralische Überzeugungen verbinden als wir, werden wir dies aber nicht nur indifferent hinnehmen, vor allem dann nicht, wenn nach unserer Überzeugung die Würde und Integrität der Menschen durch Sitten verletzt wird, die nach unserem Urteil Unsitten und moralisch verwerflich sind. Wir werden dem Konflikt nicht ausweichen, aber nicht über andere Kulturen richten. Würden wir den Konflikt nach unseren eigenen ethischen Maßstäben entscheiden, würden wir weitere Konflikte provozieren und die eigene Glaubwürdigkeit gefährden. Wir müssten uns den Vorwurf gefallen lassen, dass wir keinen Respekt vor fremden Kulturen haben, sondern wie die Kolonisatoren des 16.–20. Jahrhunderts verfahren. Diesem Missverständnis sollten wir vorbeugen, aber dennoch für das eintreten, was wir selbst als Verpflichtungen erkennen. An erster Stelle wird dies der Schutz der Würde jedes Einzelnen vor Verletzungen durch Gewalt, Willkür und Unrecht sein. Die Würde jedes Einzelnen soll unantastbar sein. Kulturen, die diesen Schutz nicht gewähren und die Unantastbarkeit der Person nicht respektieren, verdienen keinen Respekt, sondern Widerspruch und Widerstand. Sie verletzten das Wesen jedes Menschen.

Diese Überlegungen zum Wesen des Menschen scheinen nichts mit dem zu tun zu haben, was Kant zur Würde sagt. Denn die Würde als Denkungsart und innerer Wert ist eine allgemeine Bestimmung des Menschen und keine Wesensbestimmung im aristotelischen Sinn. Ganz so ist es aber nicht. Kant spricht nämlich in einem durchaus aristotelischen Sinn von Würde, wenn er sagt, dass jeder Mensch als Zweck an sich selbst »*existiert*« (IV, 428). Es sagt nicht eindeutig, dass nur jeder einzelne Mensch als Zweck an sich selbst existiert. Wir können ihn aber so verstehen. Dann gehört die Würde auch aus seiner Sicht zur Wesensbestimmung des Menschen, die in jedem Einzelnen verwirklicht ist.

Es wäre viel gewonnen, wenn wir die Würde mit dem Wesen des Menschen verbinden würden. Das Wesen jedes Menschen ist wie jedes Wesen für sich genommen ungeschützt. Wenn es mit der Würde verbunden wird, kann es geschützt werden. Dann gehört alles, was den Einzelnen ausmacht, sein Körper, seine Hautfarbe und Herkunft, sein Leben, sein Empfinden, seine seelische Befindlichkeit auch zu seiner Würde. Die Sorge jedes Menschen um sich und andere würde alles, was zur Person des Menschen gehört, einschließen.

Von der Würde als einem inneren Wert zu sprechen, klingt missverständlich esoterisch, so als hätte sie nichts mit dem Äußeren des Menschen zu tun. Tatsächlich hat Kants Auffassung der Würde nur einen indirekten Bezug zum Äußeren des Menschen, zu seiner Physis und zu seiner Psyche. Die Würde ist nur indirekt über den Schutz vor Verletzungen, vor Missbrauch und Instrumentalisierung mit der bio-physischen Existenz des Menschen verbunden. Sie ist selbst kein bio-physisches Merkmal.

Viele neigen dazu, das, was nicht physisch nachweisbar und evident ist, als inexistent und illusorisch zu betrachten. Innere Werte wie die Würde wären dementsprechend Illusionen. Wie grundlos solche Annahmen sind, zeigt ein Blick auf andere innere Werte, für die es keine physischen Nachweise gibt, auf die wir aber dennoch großen Wert legen. Vertrauen, Selbstachtung, Ehre, ja selbst der Friede sind ähnlich wie die Würde innere Werte. Auch sie können durch äußere Einwirkungen gefährdet und zerstört werden. Lügen, üble Nachrede, Verunglimpfungen, Herabsetzungen, Mobbing, alles dies sind äußere Gefährdungen des Vertrauens, der Selbstachtung und der Ehre. Der Friede wird militärisch und politisch geschützt, aber nicht wirklich gewährleistet. Ein Leben in Frieden ist ein innerer Wert, eine Befindlichkeit, die ohne den äußeren Schutz undenkbar ist, aber dadurch nicht allein möglich wird. Die Würde ist nicht der einzige innere Wert, der unser Leben menschlich und lebenswert macht.

Zuletzt ging es um Kants Auffassung der Würde und ihre praktische Bedeutung. Die Würde hat nicht nur eine philosophiehistorische Bedeutung. »Die Würde des Menschen ist unantastbar« ist der erste Satz des *Grundgesetzes der Bundesrepublik Deutschland*. Kant ist Pate dieses Satzes. Der Satz gilt aber nicht nur als moralisches, sondern auch als Verfassungsprinzip. Auf der Grundlage von Kants Auffassung der Würde wollen wir nun verstehen, was die Unantastbarkeit der Menschenwürde bedeutet. Kant hat das Wort ›unantastbar‹ nicht gebraucht. Das Wort entspricht aber seinem Verständnis der Würde als innerem Wert jenseits von äußeren Werten. Das Beispiel des Werts der Arbeit hat gezeigt, dass der innere Wert der Würde durch einen Mangel an äußeren Werten verletzt werden kann. Die Frage dieses Kapitels ist, welche Bedeutung die Unantastbarkeit der Würde für den Lebensschutz hat.

Der innere Wert der Würde ist mit der Achtung unserer Pflichten verbunden. Wenn ich meine Pflichten kenne, weil ich sie selbst bestimmt habe, achte ich sie und damit auch die Würde. Die Achtung der Pflichten bestimmt den moralischen Raum, in dem die Würde unter allen anderen Zwecken im Leben der Menschen den ersten Platz hat. Die Würde ordnet die Werte des Lebens, Denkens und Handelns, gibt ihnen einen Ort im moralischen Raum. Das gilt auch für die Ethik des Lebensschutzes. Leben zu erhalten sei Pflicht, sagt Kant (IV, 397 f.). Vollständig wird diese Pflicht durch die weitere Pflicht, die menschliche Person nicht zu instrumentalisieren. Die Bedeutung der Würde bestimmt das Verhältnis dieser beiden Pflichten.

Das Leben hat ähnlich wie die Arbeit einen Wert, der indirekt, über das Verbot der Instrumentalisierung der Person, von der Würde bestimmt sein sollte. Was ›indirekt‹ bedeutet, sagt die zweite Formulierung von Kants Kategorischem Imperativ: »Handle so, daß du die Menschheit, sowohl in deiner Person als in der Person eines jeden anderen, jederzeit zugleich als Zweck, niemals bloß als Mittel brauchst« (IV, 429). Ich darf weder mich noch andere zum ›bloßen Mittel‹ machen. Ich instrumentalisiere mich und andere, wenn es mir nur um Leistung, Erfolg, Ruhm und Reichtum, Einfluss und Macht geht und ich alles und jeden in meiner Nähe diesen Zielen unterordne.

Allen diesen Zielen kann ich nur in meinem Leben folgen. Ich kann mich nur als lebendes Wesen zum bloßen Mittel machen, um diese Ziele zu erreichen. Leben und Würde hängen offenbar zusammen. Nur als lebende Wesen können wir uns sowohl zu bloßen Mitteln machen als auch dem inneren Wert der Würde entsprechend moralisch selbst bestimmen. Ohne ein eigenes Leben gibt es weder die Würde noch deren Verletzung. Das eigene Leben ist eine notwendige, aber keine hinreichende Bedingung der Würde. Diesen Zusammenhang wollen wir verstehen, weil wir sonst Leben und Würde nicht unterscheiden können. Das eine ist mit dem anderen nämlich nicht identisch. Trennen können wir Leben und Würde aber auch nicht, weil sie indirekt miteinander verbunden sind.

Das klingt abstrakt, betrifft aber konkret unser Leben. Die Würde hat Vorrang. Sie allein ist unantastbar. Das Leben ist dagegen nicht unantastbar. Ein Virus kann töten, Hunger und Krankheiten auch. Das Leben ist unmittelbar verletzlich, die Würde nur indirekt. Wenn ich mich zum bloßen Mittel meiner Ziele mache, verletze ich meine Würde, mich selbst und damit auch mein Leben, ob ich es bemerke oder nicht. Jeder Mensch lebt als Wesen mit Würde, ist ein Selbstzweck, aber das Leben ist kein Selbstzweck. Das eigene Leben ist ein Mittel für viele Zwecke, für die sich Menschen einsetzen können. Mit einigen dieser Zwecke können wir uns instrumentalisieren. Die Würde ist dagegen kein Mittel für irgendetwas, sondern allein ein Zweck an sich.

Kant mahnt, »sein Leben zu erhalten« sei Pflicht. Diese Pflicht ist, wie er erwähnt, nicht leicht zu erfüllen. Die »ängstliche Sorgfalt«, mit der die Menschen ihr nachkommen, habe aber »keinen inneren Wert«, wenn sie nur »pflichtgemäß« sei (IV, 397 f.). Moralisch gehaltvoll sei jene Pflicht erst, wenn man sein Leben auch dann noch erhalte, wenn man es etwa nach Schicksalsschlägen nicht mehr liebe und sich lieber den Tod wünsche. Diese Haltung ist im Rahmen von Kants Morallehre konsequent, berücksichtigt aber noch nicht die soziale Bedeutung der Erhaltung des Lebens und die rechtliche und politische Bedeutung des Lebensschutzes, die uns heute wichtig sind. Nach Kants Urteil ist die Erhaltung des Lebens auch dann, wenn sie als Pflicht ernstgenommen wird, kein Selbstzweck.

Auch das *Grundgesetz* unterscheidet Würde und Leben, äußerlich erkennbar daran, dass nicht im ersten, sondern im zweiten Absatz des zweiten Artikels das Recht auf Leben und körperliche Unversehrtheit und dann auch die Freiheit der Person behauptet werden. Das Leben jedes Menschen, seine körperliche Unversehrtheit und seine Freiheit sind Menschenrechte. Die Würde ist kein Menschenrecht, sondern das Prinzip der Selbstbestimmung, der Denkungsart, die den Menschenrechten zugrunde liegen sollte.

Wenn nur die Würde, nicht aber das Leben ein Selbstzweck ist, darf das Leben auch nicht zu einem Selbstzweck gemacht werden, auch dann nicht, wenn es geschützt wird. Das Leben wäre dann, ganz widersinnig, der Selbstzweck eines Selbstzwecks. Nicht das Leben, sondern die Würde ist der höchste zu schützende Wert unserer Verfassung. Die Würde und das Leben *jedes* Menschen sollen geschützt werden.

Die Würde ist nur indirekt über ihre äußere Verletzung ein biophysisches Merkmal des Menschen. Auch die Würde der Sterbenden kann geschützt werden, obwohl Sterbende dies selbst nicht tun können. Wenn das Leben Sterbender verlängert und das Sterben verzögert wird, werden sie instrumentalisiert, zum Mittel der Lebensverlängerung gemacht, obwohl der Tod nicht zu verhindern ist. Menschen werden auch zu bloßen Mitteln gemacht, wenn ihr Leben, ohne dass sie an einem Mangel leiden oder durch Krankheit oder Unfall gefährdet sind, intensiviert wird. Jede Manipulation des Lebens verletzt indirekt die Würde. Leistungssteigerungen oder die Verlängerung des Lebens um ihrer selbst willen verletzen die Würde. Der egoistische Nutzen und der äußere Gewinn werden dabei zum Selbstzweck.

Die Gefahr der Instrumentalisierung ist auch im antiken Tugendmodell gebannt, wenn tugendhaftes Handeln um seiner selbst willen eingeübt wird. Dabei werden unmoralische Ziele, die sich des moralischen Scheins bedienen, ebenso ausgeschlossen wie die Instrumentalisierung der Moral für unmoralische Zwecke. Wenn die Tugenden um ihrer selbst willen Ziele des Handelns sind, sind sie Zwecke an sich. Dann sind die Gerechtigkeit, die Tapferkeit, die Klugheit und die Mäßigung Tugenden, die um ihrer selbst willen gepflegt werden, aber dennoch dem weiteren politischen Zweck dienen, das gute, glückliche Leben in der Gemeinschaft mit anderen zu ermöglichen. Dieses Ziel ist erstrebenswerter als alle anderen, aber kein Selbstzweck in dem von Kant vorgeschlagenen Sinn. Kant beurteilt in der *Grundlegung* die Tugenden kritisch und meint, dass die »Imperative der Klugheit« nicht so verbindlich wie das Moralgesetz seien und dass das Ziel der »Glückseligkeit« kein Ideal der Vernunft sei, sondern auf »empirischen Gründen« beruhe (IV, 418 f.).

In der späten *Metaphysik der Sitten* ändert Kant aber seine Einstellung zu den Tugenden und vereinigt sie in seiner »Tugendlehre« mit der Pflicht. Das Amalgam, die »Tugendpflicht«, ist der Imperativ: »[H]andle nach einer Maxime der Zwecke, die zu haben für jedermann ein allgemeines Gesetz sein kann« (VI, 395). Dann schließt die Pflicht, die eigene Glückseligkeit zu fördern, auch die Förderung der Glückseligkeit der anderen ein (387 ff.) und nähert sich dem politischen Ziel der antiken Tugenden an, ohne mit ihnen identisch zu werden, wie Andrea M. Esser ausführlich darlegt (2004).

Menschen wählen in ihrem Leben viele Ziele, abhängig von ihren Fähigkeiten, ihrem Alter und ihren Interessen. Viele Ziele sind gut, mit anderen verletzen sie ihre Würde. Jeder sollte daher prüfen, mit welchen Zielen er sich zu deren bloßem Mittel macht. Maximen des Egoismus taugen nicht als Pflichten. Die Verlängerung des eigenen Lebens um jeden Preis oder dessen Steigerung mit allen Mitteln sind egoistisch, weil sie das eigene Leben über alles andere, auch über das Leben der anderen Menschen, stellen. Solche Maximen nehmen keine Rücksicht auf schutzbedürftige Andere. Sie können nicht als Pflichten gelten, weil sie nicht ohne Widerspruch gewollt werden können. Wäre der Egoismus Pflicht, würde man selbst unter dem Egoismus der Anderen leiden. Dies kann niemand wollen, ohne sich selbst zu schaden.

Alle eigenen Pflichten dienen auch Anderen, und wenn es Schutzpflichten sind, sollen sie auch die Anderen schützen. Im moralischen Raum leben alle Menschen mit gleicher Würde. Alter, Krankheit, Gebrechlichkeit oder Demenz setzen der Selbstbestimmung Grenzen oder machen sie unmöglich. Die Würde geht dabei nicht verloren, wenn andere Menschen helfen und sich um die Hilflosen sorgen. Maximen, die das Leben zum Selbstzweck machen, verletzen aus mehreren Gründen die Würde. Der erste Grund ist, dass notgedrungen immer das Leben einzelner Menschen zum Selbstzweck gemacht würde; denn es gibt das Leben aller Menschen nur in einem abstrakten Sinn, und abstrakt kann Leben nicht geschützt werden. Da das Leben immer das einzelner Menschen ist, kann der Lebensschutz als Selbstzweck nur eine egoistische Zielsetzung sein. Dies ist der zweite Grund, der gegen das Leben als Selbstzweck spricht. Der Lebensschutz als Selbstzweck folgt immer egoistischen Maximen, weil es immer um das Leben Einzelner unabhängig vom Leben Anderer geht. Die Würde und die Achtung der Pflichten prinzipiell über den Schutz des Lebens zu stellen, ist daher ganz unabhängig von unserem *Grundgesetz* ethisch gut begründet.

Für das Leben als Selbstzweck gibt es in der Literatur Beispiele. In Thomas Manns (1875–1955) Roman *Doktor Faustus* ruiniert sich Adrian Leverkühn, weil er ein genialer Komponist werden will und glaubt, er könne dies mit einer tödlichen Syphilisinfektion erreichen. Das Faustische ist ein Charakterzug des modernen Menschen, klarsichtig vorhergesehen und beschrieben von Goethe in dessen Tragödie *Faust*. Goethe erlebt den Übergang von der Vormoderne in das industrielle Zeitalter mit Dampfmaschinen und Staudämmen und sieht das kommen, was wir als Zerstörung der Natur erleben. Michael Jaeger beschreibt Faust als einen Heutigen, als Modernen mit unstillbarer »Bewegungs- und Wachstumsfaszination«, und das »Verweile doch!« der Gegenwart und des erlebbaren Augenblicks als »Todessignal« ([7]2018, 20 f.).

Die dauerhafte faustische Unruhe, das Immer-schneller-immerweiter-Wollen, wohin auch immer, macht uns zu bloßen Mitteln unserer ehrgeizigen Ziele. Wir missachten unsere Würde und wollen uns bei der Verfolgung unserer Ziele nicht durch die kritische Prüfung unserer selbstsüchtigen Maximen einschränken lassen. Erst wenn wir an ihnen erkranken, erkennen wir, dass wir uns zu Feinden unserer selbst gemacht haben. Lebenssteigerung um jeden Preis ist ein gedankenlos selbstsüchtiges Ziel. Sie ist ein Signum der modernen Welt, deren Zwiespalt Goethe als Tragödie beschreibt.

Niemand hindert uns daran, wie Faust mit bestimmten Lebenszielen unsere Würde zu verletzen. Wir tun dies immer dann, wenn wir selbstsüchtigen Zielen so folgen, als ob sie Selbstzwecke wären. Auch mit der faustischen Optimierung der menschlichen Anlagen um eines größeren Nutzens oder um ihrer selbst willen verletzen wir unsere Würde. Nicht alle Optimierungsziele sind aber verwerflich. Kant hält die »eigene Vollkommenheit« für eine Pflicht (VI, 386 f.), wenn sich der Einzelne damit immer mehr dem Ideal der Menschheit annähert, Irrtümer beseitigt und die »Tugendgesinnung« pflegt. Solche und viele andere Ziele können zu Pflichten werden, wenn möglichst viele Menschen daran teilhaben können und das gemeinschaftliche Leben damit gerechter wird.

Solchen Pflichten folgen die Lebenswissenschaften im Dienst der Gesundheit und das Bildungssystem im Dienst der Förderung aller Mitglieder einer Gesellschaft und ihrer Teilhabe am sozialen und politischen Leben. Da das Bildungssystem aber den unterschiedlichen Begabungen nur begrenzt gerecht werden kann, können junge Menschen unter den hoch gesteckten Optimierungszielen leiden. Die Nachfrage nach therapeutischer Hilfe in Schule und Studium macht dies deutlich. Nicht nur im Bildungssystem instrumentalisieren sich Menschen, wenn sie mit Stimulanzien ihr Gedächtnis und ihre Leistungskraft steigern (sog. enhancement). Diese Selbst-Instrumentalisierung kann von dem verblendeten Glauben getrieben sein, ohne den Einsatz aller verfügbaren Mittel der Leistungssteigerung unvollendet zu sein.

Der faustische Charakter der Moderne macht sichtbar, wie sich Menschen zu bloßen Mitteln machen und ihre Würde verletzten. Offensichtlich wird dies, wenn andere Menschen dadurch benachteiligt, gefährdet oder gequält werden und wenn das Leben einiger Menschen dem Leben anderer geopfert oder aufs Spiel gesetzt wird. Mit vielen Zielen bestimmen wir direkt oder indirekt das eigene Leben und erhalten, verbessern oder gefährden seinen Wert, ähnlich wie wir den Wert der Arbeit bestimmen und uns damit vor Ausbeutung schützen oder uns selbst versklaven können. Nur den inneren Wert der Würde können wir nicht verbessern.

Leben, Arbeit, Freiheit, Gleichheit, Sicherheit, Gesundheit, Bildung sind hohe Werte. Keiner ist mit der Würde identisch. Der Lebensschutz und die Förderung der eben genannten Werte sind

Pflichten. Sie sind aber nicht identisch mit der Würde, sondern tragen nur indirekt zu ihr bei. Wir leben nicht um des Lebens willen, sondern um unserer selbst willen. Wenn der Mensch keinen Zweck außer sich selbst hat, kann das Leben nicht der Zweck des Menschen sein. Es gibt keine allgemeinen Regeln, die uns helfen, eine Verletzung unsere Würde zu verhindern, weil sich die Ziele und Mittel des eigenen Lebens immer wieder verändern. Ähnliches gilt für den Zusammenhang zwischen der Freiheit, Sicherheit und Würde. Das Leben gehört so wie die Arbeit oder die Freiheit und vieles andere mehr zum menschlichen Dasein, macht es nicht zum Selbstzweck. Der innere Wert der Würde hat für das Leben eine indirekte Bedeutung: Kein menschliches Leben ist schützenswerter als ein anderes. Kein Leben verdient einen höheren oder geringeren Schutz als ein anderes. Dennoch sind die Leben der Menschen nicht gleichwertig, und sie können nicht gleich geschützt werden.

Diese Ungleichheit ist ein Problem, das uns unter allen Bedrohungen schmerzlich bewusst wird. Einerseits ist die Ungleichheit des Lebens der Menschen eine biophysische Tatsache. Andererseits sollen die Menschen vor dem Gesetz und als Staatsbürger gleich sein und die gleichen Rechte haben. Es gibt eine Gleichheitslücke, die Probleme macht. Die Gleichheit des inneren Werts der Würde ist keine Gleichheit im biophysischen Sinn. Das physische Leben kann durch Behinderung, Krankheiten und Unglück gezeichnet sein. Wenn niemand dafür verantwortlich ist, verstößt alles dies nicht gegen die Würde. Behinderungen, Krankheiten und Unglück instrumentalisieren die Menschen nicht, auch wenn sie ihr Leben verletzen oder verletzlich machen. Unrecht und Gewalt instrumentalisieren und verletzen die Menschen. Dafür sind andere Menschen verantwortlich. Vor diesen Verletzungen sollen die Menschen geschützt werden.

Wenn die Pflicht, das Leben jedes Menschen zu schützen, von der Verankerung in der Würde gelöst wird, sind die Kriterien der Pflichterfüllung beliebig und selbst dann moralisch fragwürdig, wenn sie erfolgreich sind. Der gleiche innere Wert der Würde wird durch den ungleichen Lebensschutz verletzt, wenn die Würde nicht der Maßstab des Schutzes ist. Der erfolgreiche Schutz für die Einen kann für die Anderen Schutzlosigkeit bedeuten. Die Tatsache, dass es nicht möglich ist, das Leben aller Menschen gleich zu schützen, rechtfertigt nicht die Schutzlosigkeit im Einzelfall.

Kant verbindet den inneren Wert der Würde mit dem äußeren Wert des Lebens in dem Imperativ, jede Person als Selbstzweck zu achten und »niemals bloß als Mittel« zu gebrauchen. Es ist nicht generell unmoralisch, sich und andere als Mittel zu gebrauchen. Auch die Ärztin und der Arzt sind – wenn man so will – Mittel der Lebensrettung; sie setzen sich mit ihrem Wissen und ihrer Erfahrung als Mittel ein. Sie instrumentalisieren sich dabei aber nicht. Nur der ausschließliche Gebrauch einer Person als Mittel verletzt ihre Würde. In diese Gefahr führt die Knappheit der Mittel des Lebensschutzes. Es geht nicht nur um äußere medizinische Mittel. Auch die Knappheit des Personals in Kliniken kann zu deren Instrumentalisierung führen, wenn ihre Kräfte überfordert werden.

Unter Bedingungen der Knappheit müssen die Erfolgsaussichten des Lebensschutz für jede Person beurteilt werden. Aber wie? Darf das Alter, das Geschlecht, die Lebensführung, der soziale Status dabei eine Rolle spielen? Wenn die Hilfe für mehrere Personen gleich dringend ist, die Mittel aber nur für wenige reichen, drängen sich Vergleiche zwischen den Personen nach ihrem Alter und Geschlecht, nach ihren Lebensumständen und Lebensaussichten auf. Ist es gerecht, die Jüngeren gegenüber den Älteren oder umgekehrt die älteren gegenüber den Jüngeren zu bevorzugen? Wem soll zuerst geholfen werden? Wer am meisten gefährdet ist, dem soll geholfen werden. Diese Maxime scheint offensichtlich zu gelten und alle anderen Fragen überflüssig zu machen.

Vergleiche nach Alter, Geschlecht und Status von Personen missachten die gleiche Würde. Dies gilt für alle Entscheidungen über Leben und Tod, die nicht ausschließlich auf einer sorgfältigen medizinischen Diagnose beruhen. Nur dieser Vergleich verletzt die Würde nicht. Die Diagnosen sollten zeigen, wie bedroht das Leben ist und ob der Tod verhindert werden kann. Das Verbot der Instrumentalisierung und Diskriminierung, das aus der Würde folgt, können wir als Imperativ des Lebensschutzes so formulieren:

Es steht keinem Menschen zu, eine Entscheidung zu treffen, die den Tod eines anderen zur Folge hat oder in Kauf nimmt.

Gegen diesen Imperativ mag jemand einwenden, dass die gleiche Achtung der Würde es nicht rechtfertige, die unterschiedlichen

Bedürfnisse zu ignorieren, die mit dem Schutz des Lebens von Personen in Abhängigkeit von ihrem Alter, Geschlecht und Status verbunden sind. Wäre es nicht ungerecht, die bedürftigeren Jüngeren so wie die weniger bedürftigen Älteren zu behandeln, weil damit die größere Bedürftigkeit ignoriert würde? Würde der Imperativ des Lebensschutzes nicht das Mitgefühl mit den Bedürftigeren verletzen?

Wenn es um eine gerechte Verteilung von teilbaren Gütern wie Nahrung und Geld geht, um etwa Hungrigen zu helfen, Satten aber nicht, sind solche Überlegungen gerechtfertigt. Weder die Würde eines Menschen noch sein Leben sind aber teilbare Güter wie Nahrung und Geld. Deswegen sind Argumente, die für eine gerechte Verteilung teilbarer Güter taugen, keine Grundlage für moralisch gerechtfertigte Entscheidungen, die den Tod von Menschen zur Folge haben, nur weil sie in den Augen mancher als weniger bedürftig gelten.

Entscheidend ist, dass die gleiche Achtung der Würde dazu verpflichtet, keine Entscheidungen zu treffen, die den Tod dritter zur Folge haben oder in Kauf nehmen. Es bleibt dabei, diejenigen, die am meisten gefährdet sind, sollen als erste behandelt werden. Die Dringlichkeit der Hilfe ist das am nächsten liegende Kriterium ihres Einsatzes. Wenn die Mittel knapp sind, wenn es zu wenige Intensivstationen zur Behandlung von Kranken gibt, hat die Dringlichkeit der Hilfe eine besondere Bedeutung. Niemand wird dies in Frage stellen. Unklar ist aber die ethische Bedeutung der Dringlichkeit.

Wenn Entscheidungen über den Lebensschutz unter dem Würdeanspruch nicht von Wertvergleichen zwischen Personen abhängig gemacht werden dürfen, kann die Dringlichkeit zum Problem werden. Denn ›dringlich‹ bedeutet immer auch ›dringlicher‹, enthält einen Vergleich, in unserem Fall einen Vergleich zwischen besonders Bedürftigen und weniger Bedürftigen. Wenn unklar ist, worauf sich die Dringlichkeit genau bezieht, ist sie ein ethisches Problem und nicht die Lösung des Problems. Die Dringlichkeit sollte rein diagnostisch verstanden werden. Es sollte immer um einen medizinischen Sachverhalt gehen. Wenn unmittelbar Lebensgefahr droht, ist die Hilfe am dringlichsten.

Ein spitzfindiger Ethiker könnte nun daran zweifeln, dass dies so sein soll. Denn die Dringlichkeit bezieht sich auf eine natürliche

Tatsache, in diesem Fall auf eine medizinische Diagnose. Normatives darf aber nicht aus natürlichen Tatsachen abgeleitet werden, wird der Ethiker zu bedenken geben. Aus ›ist‹ folgt kein ›soll‹. Wer dennoch so argumentiert, begeht nach dem Urteil jenes Ethikers mit der Folgerung einen naturalistischen Irrtum.

Es handelt sich aber nicht um einen naturalistischen Irrtum, weil es um keine Folgerung geht. Das, was zu tun ist, damit ein Mensch nicht stirbt, wissen Medizinerinnen und Mediziner. Dieses Wissen ist nicht Ergebnis einer ethischen Folgerung, sondern Fachwissen und Erfahrung. Das medizinisch Gebotene folgt nicht aus ethischen Argumenten. Wenn sich die Dringlichkeit der Hilfe allein auf das, was im Notfall zu tun ist, bezieht, gibt es das Problem, das der Ethiker zu bedenken gibt, nicht.

Was soll aber getan werden, wenn die Hilfe für mehrere Personen gleich dringlich ist, die Mittel aber knapp sind und nur für wenige reichen? Dann ist ein Vergleich unausweichlich. Gibt es konkret überhaupt eine ›gleiche Dringlichkeit‹ oder nur abstrakt? Die Vermutung, dass es sie nur abstrakt gibt, liegt nahe, aber ausgeschlossen ist eine gleiche Dringlichkeit nicht. Die gleiche Dringlichkeit bei knappen Mitteln ist aber nicht das einzige offene Problem. Es kommt vor allem bei der Organtransplantation, weniger in einer Pandemie, noch ein weiteres Problem hinzu, ob nämlich der therapeutische Erfolg oder die Dringlichkeit der Hilfe letztlich medizinisch entscheiden sollte. Der Erfolg bemisst sich nach den künftigen Lebensaussichten und der Lebensqualität, während sich die Dringlichkeit auf die kurzfristig wirksame Lebensrettung unabhängig von dem therapeutischen Erfolg bezieht. Die Kriterien der Dringlichkeit und des Erfolgs können sich ergänzen; sie können sich aber auch widersprechen und sich wechselseitig ausschließen. Was ist dann zu tun?

Es könnte erwogen werden, dass bei gleicher Dringlichkeit der Lebensrettung die Erfolgsaussichten entscheiden sollten. Dann würde das medizinische Kriterium des Erfolgs das der Dringlichkeit ersetzen. Die ethischen Probleme sind damit aber nicht gelöst. Auf diese Weise können quasi durch die Hintertür doch Vergleiche ins Spiel kommen, die gegen den gleichen Anspruch auf Würde verstoßen, weil sie diskriminierend sein können. Die besseren Lebensaussichten in Pandemien haben eher die Jüngeren, während die Älteren durch Vorerkrankungen besonders gefährdet sind. Es ist zunächst eine medizinische, keine ethische Frage, welche Patientinnen und Patienten die besseren Lebensaussichten haben. Es ist nicht ausgeschlossen, dass es mehrere einander widersprechende medizinische Antworten auf diese Frage gibt.

Es bleibt aber klar, dass diejenigen, die gerettet werden können, auch gerettet werden sollten. Diese Klarheit macht unter Bedingungen der Knappheit die Frage nach den Erfolgsaussichten des Einsatzes medizinischer Mittel nicht gegenstandslos. In jedem Fall müssen Ärztinnen und Ärzte entscheiden, bei wem die knappen Mittel eingesetzt werden und bei wem nicht. Sie führen damit weder den Tod herbei, noch nehmen sie ihn in Kauf. Sie verletzen den Lebensschutz-Imperativ nicht. Der Imperativ hilft nicht darüber zu entscheiden, wer gerettet werden soll und wer nicht gerettet werden kann. Die Ärzte müssen ihrer Verantwortung für den Lebensschutz dennoch gerecht werden. Sie haben dabei keine ethische Rückversicherung. Es gibt keine letzte ethische Instanz, die helfen würde, schwere Entscheidungen wenigstens nachträglich zu rechtfertigen. Unumstritten wird keine Entscheidung sein, bei der die Mittel knapp sind und die Dringlichkeit der Hilfe und der therapeutische Erfolg berücksichtigt werden.

Wenn es keine allgemein gültige Begründung für das gibt, was getan werden soll, aber dennoch entschieden werden muss, ist eine Grenze der Ethik erreicht. Dies ist so, wenn nur wenige gerettet werden können. Der Hinweis auf das Sollens-Prinzip, dass Sollen immer Können einschließt, begründet keine Entscheidung. Das Prinzip kann eher bei einer Ausflucht dienen. Ärzte und Ärztinnen müssen jenseits der Grenze allgemeiner ethischer Verpflichtungen dennoch verantwortlich entscheiden. Es gibt keine glatten, vorgefertigten Lösungen, wenn es um Leben und Tod geht. Das bedeutet aber nicht, dass Ärzte und Ärztinnen im moralischen Niemandsland agieren. Sie müssen jede Entscheidung vor sich selbst rechtfertigen können. Unter Umständen müssen sie vor Gericht ihren moralischen Notstand darlegen können.

Das Sterben ist nur abstrakt ein allgemeines Phänomen, konkret geht es immer um den Tod einzelner Menschen. Der Lebensschutz-Imperativ hat nicht nur die eine Bedeutung, dass niemand eine Entscheidung treffen soll, die zum Tod eines Menschen führt. Er

enthält indirekt auch den Anspruch jedes Sterbenden, von niemandem zum Sterben verurteilt und beim Sterben nicht allein gelassen
zu werden. Dieser Anspruch kann auch dann erfüllt werden, wenn
es keine Rettung mehr gibt.

AUTONOMIE

Das Wort ›Autonomie‹ wird ähnlich inflationär wie das Wort ›Ethik‹ gebraucht. Es ist von ›Patientenautonomie‹ oder von ›autonomem Fahren‹ die Rede, immer verbunden mit der Suggestion, dass Autonomie ein besonders hoher Freiheitsanspruch ist. Das ›autonome Fahren‹ werden wir anders als die Patientenautonomie hier nur streifen. Mit der Autonomie von Patienten ist ›Selbstbestimmung‹ gemeint. Sie sollen selbst bestimmen, ob sie einer Therapie zustimmen wollen oder nicht. Wenn sie dies wollen oder nicht wollen, werden sie gebeten, ihren Willen mit ihrer Unterschrift zu bestätigen. Es ist im positiven Fall von ›informierter Zustimmung‹ die Rede. Die Patienten willigen mit der Unterschrift in eine Therapie ein oder nicht. Die Unterschrift gilt als Nachweis ihrer Autonomie. Wenn die Unterschrift tatsächlich als Nachweis ihrer Autonomie gelten kann, muss ihr eine selbstbestimmte Willensbildung zugrunde liegen. Die Willensbildung sollte selbstbestimmt sein und dementsprechend auch die Unterschrift. Aufgrund dieser Forderung hat die Willensbildung auch eine moralische Bedeutung.

Die Willensbildung selbst ist aber keine Frage der Moral, sondern des medizinischen Verständnisses einer Therapie und ihrer Erfolgsaussichten. Patienten haben selten ein hinreichendes medizinisches Wissen, um den Erfolg einer Therapie beurteilen zu können. Ihre Urteilskraft ist überfordert, wenn sie dieses Wissen nicht haben, aber dennoch zustimmen sollen. Deswegen sollen sie über die Therapie aufgeklärt werden. Sie sollen die Risiken und Erfolgsaussichten der Therapie verstehen. Mit dieser Aufklärung erfüllen Ärzte eine Informationspflicht. Sie entlasten sich von rechtlichen Ansprüchen, die Patienten später an sie richten könnten, wenn sie dieser Pflicht nicht nachgekommen wären. Es handelt sich also nicht nur um eine moralische, sondern auch um eine rechtliche Pflicht. Es ist wünschenswert, aber letztlich nicht entscheidend, ob sie auch aus moralischen Gründen erfüllt wurde.

Moralisch verbindlich ist die medizinische Aufklärung, weil Patienten zu keiner Therapie gezwungen werden dürfen. Die Zustimmung soll zwangsfrei sein, und dies ist sie nur, wenn ihr eine hinreichende und angemessene Willensbildung zugrunde liegt. Die Kenntnis der Risiken ermöglicht die Beurteilung einer Therapie, und das Urteil ist die Voraussetzung der eigenen, selbstbestimmten Entscheidung der Patienten für oder gegen die Therapie. Die Erfüllung des moralischen Anspruchs einer autonomen Entscheidung hat kognitive Voraussetzungen. Da diese nur begrenzt erfüllt werden können, kann die Entscheidung auch nicht autonom in einem anspruchsvollen Sinn sein.

Damit eine Entscheidung autonom in einem anspruchsvollen Sinn ist, muss sie frei sein. Was dies bedeutet, haben wir bereits gesehen. Wir können an dieser Stelle auf einen bisher nicht diskutierten Anspruch des Freiheitsgedankens hinweisen, den Kant in der *Kritik der reinen Vernunft* beschreibt. Dort sagt er, Freiheit sei das »Vermögen, einen Zustand *von selbst* anzufangen« (III, 363). Er meint damit keinen physischen, sondern einen geistigen Zustand. Das erklärt er wenig später, wenn er sagt, dass die Handlung, etwas von selbst anzufangen, in kausalen Zusammenhängen nicht zu erwarten ist (369). Die Handlung, um die es ihm geht, ist eine innere, geistige. Sie ist die Achtung vor dem selbstbestimmten Moralgesetz. Kants Gedankengang folgt dem erwähnten Dualismus von Natur und Freiheit. Dieser Dualismus soll hier nicht Thema sein. Es geht nur um die Bedeutung der Autonomie.

Die Frage, ob sich eine Person in einem anspruchsvollen Sinn frei und autonom entscheiden kann, beantwortet Kant mit ihrem Verhältnis zum Moralgesetz. Ähnlich wie eben am Beispiel der Würde können wir überlegen, in welchem moralischen Raum sich Patienten autonom für oder gegen eine Therapie entscheiden können. Dazu sind Maximen nötig, aus denen dann Gesetze gemacht werden können. Denkbar wären die Maximen ›Entscheide dich nur für die Therapie, die dein Leben schützt und Heilung verspricht‹ und ›Entscheide dich nur für die Therapie, die dich nicht instrumentalisiert‹. Offensichtlich können beide Maximen nur allgemein wie Gesetze gelten, wenn es möglich ist zu wissen, ob eine Therapie tatsächlich das Leben schützt und den Patienten nicht für medizinische oder ökonomische Zwecke instrumentalisiert. Beides ist nicht ausgeschlossen. Ob eine Therapie Leben schützt und Heilung verspricht, ist Erfahrungswissen, dem Patienten vertrauen können sollten. Das Gebot der Nicht-Instrumentalisierung bedeutet nicht, dass medizinische oder ökonomische Zwecke völlig ausgeschlossen sind. In Krankenhäusern herrschen Knappheitsbedingungen. Deswegen kann das Gebot nur bedeuten, dass jene Zwecke dem Zweck der Heilung untergeordnet sind.

Wenn Maximen, wie die eben genannten, wie Gesetze gelten, gibt es den moralischen Raum, in dem sich Patienten für oder gegen eine Therapie autonom entscheiden können. Wenn es diesen moralischen Raum nicht gibt, ist die Patientenautonomie keine moralisch anspruchsvolle Autonomie im Sinne Kants. Wir dürfen davon ausgehen, dass die Aufklärung über Therapien in Krankenhäusern den moralischen Raum autonomer Patientenentscheidungen nicht thematisiert. Deswegen ist die Bedeutung des Wortes ›autonom‹ im Zusammenhang mit der Patientenautonomie moralisch weniger anspruchsvoll. ›Autonom‹ bedeutet dann nur so viel wie ›selbst‹ oder ›eigen‹. Es ist die eigene Entscheidung eines Patienten, die er selbst trifft. Mehr ist damit nicht gemeint, wenn der moralische Raum der eigenen Entscheidung nicht geklärt wird. Immerhin setzt die Autonomie der Patienten deren eigene Urteile voraus, die sie sich nach der Aufklärung über die Therapie zu eigen machen. Wenn es – im Sinne Kants – keinen inneren moralischen Wert der Zustimmung zu einer Therapie und ihren Risiken gibt, ist die Zustimmung moralisch unbestimmt. Dann geht es primär um den Marktwert der Zustimmung unter den Bedingungen der Knappheit medizinischer Ressourcen und um den rechtlichen Schutz vor Schadensansprüchen.

Beim ›autonomen Fahren‹ ist selbst der minimale Wortsinn der ›Autonomie‹ nicht mehr gegeben. Das Fahrzeug, das autonom fährt, bewegt sich unabhängig von der Mitwirkung seiner Insassen, gelenkt von algorithmischen Programmen der Informationsverarbeitung. Die Insassen bestimmen das Ziel der Fahrt zwar selbst, sie fahren aber nicht selbst und können selbst kaum oder gar nicht korrigierend auf die Bewegungen des Fahrzeugs einwirken. Für dessen Bewegungen und alles, was von ihnen verursacht wird, können sie keine Verantwortung haben. Die Nutzung eines solchen Fahrzeugs ist im personalen Sinn nicht selbstbestimmt, nicht autonom und moralisch nicht verantwortbar. Wie die rechtliche Verantwortung, die Haftpflicht, für die Nutzung eines solchen Fahrzeugs geregelt werden kann, ist unklar.

Die rechtliche Verantwortung ist das Eine, die moralische das Andere. Beide Verantwortungen können von Fall zu Fall zusammenhängen, sind aber auch dann nicht identisch. Freiheit, Selbstbestimmung und Autonomie sind für beide Arten der Verantwortung vorausgesetzt, allerdings mit unterschiedlichen Ansprüchen und Folgen. Die Willensfreiheit gilt im weitesten Sinn als Bedingung für Verantwortung und Schuld. Sie hat aber, wie Bettina Walde (2020) zeigt, eine normative und keine physische oder metaphysische Bedeutung. Dies gilt für beide Arten der Verantwortung.

Die rechtliche Verantwortung bezieht sich auf Schäden und das Risiko von Schäden, die einer individuellen oder juristischen Person ursächlich zugeschrieben werden können. Die Verantwortung z. B. eines Fahrzeughalters für sein Fahrzeug ist auf indirekte Weise auch mit moralischen Ansprüchen und Pflichten verbunden. Sie spielen eine Rolle, wenn er z. B. die Fahrtüchtigkeit seines Fahrzeugs vernachlässigt hat und anderen daraus ein Schaden entstand oder wenn er mit seinem Fahrzeug in trunkenem Zustand oder unter Drogen einen Schaden verursachte. Diese Verantwortung ist primär retrospektiv und dann erst vorausschauend und moralisch zu beurteilen. Ihren eigenen Lebenswandel verantwortet eine Person insgesamt rechtlich und moralisch, ob sie dies will oder nicht.

Rechtlich kann eine Person auch mitverantwortlich für etwas sein, was eine andere Person tat, etwa als Halter des Fahrzeugs, mit dem jene andere Person einen Unfall verursachte. Die moralische Verantwortung für die Fahrtüchtigkeit des eigenen Fahrzeugs und für die Trunkenheit kann als Verstoß gegen Pflichten verstanden werden, die eine Person gegen sich selbst und anderen gegenüber hat und damit auch als Missbrauch der eigenen Freiheit und als mangelnde Selbstbestimmung. Diese Verstöße können informell vor Gericht eine Rolle spielen, sind aber rechtlich nicht entscheidend, weil sie schwer greifbar sind und weil moralische Pflichten keine Rechtspflichten sind.

Die moralische Verantwortung setzt Freiheit, Selbstbestimmung und Autonomie in einem anspruchsvollen Sinn voraus. Sie bezieht sich sowohl auf das, was eine Person tat, als auch auf das, was in Zukunft daraus entstehen kann und was sie tun wird. Es kann allerdings fraglich sein, ob eine Person in einem bestimmten Zusammenhang frei war, etwas zu tun oder zu unterlassen. Psychische Erkrankungen oder akute Schmerzen und Zustände der Angst oder Verzweiflung können die Handlungs-, aber auch die Willensfreiheit einer Person stark einschränken oder unmöglich machen. Diese Freiheiten beziehen sich auf die Zukunft, auf das, was eine Person tun wird. Wenn diese Freiheiten gefährdet sind, ist die Person selbst gefährdet. Dann sollten andere Personen die Verantwortung für jene Person wahrnehmen. Dies tun Ärztinnen und Ärzte in Krankenhäusern und in psychiatrischen Kliniken. Sie tragen Sorge für die Gesundheit ihrer Patienten, vor allem jener, die nicht oder nicht mehr für das eigene Tun verantwortlich sind oder sein können. Diese Sorge bezieht sich sowohl auf das gegenwärtige als auch auf das zukünftige Leben. Sie ist Ausdruck dafür, dass sich die moralische Verantwortung auf alle Zeiträume bezieht, in denen Menschen etwas wollen, beabsichtigen und tun. Das Sollen ist zeitunabhängig gültig. Es ist auch raumunabhängig gültig, weil es sich auf alle Räume bezieht, in denen wir leben und uns bewegen.

Die Sorge ist mehr als Fürsorge. Sie ist eine Lebensstimmung, ein Ausdruck unserer Sittlichkeit und Moralfähigkeit. Sie ist eine Grundlage von Sitte und Ethik, und damit ist sie Ausdruck unseres Verhältnisses zum Leben, zu unserer Freiheit, zu den Anderen, zur Natur und zur Zukunft von alledem. Die Sorge kann uns auch erdrücken und krank machen. Sie charakterisiert unser Dasein, seine Licht- und Schattenseiten. Sie ist mehr als ein ethischer Begriff. Sie ist eine Befindlichkeit und eine Haltung. Die Sorge motiviert uns, leitet unsere Zuwendung zu den Anderen, unsere Anteilnahme an ihrem Leben, unsere Beziehung zu den Eigenen, der eigenen Familie, den Nachbarn und Freunden und zu den Fremden. Das, worum wir uns sorgen, zeigt, wer wir sind. Die Sorge liegt der moralischen Verantwortung zugrunde. Sie liegt auch einer Verantwortung zugrunde, die jenseits der Grenze der Ethik liegt, wie wir noch sehen werden.

Die Sorge ist zunächst begrenzt auf das, wofür wir Sorge tragen können. Sie bezieht sich auf das, was uns nahe ist, und reicht so weit, wie unser Handeln reichen kann. Wir dürfen aber nicht meinen, dass die wahrnehmbare räumliche Nähe die Grenze der Sorge ist. Unser Handeln kann viel weiter reichen, als wir sehen können. Die Sorge um die Natur und um die Umwelt reicht weit über den sichtbaren Raum hinaus und betrifft das Ganze der Natur und Lebenswelt. Auch die Sorge um den Schutz des menschlichen Lebens ist nicht auf die eigene Sichtweite begrenzt. Wir können z. B. als Organspender dafür eintreten, dass möglichst viele Menschen trotz der Knappheit der verfügbaren Spenderorgane mit einer Transplantation gerettet werden. Wir können auf Konsumgüter verzichten, deren Transport aus anderen Kontinenten der Umwelt schadet. Dieses Verhalten mag nichts, was wir wahrnehmen können, ändern. Wirkungslos ist es aber nicht, wenn viele die Sorge um Natur und Umwelt teilen.

Die rechtliche Verantwortung ist anderer Art. Sie ist eine Rechenschaftspflicht, die sich auf Vergangenes bezieht. Sie ist, wenn es um die Verantwortung für Schäden geht, vor allem, aber nicht nur, retrospektiver Natur. Selbst die rechtliche Verantwortung für Risiken, die in Kauf genommen oder nicht beachtet wurden, bezieht sich zunächst auf Vergangenes und dann erst auf Künftiges. Es muss erst ein Schaden entstanden sein oder unmittelbar drohen, bevor die rechtliche Verantwortung dafür einklagbar wird. Die moralische Verantwortung ist dagegen immer auch mit dem sorgenden Blick auf das, was kommen kann, verbunden. Beide Arten der Verantwortung sind mit Überlegungen verbunden, die zeigen, wer wir sind: ›Worum sollte ich mich sorgen?‹ ›Wofür trage ich Sorge?‹ und ›Was wäre, wenn ich sorglos etwas tun (unterlassen) würde, was (nicht) geschehen sollte?‹. Die rechtliche Verantwortung kann eine Person an eine andere delegieren, die moralische nicht. Die eigene Sorge ist unübertragbar, weil sie nur meine eigene ist und nur meine eigene sein kann. Sie ist mit meinem Leben und meinem Dasein unauflöslich verbunden.

Eng verbunden sind die rechtliche und moralische Verantwortung, wenn es darum geht, Leben zu retten. Dies muss aber auch möglich sein, d. h. Personen müssen dies auch tun können. Ärztinnen und Ärzte können Leben retten und sind dazu auch verpflichtet. Sie tragen beide Arten der Verantwortung für die Rettung von Leben. Weil sie über die medizinische Kompetenz, Leben zu retten, verfügen, haben sie in jedem konkreten Fall, in dem es darum geht, einen Menschen vor dem Tod zu bewahren, eine Garantenstellung. Sie können rechtlich dafür zur Verantwortung gezogen werden, wenn sie dieser Pflicht nicht nachkommen. Medizinische Laien haben diese Pflicht nicht, können aber dennoch in moralischer Hinsicht verantwortlich für die Rettung von Leben sein, wenn sie dies auch können. Ein guter Schwimmer ist moralisch, vielleicht sogar rechtlich dafür verantwortlich, einem Ertrinkenden zu helfen. Er hat zwar keine Garantenstellung, aber die Pflicht, Hilfe zu leisten. Wenn er dies kann und dennoch nicht tut, kann er wegen unterlassener Hilfeleistung auch rechtlich zur Verantwortung gezogen werden. Die Garantenstellung leitet sich nicht nur von der ärztlichen Kompetenz ab, sondern auch vom Lebensschutz und indirekt auch vom Tötungsverbot.

Schwierig wird es, der moralischen und rechtlichen Verantwortung nachzukommen, wenn Menschen sterben wollen. Niemand ist verpflichtet, sein eigenes Leben unter allen Umständen zu erhalten. Der Freitod ist von jeder Person selbst rechtlich verantwortbar. Niemand macht sich für den Versuch dazu strafbar, jedenfalls nicht nach unserem Recht. Die moralische Verantwortung ist dagegen – wie wir an Kants Kritik an den Maximen der Selbstliebe sehen – umstritten. Zu einem kategorischen Imperativ erweitern können wir die Maxime ›Beende dein Leben, wenn es unerträglich geworden ist und keine Aussicht auf Heilung besteht‹ nicht. Dies liegt aber nicht an der Maxime, sondern daran, dass die Maxime nur für mich selbst und niemanden sonst gelten kann. Sie kann und soll gar nicht verallgemeinerbar sein. Die allgemeine Ethik hat hier eine Grenze.

Wir müssen uns also nicht entscheiden, ob es sich um eine Maxime der Selbstliebe handelt oder nicht. Es kommt darauf an, ob ich mit meinem Sterbewunsch für mich und meine Angehörigen Sorge trage oder nicht. Wenn ich gemeinsam mit ihnen und meiner Ärztin erkenne, dass mein Leben aufgrund meiner Schmerzen unerträglich geworden ist und keine Aussicht auf Heilung besteht, entspricht mein Sterbewunsch der Sorge um mich und meine Angehörigen. Ich kann diesen Wunsch dann sittlich verantworten.

Mit den Angehörigen, meiner Ärztin, engen Freunden und vielleicht auch einem Geistlichen werde ich über diesen Wunsch sprechen, weil ihr Verständnis mir moralische Sicherheit gibt. Meine Familie und meine Freunde würden es als Vertrauensbruch empfinden, wenn ich ihnen meinen Sterbewunsch vorenthalten und mich einfach davonmachen würde, ohne mich zu verabschieden.

Der Wunsch zu sterben ist das Eine, das Sterben selbst das Andere. Solange ich selbst ein tödliches Medikament nehmen und schlucken kann, muss mir niemand dabei helfen. Es muss mir auch kein Angehöriger oder meine Ärztin helfen. Ich werde sie allerdings um Hilfe bei der Auswahl und Beschaffung des Medikaments bitten. Sie leistet mir dann Hilfe bei meinem Sterben. Wenn ich das Medikament aber nicht mehr selbst nehmen kann, weil ich gelähmt bin, wird es schwierig. Darf meine Ärztin mir dann das Medikament reichen oder sogar verabreichen, oder macht sie sich damit strafbar?

Bis November 2015 machte sie sich nicht strafbar, wenn sie mir bis dahin das Medikament gereicht hätte. Nur selbst verabreichen hätte sie es mir nicht dürfen, weil dies eine – verbotene – Tötung auf Verlangen gewesen wäre. Die bloße Hilfe (Assistenz) beim Sterben ohne Täterschaft war nicht strafbar, weil auch der Freitod selbst nicht strafbar war. Er ist es immer noch nicht, und die Hilfe ist es eigentlich auch nicht. Der Deutsche Bundestag hat in jenem November 2015 ein Gesetz verabschiedet, das die geschäftsmäßige Förderung der Selbsttötung unter Strafe stellt. Solange meine Ärztin nur mir helfen wollte und ihre Hilfe nicht geschäftsmäßig war, sie sie also nicht bei anderen sterbewilligen Patienten wiederholte, sollte sie straffrei bleiben. Die Frage war, ab wann ihre Hilfe ›geschäftsmäßig‹ sein würde, d. h. wie vielen Patienten sie beim Sterben helfen durfte, ohne mit dem Strafgesetz in Konflikt zu geraten. Anstelle von Klarheit beim assistierten Suizid hat der Gesetzgeber mit dem Gesetz (§ 217 StGB) eine »unkalkulierbare Rechtsunsicherheit« (Jochen Taupitz 2017) geschaffen.

Dieses Gesetz hat das Bundesverfassungsgericht am 26. Februar 2020 aufgehoben. In den Leitsätzen zu diesem Urteil heißt es, dass das »allgemeine Persönlichkeitsrecht« als »Ausdruck persönlicher Autonomie ein Recht auf selbstbestimmtes Sterben« einschließe. Die Freiheit, sich das Leben zu nehmen und dabei die Hilfe Dritter zu suchen, wird in den Leitsätzen betont. Von unheilbaren Erkrankungen verbunden mit unerträglichen Schmerzen und qualvollem Sterben ist in den Leitsätzen nicht die Rede. Das von vielen als selbstverständlich angenommene Motiv des assistierten Suizids, den Zeitpunkt des Sterbens selbst festzulegen, um unerträgliches Leiden zu beenden, fehlt. Das Motiv, sich selbst zu töten und dabei Hilfe in Anspruch zu nehmen, ist offen und bleibt jedem Einzelnen selbst überlassen, weil es sein Persönlichkeitsrecht ist, sich das Leben zu nehmen. Die moralische Neutralität staatlichen Rechts gegenüber dem individuellen Sterbewunsch ist Ausdruck liberaler Rechtspolitik. Damit stellen sich aber auch eine Fülle von moralischen und rechtlichen Fragen, die künftig auf verbindliche und überzeugende Weise zu beantworten sind.

Das Verfassungsgericht hat den Autonomieanspruch, der in den beiden ersten Artikeln der Verfassung enthalten ist, geklärt. Dieser Anspruch darf durch kein Gesetz eingeschränkt werden, deswegen ist der § 217 StGB aus dem Jahre 2015 hinfällig. Es kann auch niemand durch ein Gesetz verpflichtet werden, seine Autonomie zu respektieren und sich das Leben unabhängig von einem unausweichlichen, übermächtigen Grund nicht zu nehmen. Bettina Schöne-Seifert untersucht die damit aufgeworfenen Fragen: wie mit der Möglichkeit absichtlichen Sterbens ohne schwerste Krankheit, präventiv zur Vermeidung von Hinfälligkeit und schwerer Demenz, umgegangen werden kann. Sie vertritt die These, dass freiverantwortliche Suizide moralisch und rechtlich zulässig sind zur Abkürzung der Qualen einer letzten Lebensphase bei schwerer Krankheit, um einer Demenzerkrankung zuvorzukommen, aber auch dann, wenn das Altern als »allzu belastend und mühsam« empfunden wird (2020, 3). Ihre Untersuchung zeigt, dass alle Bereiche der Hilfe beim und zum Sterben miteinander verbunden sind und nur künstlich getrennt werden können.

Das Urteil des Verfassungsgerichts vom Februar 2020 löste eine gewisse Verunsicherung aus. Unsicherheit stiftet das Urteil aber nur, wenn dem Autonomieanspruch, den das Urteil stärkt, keine Pflichten gegenüberstehen, die diesen Anspruch begrenzen und vor Willkür schützen. Wenn mit der Autonomie keine Pflichten verbunden wären, wäre der Anspruch darauf eine kaum beherrschbare, geschweige denn moralisch verantwortbare Gefahr für das

Leben, nicht nur das eigene. Jeder könnte dann mit seinem Leben umgehen, wie es ihm gefällt. Von dieser Beliebigkeit ist der Weg nicht weit zu einem ebenfalls beliebigen, verantwortungslosen Umgang mit dem Leben anderer.

In moralischer Hinsicht dürfen wir mit unserem Leben nicht umgehen, wie wir wollen. Sorge für sein eigenes Leben und das Leben anderer zu tragen und jedem, dessen Leben gefährdet ist zu helfen, integriert den Autonomieanspruch in unser Leben. Es erwachsen daraus Pflichten, die von diesem Anspruch nicht direkt begründet werden. Es sind keine Rechtspflichten, d. h. wir können nicht rechtlich belangt oder gar bestraft werden, wenn wir sie nicht einhalten. Sie wären aber auch keine ethischen Pflichten, wenn die Ethik mit dem Autonomie-Anspruch als bloßem Persönlichkeitsrecht enden würde. Es gäbe dann kein moralisches Argument gegen den willkürlich gewählten Freitod, unabhängig von einer aussichtslosen Lebenslage, unerträglichen Schmerzen und aus bloßem Lebensüberdruss.

Wenn wir uns als Wesen verstehen, die für ihr eigenes Leben und das Leben anderer Sorge tragen, erkennen wir die Pflichten, die mit dem Autonomieanspruch verbunden sind. Wir verstehen den Anspruch dann im Rahmen unseres menschlichen Selbstverständnisses. Unter dieser Voraussetzung erkennen wir, dass wir mit dem Autonomieanspruch Pflichten haben. Pflichten sind Ansprüche in moralischen Räumen, die wir mit Kants Kategorischem Imperativ bestimmen können. Erinnern wir uns, Kant bestimmt die Würde als inneren Wert, als eine Denkungsart, die einen moralischen Raum mit Kategorischen Imperativen bestimmt. Wir müssen uns für die Bestimmung dieser Imperative Maximen überlegen. Eine Maxime ist der Respekt vor der Würde der Person: ›Respektiere die Würde deiner eigenen Person und der Person jedes anderen‹. Wir können diese Maxime verallgemeinern und als Kategorischen Imperativ verstehen. Er entspricht Kants Selbstzweck-Gedanken.

Kant sagt, der Mensch existiere als Selbstzweck und dies sei »die oberste einschränkende Bedingung der Freiheit der Handlungen jedes Menschen« (IV, 431). Der Selbstzweck-Gedanke und alle Kategorischen Imperative, die ihm entsprechen, grenzen die moralischen Räume ein. Kant geht nicht weiter auf die Art und die Folgen der Grenzziehung durch den Selbstzweck-Gedanken ein. Wir führen seinen Gedanken fort und überlegen, wie der Selbstzweck-Gedanke der Freiheit Grenzen setzt. Er setzt unserer Freiheit Grenzen, indem er uns verpflichtet, Sorge für die eigene Person und die Person jedes anderen zu tragen. Diese Sorge schließt indirekt die Sorge um das eigene Leben ein. Wir dürfen uns nicht selbst instrumentalisieren. Dies bedeutet, dass wir uns nicht aus Überdruss das Leben nehmen dürfen.

Für den Kategorischen Imperativ gilt das, was für alle Begründungen moralischen Handelns durch ethische Theorien gilt. Auch der Kategorische Imperativ motiviert uns nicht selbst zu einem Handeln, selbst wenn wir seine Verbindlichkeit einsehen. Kein Imperativ verursacht unser Handeln unmittelbar, auch nicht der kategorische, den wir uns selbst als Moralgesetz auferlegen. Die Selbstgesetzgebung bleibt ethische Theorie und kann erst in Verbindung mit der Sorge das, was wir tun, motivieren. Wenn wir uns als Wesen verstehen, die für sich und andere Sorge tragen, erkennen wir nicht nur die Verbindlichkeit des Imperativs, die Würde der eigenen Person und der Person jedes anderen zu respektieren, wir handeln auch danach. Die Sorge lässt uns erkennen, worauf wir unsere Aufmerksamkeit richten und wem wir uns auf mitfühlende Weise zuwenden sollen.

Pflichten bleiben abstrakt, wenn wir sie in der moralischen Praxis nicht mit uns selbst als sorgende Wesen verbinden. Wir müssen erkennen, wo und wie unsere Sorge vonnöten ist und wir gefordert sind. Die Pflicht, die eigene Person und damit auch das eigene Leben zu respektieren, ist nicht die einzige, die dem Autonomieanspruch eine moralisch verantwortbare Grenze setzt. Meine Autonomie als Persönlichkeitsrecht endet beim Persönlichkeitsrecht jedes Anderen. Deswegen darf ich niemanden töten, niemanden verletzen, verleumden und erniedrigen, niemanden quälen und berauben, niemandes Freiheit einschränken, niemanden versklaven und niemandem auf andere Weise schaden.

Die Pflichten, die aus der Sorge erwachsen und dem Selbstzweck-Gedanken entsprechen, schränken den Autonomieanspruch ein, schützen ihn vor Willkür. Es ist aber nicht klar, wie weit oder eng die Grenzen der Autonomie durch die Pflichten mir selbst gegenüber tatsächlich sind. Mich selbst zu überfordern, mein Leben mit gefährlichen Sportarten aufs Spiel zu setzen, nach allem Möglichen süchtig zu werden, Drogen zu nehmen, mich auf beliebige andere Weisen zu gefährden und mich so allmählich selbst zu töten, gehört alles zu meinem Autonomieanspruch als Persönlichkeitsrecht. Offensichtlich kann dieser Anspruch auf die eben erwähnten Weisen nicht nur moralisch fragwürdig, sondern töricht, gefährlich und zu einem amoralischen Anspruch der Sorglosigkeit und Selbstzerstörung werden.

Genau dies ist aber widersinnig, weil der Autonomieanspruch eine ethische Grundforderung ist, die außerdem – über den Würde-Schutz – Verfassungsrang hat. Diese Grundforderung kann sich aber gegen sich selbst verkehren und selbstzerstörerisch werden, wenn wir den Anspruch nicht durch die Sorge für uns und andere in unser Leben integrieren. Dasselbe trifft auf die Freiheit zu, die ohnehin nicht von der Autonomie zu trennen ist. Es gibt eine Lücke zwischen der moralischen und der rechtlich garantierten Autonomie, die offen für Willkür ist. Deswegen kann der Autonomieanspruch zu einem moralischen Problem werden, das nur wir selbst – ebenfalls autonom – lösen können. Unsere Autonomie setzt unsere Sorge voraus und ist erst dann eine Grundlage unserer Selbstverantwortung. Wir sind verpflichtet, uns und unser Dasein selbst zu verantworten.

Mit der Selbstverantwortung als Pflicht gegen uns selbst können wir uns vor einem Missbrauch des Autonomieanspruchs und einem Missbrauch der Freiheit schützen. Was nützen aber Argumente, wenn wir ihre Verbindlichkeit nicht einsehen? Ethische Theorien können moralisches Handeln begründen, aber nicht motivieren. Das Motiv, den Missbrauch der Autonomie und Freiheit zu verhindern, kann nur aus der eigenen Sittlichkeit stammen, aus der Sorge um die eigene Person und um die Anderen. Diese Sorge schützt uns davor, unsere Freiheit zu missbrauchen, weil dies lebensverachtend und selbstgefährdend wäre. Wir können die eben erwähnte Lücke mit unserer Sittlichkeit, mit der Sorge um unser Dasein schließen. Die Sorge ist selbst keine Pflicht, sondern die sittliche Grundlage meiner Pflichten mir und den Anderen, aber auch der Natur und der Umwelt gegenüber.

NATUR UND UMWELT

Eben ging es um den Unterschied zwischen rechtlicher und moralischer Verantwortung. Die rechtliche bezieht sich primär auf Vergangenes, Gegenwärtiges und indirekt auf Zukünftiges, die moralische auf die Gegenwart des Vergangenen, Gegenwärtigen und Zukünftigen. Die Grundlage der moralischen Verantwortung ist die Sorge um sich, um das eigene Leben und das Leben der Anderen und mit den Anderen, um die Natur, um die Kultur und die Lebenswelt und nicht zuletzt um das Recht und die Politik. Unsere Sittlichkeit zeigt sich in dieser Sorge. Sie ist Ausdruck unser Sorge.

Wenn wir uns tatsächlich um all das sorgen, was zu unserem Leben gehört, können rechtliche und moralische Verantwortung zwar voneinander unterschieden werden, aber nicht getrennt sein. Die Sorge um die Lebenswelt, um die Natur, um Politik und Recht und um das Soziale zerfällt nicht in verschiedene Arten der Sittlichkeit. Die Sittlichkeit ist nur eine in verschiedenen Gestalten in den unterschiedlichen moralischen Räumen, so wie die Sorge nur eine in unterschiedlichen Gestalten ist. Wenn es sich nicht gehört, schwarz zu fahren, nicht auf Kosten anderer zu leben und niemanden zu übervorteilen, niemandes Vertrauen zu missbrauchen, nicht unehrlich zu sein und nicht zu lügen, niemanden herabzusetzen und zu verletzten, sondern die Anderen wie sich selbst zu respektieren, zeigt sich dies in allem, was wir tun. Es zeigt sich auch in unserem Verhalten der Natur und der Umwelt gegenüber.

Wenn ich ein Leben auf Kosten meiner eigenen Natur und meiner Gesundheit und auf Kosten anderer führe, werde ich mich ebenso der äußeren Natur und der Umwelt gegenüber verhalten. Ich werde alles zu meinem Vorteil ausnutzen, koste es, was es wolle. Es kommt dann nicht darauf an, ob ich Rechtspflichten oder moralische Pflichten verletze. Ich lebe sorglos und unsittlich und verursache mit meiner Rücksichtslosigkeit überall Schäden, nicht zuletzt auch Leiden, in meiner Nähe ebenso wie weiter entfernt. Es ist misslich, dass die Folgen der sorglosen Unsittlichkeit erst dann geahndet werden, wenn nachweisbare, quantifizierbare Schäden entstanden sind. Die Unsittlichkeit ist wirksamer als das Recht.

Oft sind die Schäden nicht quantifizierbar, weil sie gar nicht absehbar sind. Dazu gehören vor allem die Schäden, die ein Leben ohne Rücksicht auf Natur und Umwelt verursacht. Es kommt dann nicht mehr darauf an, ob moralische oder rechtliche Verantwortungen verletzt wurden, weil diese Schäden irreparabel sind. Die Schäden, die in vielen Jahrzehnten verursacht wurden, summieren sich zum Artensterben, zur Klimaveränderung, zu einer Verknappung des Trinkwassers und zur Verunreinigung der Atemluft. Während individuell verursachte und zurechenbare Schäden in vielen Ländern rechtlich verfolgt und bestraft werden, ist dies bei Schädigungen der Natur und der Umwelt sehr viel schwieriger. Misslich ist, dass diese Schädigungen nur geahndet werden können, wenn es dafür rechtliche Grundlagen gibt. Das Umweltrecht ist überall unzureichend, nicht nur weil es die Verursacher schont, sondern weil es zu spät kommt.

Nicht weniger misslich als diese nicht wieder gut zu machende Verspätung ist die fehlende Einsicht, dass das schuldhafte Verhalten die sittliche Verantwortung verletzt und dann erst moralisch und rechtlich verantwortungslos ist. Es geht darum einzusehen, dass sich das, was wir – mit den eben erwähnten Folgen – tun, einfach nicht gehört, dass es schändlich, gedankenlos und unverzeihlich ist, völlig unabhängig davon, ob jemand dafür bestraft oder getadelt werden kann. Die sittliche Verantwortung ist umfassend und nicht nach Recht oder Ethik getrennt. Die Verletzung jeder Art von Verantwortung zeigt einen Mangel an Sittlichkeit. Es kommt nicht darauf an, ob es sich um Pflichten gegen sich selbst oder gegen andere handelt. Es kommt auch nicht darauf an, ob es sich um die Verletzung von Rechtspflichten handelt. Der Mangel an Sittlichkeit liegt allen diesen Verletzungen zugrunde. Der Mangel an Sittlichkeit ist ein Mangel an Menschlichkeit.

Diese Klage trifft nicht überall auf Unverständnis. Die Suche nach Maßstäben einer ethischen Beurteilung der von Menschen verursachten Schäden in Natur und Umwelt zeigt, dass es ein kritisches Bewusstsein dafür gibt. Die Verletzung der sittlichen Verantwortung kann aber nicht eingeklagt werden. Selbst dort, wo die moralische Verantwortung für Zerstörungen offensichtlich ist, wie bei Schäden für die Ozeane, die durch Ölbohrungen entstanden« sind, ist deren rechtliche Verfolgung schwierig, wenn nicht aussichtslos. Auch die Maßstäbe der moralischen Beurteilung der Verantwortung für die Zerstörung von Natur und Umwelt ist schwierig. Sie ist häufig direkt oder indirekt von dem Interesse begleitet, einzelne Personen von dieser Verantwortung zu entlasten.

Wenn wir kein Interesse an der sittlichen Verantwortung haben und von einer unvermeidbaren menschlich verursachten, allmählichen Zerstörung der Natur ausgehen, kommt es darauf an, die Erlaubnis für eine begrenzte Zerstörung zu begründen. Diesem Kalkül folgen Ethiker, die dafür plädieren, wenigstens die leidensfähigen Arten vor der Vernichtung zu schützen (Pathozentrismus). Dieses Denken folgt mehr oder weniger bewusst dem Interesse der Selbst-Entschuldung für Schäden, die wir anrichten. Einem ähnlichen Interesse folgen Ethiker, denen es darum geht, ein Mindestmaß der biologischen Grundlagen des Lebens zu schützen (Biozentrismus). Alle diese Argumentationen sind globale Entschuldungen für unvermeidbar scheinende Zerstörungen der Natur. Keine dieser Argumentationen kann ihre eigenen Voraussetzungen überzeugend klären. Denn es ist nicht klar, welche Lebewesen leidensfähig oder nicht leidensfähig sind, und es ist ebenso unklar, welche biologischen Grundlagen des Lebens auf unserem Planeten verzichtbar und unverzichtbar für das Leben der Arten insgesamt sind. Die Nahrungskette kann nicht nach Belieben an Stellen unterbrochen werden (z. B. am Plankton), an denen wir Menschen kein Interesse haben, ohne dass viele Arten gefährdet sind.

Die einzige ethische Position, die sich auf solche aussichtslosen Argumentationen nicht einlässt, ist die holistische. Es ist die Ethik, die diesen Namen verdient, weil es ihr um den Schutz des Ganzen der Natur und nicht nur für Teile geht, die für uns Menschen interessant scheinen. Der Holismus geht davon aus, dass die Natur einen Eigenwert hat und deswegen geschützt werden muss (Martin Gorke 2010). Die Verpflichtungen gegenüber »Mensch, Luchs, Birke, Granit, Gletscher«, so Gorke, »beinhalten neben einem Kern von Gemeinsamkeiten auch höchst Unterschiedliches« (69). Gefährliche Bakterien und Viren sollen natürlich bekämpft werden. Ansonsten hat der Mensch aber nicht das Recht, Arten auszurotten, selbst wenn sie ihm – wie die Mücken – lästig sind.

Der konsequente Schutz der Wildnis und der Arten lässt sich nicht von einer anthropozentrischen Position, die den Menschen in den Mittelpunkt stellt, ableiten. Auch anthropomorphe Argumente für den Schutz bestimmter Arten oder Landschaften, die schön sind und der Erholung dienen, sind nicht zielführend. Zerstörerische menschliche Eingriffe sollen rückgängig gemacht werden. Arten sollen vor dem Aussterben bewahrt werden. Der Mensch soll so wenig wie möglich in die Eigendynamik der Natur eingreifen. Dies sind einige der Forderungen des Holismus. Genetische Manipulationen zur Steigerung von Ernteerträgen verbieten sich ebenso wie alle Arten von Eingriffen, die sich nicht mehr rückgängig machen lassen.

Die sittliche Verantwortung für das Leben künftiger Generationen verträgt keine Halbheiten und kein unentschlossenes Verhalten den jetzt bereits erkennbaren Risiken gegenüber. Wenn wir jetzt wissen, welche Schäden jetzt und in Zukunft das Leben der Menschen und die ganze Natur gefährden, sind wir verpflichtet, jetzt zu handeln. Wir haben die sittliche Pflicht zu wissen und kein Recht auf Nichtwissen. Ein Recht auf Nichtwissen haben wir nur, wenn es um die Risiken geht, die allein uns selbst als Individuen drohen und nicht vermeidbar sind. Es können gesundheitliche Risiken sein, die durch genetische Dispositionen drohen und gegen die es keine medizinischen Mittel gibt. Auch in diesem Fall haben wir aber nur ein Recht auf Nichtwissen, wenn niemand außer uns selbst von den Risiken betroffen ist. Wenn wir mit anderen Menschen zusammenleben und die anderen auf uns angewiesen sind, haben wir auch in solchen Fällen kein Recht auf Nichtwissen, sondern die sittliche Pflicht zu wissen.

Nehmen wir die eben gestellte Frage nach der Pflicht zu wissen noch einmal auf. Wir wollen wissen, wie weit die sittliche Pflicht zu wissen reicht, wer alles von Risiken etwas wissen soll, die zuallererst einen selbst betreffen. In medizinischer und rechtlicher Hinsicht ist dies eine Frage des Datenschutzes. Die eigenen Angehörigen und die Ärzte sollen wissen, wie es gesundheitlich um einen steht, aber sonst niemand. Beim Schutz der Privatheit von Daten geht es nicht nur um die Wahrung von Geheimnissen, sondern um den Schutz vor Ausbeutung, Instrumentalisierung und Bloßstellung. Dieser Schutz ist durch das Internet gefährdet, vielleicht sogar technisch unmöglich. Es genügt nicht, wenn gesundheitliche Daten anonymisiert werden. Sie können unter gewissen Umständen zurückverfolgt werden (Cosima Vossenkuhl 2013). Außerdem verbessern sich die Möglichkeiten der Sammlung von Daten im Internet durch Künstliche Intelligenz in atemraubender Geschwindigkeit. Die Algorithmen verbessern sich ständig und attackieren automatisch beliebige Datenträger, um sie auszuforschen oder zu manipulieren. Wenn jemand ein Medikament im Internet bestellt, ist sein Bedarf danach nicht mehr privat, und er ist nicht mehr davor geschützt, mit alternativen Angeboten überschüttet zu werden.

Diese Verletzung der Privatheit mag man für harmlos halten. Weniger harmlos ist die Verletzung der Privatheit durch Bloßstellung und Bedrohung im Internet. Noch ist dieser Missbrauch des Netzes im Schutz der Anonymität möglich. Es hat Jahrhunderte gedauert, bis die körperliche und seelische Integrität und das Leben jeder Person durch Gesetze geschützt werden konnten. Das Internet und dessen anonymisierter Missbrauch gefährden diesen Fortschritt an Humanität beim Schutz der Privatheit von Personen. Die Gesetzgeber sollten Abhilfe schaffen und den Schutz der Person zumindest in rechtlicher Hinsicht erneut sichern. Für viele kommt der Schutz bis dahin zu spät.

Es mutet wie eine Verkehrung der Verhältnisse an, dass die Privatheit der Person heute vor der Öffentlichkeit geschützt werden muss. Denn historisch konnte der Schutz der Person nur durch die Öffentlichkeit des Rechts gesichert werden. ›Öffentlichkeit‹ hat mehrere Bedeutungen, eine demoskopische, politische und soziale und eine rechtliche und moralische. In Meinungsumfragen wird eine Menge von Personen befragt, die repräsentativ für die politische und soziale Öffentlichkeit sind. Die Öffentlichkeit, vor der die Privatheit von Personen heute geschützt werden sollte, ist nicht diese demoskopisch erfassbare, sondern die Menge an Menschen, die mit Hilfe der elektronischen Medien ungefragt ihre Meinung kundtun. Unter dem Schutz der Meinungsfreiheit äußern sie ihre Wut und ihren Hass auf anders Denkende und alles Missliebige. Sie verletzen die Integrität derer, gegen die sie ihren Hass richten. Sie missbrauchen die Meinungsfreiheit unter dem Schutz der Anonymität und richten einen Schaden an, für den sie selbst nicht aufkommen und für den sie selten belangt werden.

Die rechtliche und moralische Öffentlichkeit ist dagegen ein Prinzip, Kant nennt es ›Publizität‹. Es ist das Prinzip, dass jede Person prinzipiell durch die Öffentlichkeit des Rechts geschützt wird (VIII, 381–386). Die Publizität versteht Kant als Verbindung der Moral mit dem Recht. Die Verbindung zwischen beidem ist die Gerechtigkeit. Sie könne, wie er sagt, »nur als *öffentlich kundbar* gedacht werden« (381). Rechtsverhältnisse sind nur dann gerecht, wenn sie dem Prinzip der Publizität genügen. Dies ist, wie Kants Diskussion des Weltbürgerrechts und des Völkerrechts zeigt, nicht ganz so einfach, wie es klingt. Die Verbindung zwischen Politik und Moral schließt eine Reihe von Pflichten ein, etwa die »Menschenliebe« als bedingte und die »Achtung fürs *Recht* der Menschen« als unbedingte Pflicht. Die Publizität der Maximen, die diesen Pflichten zugrunde liegen, soll die »Hinterlist einer lichtscheuen Politik« (386) vereiteln.

Die Publizität ist sein Kernanspruch an die Aufklärung. Darüber denkt er mehr als ein Jahrzehnt vor der Schrift *Zum ewigen Frieden* und damit auch noch vor der Französischen Revolution nach. In dieser früheren Phase seines politischen Denkens ist er optimistisch. Im Aufsatz »Was ist Aufklärung?« (1784) unterscheidet Kant zwischen dem privaten und dem öffentlichen Vernunftgebrauch. Der öffentliche Gebrauch der Vernunft müsse »jederzeit frei sein« (VIII, 37). Der Fortschritt der Aufklärung hängt, wie er glaubt, vom freien öffentlichen Vernunftgebrauch ab. Im Grunde bedeutet ›Aufklärung‹ für ihn nichts anderes als der öffentliche Vernunftgebrauch, den der Gelehrte »vor dem ganzen Publikum der *Leserwelt* macht« (ebd.). Der private Vernunftgebrauch ist dagegen mit dem Amt, das eine Person bekleidet, verbunden. Der Beamte mag räsonieren, hat aber das zu tun, was er in seinem Amt tun muss.

Kant verehrt zwar Friedrich den Großen, denkt aber kosmopolitisch und versteht die Leserschaft eines Gelehrten als »Weltbürgergesellschaft« (ebd.). An sie wendet sich der Gelehrte mit seinen Schriften, in denen er von seiner Vernunft einen freien Gebrauch macht. In diesen Schriften kann er auch kritisieren, was politisch nicht in Frage gestellt werden darf. Der Bürger soll gehorchen und seine Pflichten an dem Ort erfüllen, an dem er steht. Kant will – vor allem nach den Erfahrungen der Französischen Revolution – keine politische Revolte, weil sie »im höchsten Grade unrecht« (382) wäre, wie er in »Zum ewigen Frieden« (1795/96) sagt. Er will aber die moralische Revolution der Denkart. Er stellt sich die Aufklärung als einen Prozess vor, in dem sich die sozialen und politischen Verhältnisse durch die Revolution der Denkart jedes Einzelnen langsam zum Besseren wandeln. Der Gelehrte kritisiert ungerechte Verhältnisse, etwa die Lehren von Religionen, welche die Menschen auch mit Hilfe der »Geschäftsträger der Kirche« unmündig machen.

Das Prinzip der Publizität bei der Verabschiedung eines Gesetzes verbindet Kant mit der einfachen Frage, »ob ein Volk sich selbst wohl ein solches Gesetz auferlegen könnte« (39). Der Mensch dürfe die Aufklärung nicht zu Lasten künftiger Generationen aufschieben, weil damit »die heiligen Rechte der Menschheit« verletzt würden. Was ein Volk nicht über sich beschließen dürfe, das dürfe ein Monarch noch weniger, sagt er dann. In diesen aufklärerischen Gedanken steckt viel – vorrevolutionäre – Dynamik, die Kant für nötig hält, wenn sich die bürgerliche Ordnung wirklich verbessern soll. Es geht heute nicht mehr um die Macht des Monarchen, aber um die Macht von parlamentarischen Mehrheiten, die mit Kants Prinzip der Publizität kontrolliert werden kann. Denn auch die Mehrheiten können mit Gesetzen die »heiligen Rechte der Menschheit« (39) verletzen. Wenn die Testfrage gestellt wird, ob das Volk sich ein solches Gesetz auferlegen könnte, kommen wir in Verlegenheit. Denn eigentlich sollten parlamentarische Mehrheiten ja das Volk repräsentieren.

Kant empfiehlt nicht das Mehrheitsprinzip, weil eine Mehrheit kein moralisches Kriterium und deswegen auch politisch in seinen Augen untauglich ist. Er fordert die Orientierung der Politik an der Moral. In dem Text »Zum ewigen Frieden« sagt Kant, die »wahre Politik« könne keinen Schritt tun, »ohne vorher der Moral gehuldigt zu haben«, und er fährt fort: »und obzwar Politik für sich eine schwere Kunst ist, so ist doch die Vereinigung derselben mit der Moral gar keine Kunst; denn diese haut den Knoten entzwei, den jene nicht aufzulösen vermag, sobald beide einander widerstreiten.« (380)

Politische Parteien kannte Kant nicht, deswegen ist sein Bild der Politik ein anderes als unser heutiges. Parteien haben ihre eigenen Moralen, und wenn sie denen huldigen, wird kein Widerstreit zwischen Politik und Moral aufgelöst, eher das Gegenteil. Es gibt aber Moralen jenseits der parteipolitisch orientierten, und sie sind Beispiele, die an Kants Bild erinnern. Wenn es etwa um Fragen geht, die den Anfang und das Ende des Lebens betreffen, sollten – dem Neutralitätsgebot parlamentarischer Entscheidungen entsprechend, die die Wohlfahrt des Staats betreffen – parteipolitische Moralen keine Rolle spielen. Die Moral, die bereits dem menschlichen Embryo die Schutzbedürftigkeit zubilligt, die Personen genießen, löst mit einem Schlag den Widerstreit zwischen Politik und Moral zugunsten der Moral. Über die Frage, ob diese Lösung gut ist, können wir streiten, weil jene Entscheidung im moralischen Raum umstritten ist. Wer Embryonen einen Würdeanspruch zubilligt, kann sich nicht auf Kants Würde-Konzept berufen, weil es sich nicht direkt auf die biophysische Existenz von Menschen bezieht. Eine indirekte Verletzung der Würde durch Instrumentalisierung könnte – mit Kant – nur dann behauptet werden, wenn Embryonen existierende Selbstzwecke und Personen wären. Der Streit über die Weite oder Enge der moralischen Räume ist unvermeidlich, weil die Frage, was die menschliche Person ist, wann ihre Existenz beginnt und endet, offen ist.

Eine Grenze ist in einem abstrakt-hermetischen Sinn das Äußerste von etwas. Jenseits einer solchen Grenze würde es nichts von dem geben, was es innerhalb gibt. So eine Grenze trennt vielleicht das Diesseits vom Jenseits oder die Zeit von der Ewigkeit. Wir können nichts jenseits einer hermetischen Grenze erkennen, weil nichts dem ähnlich wäre, was es im Diesseits gibt. Über eine Grenze dieser Art können wir nicht wirklich nachdenken, weil wir dafür immer Vergleichbares und Ähnliches benötigen. Eine Grenze der Ethik kann deswegen nicht hermetisch verstanden werden. Sie muss notgedrungen durchlässig sein, damit wir über das, was diesseits und jenseits der Grenze ist, nachdenken können. Es kommt dann darauf an herauszufinden, wo eine Grenze zwischen Vergleichbarem liegt. Es kommt uns zugute, dass wir über moralische Räume nachdenken, weil wir uns räumliche Grenzen gut vorstellen können.

Wenn die Maßstäbe einer Ethik vom Anfang bis zum Ende des Lebens jedes Menschen und für das Ganze der menschlichen Lebensverhältnisse einschließlich der Natur hier und überall gelten sollen, dürfen sie innerhalb dieses Ganzen keine Grenze haben. Dies bedeutet, dass innerhalb dieses Ganzen kein Maßstab begrenzt sein darf und es kein moralisches Problem gibt, für dessen Lösung ethische Maßstäbe nicht gelten. Der moralische Raum einer Ethik soll die gleiche Ausdehnung wie das individuelle und kollektive menschliche Leben und die Natur haben. Dies ist zwar ein virtueller Raum, aber die Probleme, die gelöst werden sollen, sind nicht virtuell, sondern konkret. Wenn sie konkret sind, verlassen wir notgedrungen den einheitlichen virtuellen Raum.

Es gibt konkrete Probleme, die nur begrenzt theoretisch innerhalb des einen moralischen Raums lösbar sind. Ein solches Problem ist der Suizid. Die Autonomie, die verfassungsrechtlich garantiert ist, soll – wie das Verfassungsgericht im Frühjahr 2020 entschieden hat – als Persönlichkeitsrecht verstanden werden. Es schließt das

Recht ein, sein eigenes Leben gewaltsam zu beenden. Dieses Recht gilt für alle Erwachsenen und nicht nur für Menschen mit unerträglichen Schmerzen und einer infausten Prognose. Es genügt, dass einem das Leben unerträglich erscheint. Sich aus Überdruss das Leben zu nehmen, ist aber nicht zu verantworten, wenn wir die Autonomie ethisch und nicht nur als Persönlichkeitsrecht verstehen. Dann verbinden wir mit ihr Pflichten uns selbst gegenüber. Diese Autonomie setzt der rechtlichen eine Grenze. Wir können diese Grenze innerhalb des ganzen moralischen Raums ziehen. Das Problem des Suizids ist mit dem Maßstab der moralischen Selbstbestimmung innerhalb der Grenzen der Ethik lösbar. Jenseits der Grenze der Ethik liegen aber die individuellen Motive, die eine Person zu dieser äußersten Entscheidung treiben, sich das Leben zu nehmen. Sie sind nicht nach allgemein geltenden ethischen Maßstäben zu beurteilen.

Auch das Problem, das Leben von Menschen zu schützen und zu retten, wenn die medizinischen Mittel dafür knapp sind, kann nur begrenzt innerhalb des einen, theoretischen, virtuellen moralischen Raums gelöst werden. Der Imperativ des Lebensschutzes entscheidet nicht, wer gerettet werden soll. Ärztinnen und Ärzte müssen dann jenseits der Grenze der Ethik ohne ethische Rückversicherung ihre Entscheidung verantworten.

Gut vorstellbar sind die Grenzen sittlicher Räume, weil sie real sind. Sie haben kulturelle und damit auch geographische Grenzen. Es kommt bei diesen Räumen darauf an, wen oder was sie wovon abgrenzen. Die Grenzen sittlicher Räume können sowohl schützen als auch behindern. Gute Zäune können, wie ein englisches Sprichwort sagt, für gute Nachbarn sorgen, aber wenn sie jeden gegen jeden anderen abschotten, sind sie schlecht. Stabile staatliche Grenzen fördern die gute Nachbarschaft, wenn sich der eine Staat nicht in die Angelegenheiten des anderen einmischt. Wenn dieselben Grenzen die Kommunikation und den Verkehr der Waren und Dienstleistungen und die Zusammenarbeit der Menschen behindern, sind sie schlecht.

Ähnlich ist es mit den Grenzen der sittlichen Räume, die es zwischen unterschiedlichen Kulturen gibt. Die Nichteinmischung in die kulturellen Angelegenheiten der Anderen dient dem Frieden. Dies bedeutet aber nicht, dass wir das, was wir für Unrecht jenseits der Grenze halten, nicht auch in einem grenzüberschreitenden Diskurs zum Thema machen sollten. Ähnliches trifft für Grenzen sittlicher Räume in der eigenen Kultur zu. Wenn klar ist, wer wann was zu tun hat, wenn also die Grenzen der Verantwortung, der Pflichten und der Freiheiten zwischen den Personen klar sind und eingehalten werden, tut dies dem sozialen Ganzen gut. Wenn dieselben Grenzen aber den Egoismus fördern, die Menschen isolieren und niemand sich um den Anderen kümmert, auch wenn er Hilfe braucht, sind sie schlecht. So können die Grenzen der sittlichen Räume aus der Vogelperspektive aussehen. Diese Sicht ist grob und unrealistisch, weil sie feste Grenzen unterstellt, die es in sittlichen Räumen weder innerhalb einer Kultur noch zwischen Kulturen gibt.

Dieselben sittlichen Grenzen sehen für jeden Einzelnen anders aus. Sie verändern sich von Person zu Person. Es kommt darauf an, wie weit die Sorge und das Handeln des Einzelnen für sich und andere überhaupt reicht, wie wirkungsvoll jeder Einzelne mit dem, was er will und tut, sein kann. Diese sittliche Grenze variiert mit der Sorge, mit dem guten Willen, aber auch mit den Fähigkeiten, der Kraft und den Vermögen jedes Einzelnen. Was von den Einen erwartet und verlangt werden kann, überfordert die Anderen. Die realen sittlichen Räume haben im Wollen und Können der Menschen viele Grenzen.

Eine Ethik, die diese Unterschiede ignoriert und von allen entweder zu viel oder zu wenig fordert, kennt ihre Grenzen nicht und ist – in Nietzsches Worten – entweder eine Herren- oder eine Sklavenmoral (KSA V, 208 ff.). Beide Moralen taugen für keine Ethik, sind einem guten sozialen Leben abträglich und verhindern gerechte politische Verhältnisse. Nietzsches Polemik gegen das moralphilosophische Denken fordert uns auf, Stellung zu nehmen und – etwas pathetisch gesagt – über Macht und Ohnmacht der Ethik und ihre Grenzen nachzudenken. Der Frage, was eine Ethik zur Lösung der Konflikte in unserer Welt beitragen kann, können wir angesichts der Grenzen, um dies es nun geht, nicht ausweichen. Wenn dies so ist, kann es nicht mehr darum gehen, ob es sich um Grenzen der Ethik oder um Grenzen zwischen sittlichen Räumen handelt, weil das eine vom anderen nicht getrennt werden kann. Der Zweck einer Ethik ist es, Maßstäbe für das Ganze menschlicher Lebensverhältnisse einschließlich der Natur zu entwickeln. Wenn dieser Zweck aus politischen, wirtschaftlichen, kulturellen oder religiösen Gründen nicht erreicht werden kann, hat die Ethik Grenzen, die von den Grenzen zwischen sittlichen Räumen bestimmt werden. Dann ist der singuläre virtuelle Raum einer ethischen Theorie nur ein Gedankending, das nur innerhalb des eigenen sittlichen Raums ethischer Theoretiker und nirgendwo sonst real ist. Dann sind wir allein die Adressaten der Theorie. Wir sollten die Grenzen zwischen den realen sittlichen Räumen ernst nehmen und nicht in Theorien ignorieren, die diese Grenzen nicht kennen oder ausschließen.

Die Grenzen zwischen sittlichen Räumen haben für die Menschen in den verschiedenen kulturellen und geographischen Regionen der Welt sehr verschiedene Bedeutungen. Sie können über Leben und Sterben, über Wohlstand und Elend, Hunger und Krankheit entscheiden. Einige dieser Grenzen werden von den politischen, wirtschaftlichen und geographischen Verhältnissen bestimmt, andere von den allgemein verfügbaren Mitteln, mit denen die Ansprüche der Menschen befriedigt werden können oder könnten. Die Knappheit dieser Mittel ist – abstrakt gesehen – eines der Probleme. Unklar sind die Ursachen der Knappheit, ob es um planvolle, gewinnbringende Verknappung oder um unausweichliche Knappheit geht. Im einen Fall sind Menschen dafür verantwortlich, im anderen nicht.

Manche behaupten, dass es genug Nahrung und Lebensraum für alle Menschen dieser Erde gebe. Wie belastbar dies ist, zeigt der lebensbedrohliche Mangel an Trinkwasser in vielen Regionen. Beschwichtigende Behauptungen sind kein Trost für Menschen, die in den bevölkerungsreichsten Regionen der Welt keinen Zugang zu Trinkwasser haben und der Gefahr von Cholera ausgesetzt sind. Hungernde und Vertriebene, die nicht über die einfachsten Mittel zu leben verfügen, die rechtlos Willkür und Gewalt ausgesetzt sind, können auf kein anderes Leben hoffen. Die Grenze zwischen sicheren und gefährdeten Lebensverhältnissen kann durchaus geographisch und naturgegeben sein, wenn etwa Dürre und Wassermangel herrscht. Sie kann aber auch von wirtschaftlichen, politischen und staatlichen Akteuren bestimmt werden, die über die Machtmittel verfügen, die sie schamlos für sich selbst nutzen und andere ausbeuten. Frauen in Billiglohnländern arbeiten für einen Hungerlohn ohne soziale Absicherung, ohne Bildungschancen, ohne medizinische Versorgung. Wenn die Aufträge aus den Hochlohnländern ausbleiben, ist ihr Leben und das ihrer Familien bedroht.

Es ist die Aufgabe von Staaten, ihre Bürgerinnen und Bürger vor Gewalt und Ausbeutung zu schützen und ihre Rechte zu garantieren, vor allem ihr Recht, nicht getötet zu werden. Wenn Staaten ihre Verantwortung für die Sicherheit ihrer Bürger nicht wahrnehmen oder selbst Unrecht tun oder das Töten zulassen, existiert der moralische Raum nicht einmal in der Theorie. Dann sind auch der Lebensschutz-Imperativ und die Menschenrechte außer Kraft, und die Grenze zwischen Leben und Sterben ist der Willkür der Mächtigen ausgesetzt. Dann ist der Tod vieler Menschen, ihr Elend und ihre Verzweiflung unvermeidlich, obwohl eine gute und gerechte Politik und verantwortungsvolles Unternehmertum viele vor dem Tod bewahren könnten. In vielen Staaten nehmen diejenigen, die grenzüberschreitend politisch und wirtschaftlich entscheiden, den Tod anderer Menschen in Kauf, als ob er von Naturkatastrophen verursacht wäre. Tatsächlich sterben viele durch Naturkatastrophen, die vom menschengemachten Klimawandel verursacht werden. Die meisten dieser Opfer sterben in unterentwickelten Ländern, und selbst wenn ihr Tod in den Ländern voller Wohlstand Menschen zu Spenden bewegt, ändert sich die Lage derer, die noch leben, nicht. Auch in diesem Fall müssen wir davon ausgehen, dass wir indirekt den Tod durch Naturkatastrophen mitverursachen, weil wir eine Mitverantwortung für den Klimawandel haben.

Die Grenzen, um die es eben ging, sind Grenzen zwischen aktivem Töten und passivem Sterbenlassen. Diese Grenzen sind porös, weil das Sterbenlassen, das vermeidbar wäre, vom Töten kaum unterscheidbar ist. Das absichtliche Nichtstun ist im Ergebnis eine Entscheidung, die den Tod von anderen unausweichlich macht und letztlich bewirkt. Der Lebensschutz-Imperativ wird nicht nur ignoriert, sondern ist von vornherein bedeutungslos. Es ist aus der Ferne gesehen nicht klar, wem man daraus einen Vorwurf machen könnte. In der Nähe zum Geschehen wäre es möglich, Täter zu identifizieren, aber auch gefährlich, wie die Morde an Journalisten zeigen. Dabei sind Nähe und Ferne keine Gegensätze. Denn Nähe kann es auch als Wirksamkeit über weite Distanzen geben. Räumliche Nähe ist dafür nicht notwendig. Die sittlichen Räume können sich wechselseitig durchdringen. Für die direkte Wirksamkeit über weite Distanzen können politische und wirtschaftliche Akteure die Verantwortung von sich weisen, weil es zu viele, komplexe, sich wechselseitig verstärkende Ursachen für den Tod von Menschen gibt, von denen nur wenige auf die Entscheidung von Einzelnen zurückgeführt werden können. Der Verfall von Rohstoffpreisen, der Preisanstieg für Öl, die Spekulation mit Grundnahrungsmitteln sind in der jüngeren Vergangenheit die Ursachen für den Hungertod vieler Menschen in den ärmsten Regionen. Es lässt sich nicht nachweisen, dass irgendjemand dies wirklich gewollt hat, dennoch muss vielen Akteuren der ursächliche Zusammenhang klar gewesen sein.

Bei unmittelbarer räumlicher Nähe oder bei Wirksamkeit über weite Distanzen könnte es, wie Onora O'Neill erläutert, gerechtfertigt sein, andere zu töten, wenn sie z. B. Träger ansteckender tödlicher Krankheiten sind (2019, 27 ff.). Sie plädiert nicht für dieses Töten, sondern vertritt mit sehr großen Vorbehalten eine Art konsequentialistische Auffassung des Tötens, die von der gewöhnlichen abweicht. Sie argumentiert, dass wir auch töten, wenn wir »die Hungertoten nicht im Alleingang getötet haben«, sie »nicht unmittelbar getötet haben«, »nicht wissen, welche Menschen in Folge der von uns unterstützten Maßnahmen gegen den Hunger … sterben werden« und »nicht beabsichtigen, dass jemand vor Hunger stirbt« (45). All dies sei Resultat unseres Handelns, weil diese Menschen überlebt hätten, wenn wir anders gehandelt hätten. Dennoch sei es schwer, wo Hunger herrsche, »mit dem Finger auf die Verantwortlichen zu zeigen« (47). Außerdem könne dieses Töten gerechtfertigt erscheinen, wenn es »durch die Anzahl geretteter Leben« aufgewogen werde (41). Kann es ethisch gerechtfertigt sein, den Tod von Menschen zuzulassen, nicht zu verhindern oder sogar zu bewirken? Im Rahmen einer konsequentialistischen Ethik mag dieses Töten gerechtfertigt sein, wenn am Ende mehr Leben gerettet als getötet werden. In einer an Kant orientierten Ethik ist eine solche Abwägung zwischen Leben retten und Töten nicht möglich.

Wenn wir Onora O'Neills weite Auffassung des Tötens, das sie selbst nur zögernd beschreibt, ohne es zu rechtfertigen, akzeptieren, töten wir tatsächlich viele Menschen, die an Hunger sterben. Wir sind durch unser Nichtstun Mitverursacher ihres Todes. Ethisch oder rechtlich können wir dabei niemandem eine persönliche Verantwortung zuschreiben. Es gibt aber auch keine ethische Rechtfertigung für das eigene Nichtstun und noch viel weniger dafür, dass einige Menschen getötet werden, damit viele am Leben bleiben. In beiden Fällen wird die Grenze der Ethik überschritten; denn es gibt keine Maximen des Tötens, die sich ohne Widerspruch verallgemeinern lassen. Wir können uns zumindest keine Maxime des Tötens vorstellen, die in verallgemeinerter Form nicht unser eigenes Leben gefährden würde. Deswegen ist eine ethische Rechtfertigung des Tötens unter keinen Bedingungen möglich. Wenn das Töten dennoch für gerechtfertigt gehalten wird, dann aus Gründen, die außerhalb der sittlichen Räume und jenseits der Ethik liegen.

Was dies bedeuten kann, mag das folgende Beispiel zeigen, in dem es um Gründe für das Töten geht, die jenseits des moralischen Raums einer an Kant orientierten ethischen Theorie liegen. Nach der Zerstörung der sog. Twin-Towers in New York am 11. September 2001 durch Terroristen, denen tausende Menschen zum Opfer fielen, brachte der damalige deutsche Innenminister 2005 ein Gesetz ein, das Luftsicherheitsgesetz, das der Deutsche Bundestag auch verabschiedete. Es sollte die Streitkräfte ermächtigen, ein Flugzeug abzuschießen, mit dem Terroristen ähnlich wie in New York Menschen töten wollen. Dieses Gesetz verstieß nach dem Urteil des Bundesverfassungsgerichts gegen die Verfassung. In den Leitsätzen des Gerichts zum Urteil vom 15.2.2006 heißt es, das Gesetz sei »mit dem Recht auf Leben nach Art. 2 Abs. 2 Satz 1 GG in Verbindung mit der Menschenwürdegarantie des Art. 1 Abs. 1 GG nicht vereinbar, soweit davon tatunbeteiligte Menschen an Bord des Luftfahrzeugs betroffen werden« (1 BvR 357/05). Das Luftsicherheitsgesetz wurde für nichtig erklärt, weil das Grundgesetz eine Aufrechnung der Opfer im Flugzeug gegen gerettete Leben am Boden nicht zulässt. Das Problem, dessen Lösung das Luftsicherheitsgesetz sein sollte, wurde mit dem Urteil des Bundesverfassungsgerichts aber nicht wirklich gelöst. Es ist mit ethischen Begründungen, die nicht konsequentialistischer, utilitaristischer Natur sind, auch nicht lösbar.

Man stelle sich nun vor, was von den verantwortlichen Politikern im Falle einer solchen Bedrohung durch Terroristen trotz des aufgehobenen Gesetzes erwartet würde. Sie müssten eine politisch verantwortbare Entscheidung treffen, um das Schlimmste zu verhindern. Es wäre wohl politisch unverantwortlich, nichts zu tun und nicht zu versuchen, die Pläne der Terroristen zu durchkreuzen. Wenn der Befehl zum Abschuss eines Flugzeugs gegeben würde, wäre dies eine Entscheidung außerhalb des moralischen Raums einer an Kant orientierten Ethik. Jedenfalls könnte die Entscheidung weder ethisch noch rechtlich gerechtfertigt werden. Sie wäre politisch gleichwohl unumgänglich. Die politisch Verantwortlichen könnten sich kaum auf das ethische und rechtliche Verbot des Flugzeugabschusses berufen.

Damit ist aber keine generelle Ermächtigung staatlicher Organe verbunden, terroristische Bedrohungen mit Entscheidungen abzuwehren, die außerhalb des theoretischen moralischen Raums liegen. Der Einsatz von Drohnen zur Tötung von Personen, die als Terroristen gelten, unabhängig von dem, was sie tatsächlich tun und getan haben, ist ethisch nicht gerechtfertigt und kann wohl nur in seltenen Fällen damit gerechtfertigt werden, dass damit das Schlimmste verhindert wurde. Das Töten, das in keinem Verhältnis zur unmittelbaren Bedrohung steht, ist Willkür, motiviert den internationalen Terrorismus zusätzlich, über dessen eigene verwerfliche Ziele hinaus, und untergräbt das Vertrauen in die Demokratie und den Rechtsstaat.

Das Bundesverfassungsgericht hat mit seiner Entscheidung 2006 am Lebensschutz-Imperativ festgehalten und die Grenze der Ethik auch unter extremen Bedingungen gewahrt, weil es für das Töten keine ethische Rechtfertigung gibt. Wenn das Töten aber unumgänglich ist, kann es dafür nur Gründe außerhalb des theoretisch bestimmten moralischen Raums geben. Diese Gründe sollten aber im Rahmen der Sorge um das Leben der Menschen verantwortet werden können. Der Raum der Sorge ist unser Dasein, und dieser Raum enthält nicht nur die sittlichen Räume als ihre Teile, sondern reicht über sie hinaus. Beide Arten von Räumen haben nicht dieselben Grenzen. Wir sind durch unsere Sorge zuallererst unserem Dasein verpflichtet und dann dem, was ethisch geboten oder verboten ist. Unter der Bedingung der Sorge für das Dasein ist das Töten nicht willkürlich, obwohl es ethisch nicht zu rechtfertigen ist. Es kann zwar in einer an Kant orientierten Ethik keine

Rechtfertigung des Tötens geben. Dies ist aber nicht das letzte Wort zum Töten.

Grenzen von etwas sind davon das Äußerste. Sie haben zwei Seiten, ein Innerhalb und ein Außerhalb. Dies gilt auch für Grenzen der Ethik. Wenn es ein Außerhalb dieser Grenzen gibt, dann bedeutet dies nicht notwendig, dass es sich um eine Grenzverletzung und einen Verstoß gegen ethische Ansprüche handelt. Ausgeschlossen ist es aber nicht. Es gibt auch ein Außerhalb der Grenzen der Ethik, das den eigenen Tod verhindern hilft. Menschen, die im Elend leben, können ihr Überleben selten mit ethisch rechtfertigbaren Mitteln sichern. An sie aus der Ferne zu appellieren, moralisch zu handeln, ist ignorant, weltfremd und zynisch. Das Überleben auch mit unmoralischen Mitteln zu sichern, entspricht der Sorge dieser Menschen um ihr Leben und das ihrer Kinder. Wenn wir uns argumentativ innerhalb der Grenzen der Ethik bewegen, setzen wir ein Mindestmaß an Sicherheit und Schutz des Lebens und der Lebensverhältnisse voraus. Diese Voraussetzungen sind nicht überall auf der Welt erfüllt. Der internationale Terrorismus gefährdet die Sicherheit und den Schutz des Lebens überall, schafft damit weitere Not und Elend und nützt das Elend vieler in den ärmsten Ländern aus.

Auch jenseits der Grenzen der Ethik können unmoralische Mittel, das eigene Überleben zu sichern, ethisch nicht gerechtfertigt werden. Es wäre auch widersinnig, die Verletzung ethischer Standards ethisch zu rechtfertigen. Kant verteidigt deswegen konsequent die Grenze der Ethik quasi von innen nach außen. Er tut dies unnachsichtig, dabei aber erstaunlich dialektisch. Denn er gibt in der »Tugendlehre« seiner *Metaphysik der Sitten* einerseits zu, dass »Widerwärtigkeiten, Schmerz und Mangel ... große Versuchungen zur Übertretung seiner Pflicht« seien, andererseits sei es aber Pflicht, »seine eigene Glückseligkeit zu befördern« (VI, 388). Kant geht offenbar davon aus, dass die Förderung der eigenen Glückseligkeit immer ohne Übertretung seiner Pflicht möglich ist. Wenn »Widerwärtigkeiten, Schmerz und Mangel« aber nicht anders als durch »Übertretung seiner Pflicht« überwunden werden können, schließt die Pflicht zur Glückseligkeit genau diese Übertretung notgedrungen ein. Wer wirklich in Not ist, kann der Pflicht zur Glückseligkeit nicht anders gerecht werden.

Die Grenze der Ethik hat nicht nur eine Innenseite. Jenseits der Grenze der Ethik kann es sittlich gerechtfertigt sein, Nahrungsmittel zu stehlen, um zu überleben. Dennoch kann Diebstahl ethisch nicht gerechtfertigt werden. Im sog. Armutsstreit zwischen Franziskanern und Dominikanern im 14. Jahrhundert ging es auch um diesen Unterschied zwischen dem sittlich gerechtfertigten Diebstahl und dessen ethischem und rechtlichem Verbot. Der Diebstahl von lebensnotwendiger Nahrung, auch als ›Mundraub‹ bezeichnet, ist ein harmloses Beispiel dafür, dass die Grenzen der moralischen Räume auch ein Außerhalb haben und dass die Sorge um das eigene Leben keine andere Möglichkeit als dieses Außerhalb zulassen kann. Dann ist die Sicherung des Eigentums durch eine Ahndung des Diebstahls sittlich ungerecht. Wenn die Grenzen der moralischen Räume sittlich umstritten sind, kann die Forderung, sie einzuhalten, nicht gerecht sein, selbst dann nicht, wenn sie von Strafe bedroht ist. Auch Hungernde haben einen Anspruch auf Gerechtigkeit. Es ist jedenfalls ungerecht, sie als Diebe zu verurteilen, als hätten sie aus bloßer Habgier gehandelt und nicht um ihr Leben zu retten.

Der sittlich gerechtfertigte, aber ethisch und rechtlich verbotene Diebstahl zeigt, dass der moralische Raum des Eigentums Grenzen hat. Diese Grenzen existieren nicht nur in ethischen Theorien, sondern auch in der Rechtsprechung, aber nicht notwendig in der sittlichen Praxis. Die Notwehr ist ein Beispiel. Einen anderen zu töten, um zu überleben, kann zwar auch ethisch und rechtlich gerechtfertigt sein, wenn dies wirklich unvermeidlich, die Kräfteverhältnisse ähnlich und die Mittel der Selbstverteidigung angemessen sind. Wenn es um die Selbstbehauptung eines Staates gegen die Aggression eines anderen geht, töten auch die Soldaten des bedrohten Staates die des Angreifers. Nicht jede einzelne Tötung ist dabei unvermeidlich und nicht jede Tötung geschieht unbeabsichtigt und individuell aus Notwehr. Es ist dennoch sittlich gerechtfertigt, den Aggressor mit allen verfügbaren Mitteln zu bekämpfen und ihm, wo und wie immer es möglich ist, Schaden zuzufügen. Anders kann die Eroberung des eigenen Landes durch einen Aggressor nicht aufgehalten oder verhindert werden. Ein absolutes Tötungsverbot kann es, wie Wilfried Hinsch (2017, 162) argumentiert, nicht geben.

Militärisch ist es leichter als wirtschaftlich, einen Aggressor zu identifizieren. Es wäre auch nicht gerechtfertigt, jede Selbstbehauptung eines Unternehmens auf dem Markt seiner Produkte als ›Aggression‹ zu bezeichnen. Dennoch kann diese Selbstbehauptung unbeabsichtigt und unvermeidlich zum Tod von Menschen führen, wenn der Kampf teilweise in Billiglohnländern zulasten der dortigen Arbeitskräfte ausgetragen wird. Es ist kaum möglich, Personen zu identifizieren, die dafür verantwortlich sind. Niemand muss den Tod von Menschen beabsichtigen, die Opfer eines Preiskampfs werden. Sie sterben dennoch. Die ethische Grenze, die eine Zuschreibung von Verantwortung für den Tod von Menschen ermöglicht, ist nicht oder nicht ohne Weiteres theoretisch erkennbar. Es ist aber praktisch unsittlich, Menschen in Billiglohnländern mit Hungerlöhnen zu beschäftigen, um in Hochlohnländern Produkte im Preiskampf möglichst billig anbieten zu können. Dieses wirtschaftliche Gebaren ist auch unter den Bedingungen des Preiskampfs unsittlich. Es entspricht vor allem nicht der Sorge der Menschen um ihr Leben in den Hochlohnländern. Die Arbeit in Billiglohnländern sichert zwar das Leben der dortigen Arbeitskräfte, hindert sie aber daran, ihr Leben durch Bildung und freie Berufswahl selbst zu gestalten und nachhaltig zu sichern.

Die Tatsache, dass diese Arbeitskräfte freiwillig für einen geringen Lohn arbeiten und Risiken für ihr Leben eingehen, entspricht ihrer Sorge um ihr eigenes Leben. Diese Sorge darf ethisch nicht zu ihren Lasten ausgelegt werden mit der Begründung, dass sie es freiwillig tun und dass die schlechte Entlohnung deswegen moralisch gerechtfertigt sei. Dies wäre ein Missbrauch ethischer Argumentation. Ein Lohn, der den inneren Wert der Würde verletzt, ist ethisch verwerflich. Er kann aber dennoch aus Sorge um das eigene Dasein akzeptiert werden, wenn es keine Alternative gibt. Der Zwang, dem aus Sorge um das eigene Dasein zugestimmt wird, wird damit aber nicht gerechtfertigt. Die Grenzen der Ethik sind Grenzen der Rechtfertigung. Wenn diese Grenzen aus Sorge um das Dasein in der Welt, in der wir leben, überschritten werden, kann es dafür gleichwohl eine Verantwortung geben.

Diese Verantwortung ist ethisch nicht verpflichtend, weil sie jenseits der Grenzen der Ethik liegt. Weil sie keine Pflicht ist, kann sie auch niemandem als Schuldigkeit zugeschrieben werden. Sie kann sich aber auf unterschiedliche Weise zeigen, sei es durch die freie Übernahme einer Schuld oder durch den Einsatz des Lebens aus Sorge um das Dasein, das eigene und das aller anderen. Die wenigen Beispiele, die ich nun erwähne, zeigen, was dies bedeutet. Der Schreiner Georg Elser (1903–1945) verübte 1939 ein Attentat auf Hitler, das scheiterte. Er wurde im April 1945 im KZ Dachau ermordet. Elser war überzeugt, dass Hitler einen Krieg vorbereitet. Er wollte dies mit dem Attentat verhindern. Dafür übernahm er die Verantwortung. Die Mitglieder der Weißen Rose, die Studenten Hans (1918–1943) und Sophie Scholl (1921–1943), Alexander Schmorell (1917–1943), Christoph Probst (1919–1943) und Willi Graf (1918–1943) und Professor Kurt Huber (1893–1943), haben unter dem Einsatz ihres Lebens Flugblätter geschrieben und mit ihnen versucht, die Bevölkerung über die Verbrechen des nationalsozialistischen Regimes aufzuklären und zum Widerstand aufzurufen. Sie wurden im Februar 1943 verhaftet, vom Volksgerichtshof zum Tode verurteilt und hingerichtet. Sie übernahmen für ihre Aktionen die Verantwortung. Die Theologen Dietrich Bonhoeffer (1906–1945) und Alfred Delp SJ (1907–1945) schlossen sich aus Sorge um das Dasein der Menschen unter dem Nationalsozialismus dem Widerstand an. Bonhoeffer war Mitglied der Bekennenden Kirche und gehörte zum Widerstandskreis um den Chef der Spionageabwehr Admiral Wilhelm Canaris (1887–1945). Die beiden Attentate dieses Kreises im März 1943 schlugen fehl. Bonhoeffer und die anderen Mitglieder der Gruppe wurden verhaftet und kurz vor Kriegsende ermordet. Alfred Delp SJ war Mitglied des Kreisauer Kreises um Helmuth James Graf von Moltke (1907–1945). Dessen Mitglieder wurden nach dem gescheiterten Attentat auf Hitler durch Claus Schenk Graf von Stauffenberg (1907–1944) verhaftet und ebenfalls kurz vor Kriegsende ermordet.

Dietrich Bonhoeffer stellt sich im Widerstand gegen das NS-Regime die Frage, ob ein Christ mit einem Tyrannenmord gegen das Gebot ›Du sollst nicht morden‹ verstoßen dürfe. Er bejaht diese Frage aus religiöser Verantwortung. Viele, die Widerstand gegen das Regime leisteten, taten dies aus religiöser und politischer Sorge um das Dasein der Menschen in Deutschland und Europa. Die Verantwortung, die sie übernahmen, kostete sie ihr Leben. Sie nahmen die Verantwortung auf sich, wohl wissend, was sie riskierten. Sie folgten damit keinem Kategorischen Imperativ, weil der Widerstand gegen ein verbrecherisches Regime aus Verantwortung für das Dasein der Menschen und unter dem Einsatz des eigenen Lebens keine Maxime ist, die universalisiert werden kann. Als moralisches Gesetz würde sie die Menschen überfordern. Die Männer und Frauen des Widerstands wahrten aus Sorge um das Dasein der Menschen in Deutschland und Europa ihre Würde, den inneren Wert, den sie als Menschen hatten. Diese Würde ist zwar ein Zweck an sich; er ist aber an keinen Kategorischen Imperativ gebunden. Dennoch ist jene Sorge der Menschheit verpflichtet.

Die Verantwortung, unter Einsatz des eigenen Lebens Widerstand gegen ein verbrecherisches Regime durch Tyrannenmord zu leisten, und das Töten von Menschen, an dem wir, wie es Onora O'Neill beschreibt, beteiligt sind, sind äußerste Gegensätze. Sie scheinen nichts miteinander zu tun zu haben. Wir können aber überlegen, welche Verantwortungen jeweils wahrgenommen werden und wie die Lebensrisiken verteilt sind. Aus religiöser und politischer Verantwortung Widerstand gegen ein Gewaltregime zu leisten, kann das eigene Leben kosten. Mit dem eigenen Konsumverhalten von Ferne mitverantwortlich für das Töten von Menschen zu sein, ist verglichen damit verantwortungslos. Beides, die Mitverantwortung für das Töten und die Verantwortung, Widerstand zu leisten, entziehen sich der ethischen Beurteilung. Aus diesen extremen Gegensätzen können wir keine übergreifenden, allgemein gültigen ethischen Grundsätze ableiten. Wir können aber erkennen, dass es mehr als allgemein geltende Pflichten zu bedenken gibt, wenn wir uns um unser Dasein sorgen. Unsere Verantwortung endet nicht an den Grenzen der Ethik.

In der Einleitung sprach ich davon, dass eine Orientierungshilfe in den moralischen Räumen unseres Lebens nützlich wäre. Diesem Bedürfnis versuchte ich indirekt nachzukommen, indem ich etwas über sittliche Räume diesseits und jenseits ethischer Theorien, über Probleme des Lebens und Sterbens, über ethische Theorien seit der Antike und über einige Versuche, Grundlagen der Moral zu finden, erzählt habe. Immer wieder ging ich dabei historisch hin und her, weil die Problemgeschichte moralischer Fragen historisch nicht linear verläuft. Außerdem ist kein moralisches Problem jemals erledigt oder endgültig gelöst. Immer wieder führen die Fragen der Gegenwart zu früheren Fragen und Antworten zurück, und oft sind diese Antworten für unsere heutigen Anliegen erhellend.

Von Kant ließ ich mich in Fragen des Lebens und Sterbens beraten. Hegels Konzept der Sittlichkeit geht von der Anschauung aus. Dies ist auch mein Ausgangspunkt. Hegels System der Sittlichkeit, das in den Staat mündet, kann ich trotz dieser Gemeinsamkeit nicht folgen, weil es keine Grundlage zur Lösung kultureller Konflikte bietet. In Fragen der Moral kann es kaum größere Unterschiede geben als diejenigen zwischen Kant und Hegel, die nur eine Generation trennt. Der Unterschied ist kein Grund, nicht von beiden zu lernen. Auch deswegen habe ich über Vergangenes in der Erzählzeit des Präsens geschrieben.

Erzählen wollte ich, weil ich beschreiben und nicht belehren will. Auch dann, wenn ich selbst entschieden Stellung beziehe, will ich nicht belehren. Eine Erzählung kann nur begrenzt in moralischen Räumen orientieren. Sie kann die Selbstorientierung nicht ersetzen. Die Sorge habe ich als eine Kraft beschrieben, die uns dabei bewegt. Sie lässt uns nicht ruhen und bewegt uns auch in und zwischen sittlichen Räumen. Ich habe dafür geworben, einige dieser Räume auf dem Weg zur Sittlichkeit dauerhaft zu verlassen, wenn sie Konflikte, Hass und Zwietracht fördern. Die Sorge um ein gutes, menschenwürdiges Leben ist ein Antrieb, der uns keine Ruhe gönnt, sosehr wir uns nach Ruhe und Sorglosigkeit sehnen.

Von moralischen Fragen und auch von theoretischen Antworten wollte ich erzählen. Dabei versuchte ich dem Grundsatz zu folgen, erst zu beschreiben und dann zu normieren. Dies ist einer meiner Gründe, keine eigene ethische Theorie anzubieten. Die Beschreibungen verändern sich rascher als die Theorien. Dabei bin ich kein Gegner ethischer Theorien, wie könnte ich sonst Kants Moraltheorie ernstnehmen. Sein Konzept der Kategorischen Imperative habe ich ebenso aufgegriffen wie seine Auffassung der Würde. Kant kann ein praktischer Ratgeber sein, wenn es etwa um die Frage geht, welcher Arbeitslohn die Würde des Menschen verletzt. Das Wort ›Würde‹ steht nicht nur im ersten Satz unserer Verfassung, sondern ist ein Verfassungsprinzip. Die Bedeutungen des Wortes und des Prinzips sind, wie viele rechtswissenschaftliche Kommentare zeigen, umstritten. Wenn wir uns an Kants Auffassung der Würde orientieren, verstehen wir, was unantastbar sein sollte. Es ist nicht die biophysische menschliche Natur, und es ist nicht das Leben. Nur die Würde, nicht das Leben, ist unantastbar. Für den Lebensschutz ist diese Unterscheidung wichtig.

Den Imperativ des Lebensschutzes, dass niemand das Recht hat, eine Entscheidung zu treffen, die zum Tod eines anderen Menschen führt oder dessen Tod in Kauf nimmt, habe ich orientiert an Kant formuliert. Der Imperativ enthält auch die Verpflichtung, dafür zu sorgen, dass sich kein Sterbender zum Sterben verurteilt fühlt oder beim Sterben allein gelassen wird. Diese Verpflichtung schützt die Würde, wenn das Leben nicht mehr geschützt werden kann. Was Leben und Würde unterscheidet, ist, dass nur die Würde, aber nicht das Leben ein Zweck an sich ist. Wäre das Leben ein Zweck an sich, wäre das Leben jedes einzelnen Menschen ein Selbstzweck und alle damit zusammenhängenden Pflichten wären immer nur auf jeden Einzelnen bezogen. Es wären letztlich egoistische Pflichten. Faust wäre dann ein Modell der Moral. Die Würde, nicht das Leben, verbindet alle Menschen. Sie ist der innere Wert von uns als Menschen, ein Standard der Menschlichkeit.

Die Ratgeberrolle Kants bedeutet nicht, dass seine Ethik nach meinem Urteil die einzig mögliche ist. Sie hat den Vorteil, dass sie ein besonders klares Modell der Orientierung in vielen moralischen Räumen anbietet. Alternative ethische Theorien werden dadurch nicht abgewertet. Sie haben ihre eigene Bedeutung in der Geschichte der Ethik. Sie vermitteln auch heute Einsichten in unsere moralische Natur, die Kant nicht anbietet. Die Tugendethik ist eine frühe, vielleicht die erste Aufklärung. Sie will aufklären, indem sie das ethische Wissen, das die Menschen selbst entwickeln können, gegen das tragische Geschick verteidigt. Der Konflikt mit dem antiken Götterhimmel und seinen mächtigen Vertretern auf Erden wird unausweichlich.

Die stoische Ethik wendet sich dem seelischen Befinden des Individuums zu, ist offen für die Ansprüche der Lust, sagt aber, was sich gehört, was das Schickliche (decorum) ist. Vieles von dem, was Platon und Aristoteles lehren, finden wir auch in der stoischen Ethik. Sie ist ein guter, praktischer, auch tröstlicher Ratgeber in vielen Lebenslagen, in denen wir traurig oder verzweifelt sind. Cicero ist ein kluger Ratgeber in Fragen der Politik und der öffentlichen Pflichten. Die stoische Ethik empfiehlt Selbstbeherrschung und dass wir uns nicht von unseren Gefühlen überwältigen lassen dürfen.

Lange nach den Stoikern entwickelt Spinoza seine subtile Analytik der menschlichen Affekte. Auch er ist ein Aufklärer, ein radikaler sogar, wie sein *Theologisch-politischer Traktat* zeigt. Spinoza kann uns helfen, das Geflecht unserer Affekte zu durchschauen. Seine Einsichten in die Bedeutungen und Schattierungen von Freude und Trauer sind beispielhaft und dürfen nicht auf das Niveau von Lust und Unlust reduziert werden, wie es vielfach geschehen ist. Spinoza vertritt eine Theorieform, den Monismus, der Natur und Gott, Ethik und Wissen, Sein und Sollen nicht trennt. Spinozas Denken provoziert im 18. Jahrhundert viel theologischen Widerspruch, ein Jahrhundert später findet es aber wieder viel Aufmerksamkeit. Das Etikett ›Pantheismus‹ verdeckt viele Einsichten Spinozas jenseits der Theologie. Mancher liebäugelte mit Spinoza, ohne es zuzugeben, weil ›Spinozist‹ ein Schimpfwort war.

In der Epoche der Aufklärung will Hume der Ethik eine neue, nicht-metaphysische Grundlage in der psychischen Natur des Menschen geben. Er glaubt, dass wir von unseren Gefühlen und nicht von unserer Vernunft gelenkt werden. Wenn dies so wäre, würde die Abneigung gegen Schmerz und Unlust und die Zuneigung zu allem, was Glück und Lust verheißt, unserer Natur gerechter werden als Verstand und Vernunft. Humes Trennung von Vernunft und Empfindungen und Gefühlen ist nicht überzeugend. Er kann diese Trennung selbst nicht konsequent durchhalten. Humes Anliegen, die Ethik von religiösen, kirchlichen Einflüssen zu befreien, ist davon nicht gänzlich unberührt.

Die Utilitaristen nehmen Humes Impulse auf und deuten sie als Motive des individuellen und kollektiven Handelns. Ihr Einfluss dauert an, weil sie dem Glücksstreben eine rationale, mathematisierbare Form geben, die ein Standard der Wirtschaftswissenschaften ist. Der Utilitarismus scheint *die* Ethik der Ökonomie zu sein, weil sie Rationalität und Moral verbindet. Zumindest war der Utilitarismus in seinen verschiedenen Spielarten lange Zeit *die* Ethik der Ökonomie. Mittlerweile sind die wirtschaftswissenschaftliche Theoriebildung und das ökonomische Denken offen für andere Formen ethischen Denkens geworden, nicht zuletzt deswegen, weil das utilitaristische Denken keine befriedigenden Lösungen für viele Probleme ökonomischen Handelns anbietet. Rationalität und Irrationalität sind im Modell des homo oeconomicus, wie Amartya Sen zeigt, kaum zu unterscheiden. Diese Paarung kann vor allem nicht die Grundlage einer gerechten und solidarischen Ökonomie sein (Sen 2000, Kap. 11).

Meine Erzählung begann mit den Unterschieden zwischen Sitten, Sittlichkeit und Ethik und mit dem Gedanken der Sorge. Damit versuchte ich, der Bewegung durch die Geschichte zu den Problemen der Gegenwart eine Richtung zu geben. Wir sind tatsächlich in moralischen Räumen immer auch in Bewegung durch verschiedene Zeiten. Dies spricht dafür, dass es keine dauerhaften Lösungen moralischer Probleme gibt. Keine prinzipielle und theoretische Grundlegung der Moral konnte bisher halten, was sie versprach. Dieses Urteil steht allerdings selbst nicht außerhalb der Geschichte.

Ein Beispiel für eine Grundlegung war die Scham. Sie schien zunächst dafür tauglich zu sein, weil sie sich mit vernünftigem Urteilen so verbinden lässt, dass Groll und Empörung moralisch gerechtfertigt werden können. Mit der Scham können die Nacktheit, die Sexualität und die Kontrolle der Gefühle Themen der Ethik werden. Wenn die Scham aber vor allem dazu dient, Groll und Empörung zu rechtfertigen, wird sie als Grundlage der Ethik fragwürdig. Denn die Empörung über das Verhalten anderer kann selbstgerecht, ungerecht und abstoßend sein. Das Fehlen des Schamgefühls führt aber seinerseits zu abstoßendem, schamlosem Verhalten und ist ein moralischer Defekt. Erschreckend schamlos verhielten sich diejenigen, die nach dem Pogrom am 9. November 1938 in deutschen Städten das Eigentum deportierter deutscher jüdischer Bürgerinnen und Bürger auf öffentlichen Auktionen kauften. Sie schämten sich nicht, dass sie sich am Eigentum derer bereicherten, denen offensichtlich Unrecht geschah.

Obwohl die Scham ein unverzichtbares sittliches Gefühl ist, hat sie keine prinzipielle Bedeutung bei der Grundlegung ethischer Theorien. Auch das Ressentiment ist, anders als Nietzsche meint, kein Grundmotiv der Moral. Wäre sie das Grundmotiv der Moral, wären Moral und Amoral nicht zu unterscheiden. Jede Ethik wäre dann von vornherein fragwürdig, weil sie die menschliche Entwicklung hemmen und die Menschen verderben würde. Keine Ethik zu haben, wäre dann das Beste. Dies ist nicht nur ein widersinniger, sondern ein abgründiger Gedanke. Denn das Gute, das Ziel jeder Ethik, würde damit schlecht gemacht.

Das Ressentiment richtet sich gegen diejenigen, die einem überlegen sind, und gegen alles, was jenseits der eigenen Reichweite liegt. Das Gefühl der Unterlegenheit bestimmt dann das moralische Urteil. Diese Einstellung ist ebenso amoralisch wie der Moralismus. Er beurteilt das Verhalten anderer als moralisch schlecht allein aus Abneigung und Verachtung. Diese Art von Urteil gibt sich nicht einmal den Schein einer Begründung. Die Homophobie ist ein Beispiel dafür. Moralismus kann aus Ressentiment, aber auch aus einem Gefühl vermeintlicher moralischer Überlegenheit entstehen. Unerträglich ist, dass sich das Gefühl der Überlegenheit als Hass und Verachtung gegen andere äußert. Beide Haltungen, das Ressentiment und der Moralismus, sind immun gegen Kritik, verhindern Selbstkritik und machen den eigenen Defiziten und Fehlern gegenüber blind.

Ethische Theorien sollten der Klärung moralischer Probleme in der Praxis des Lebens dienen. Das können sie auch, wenn sie helfen, Konflikte zu lösen. Dann steht die Lösung der Konflikte und nicht die konkurrierende Bildung ethischer Theorien im Vordergrund. Dann geht es nicht um ein Entweder-oder zwischen Pflichtenethik

(Deontologie) und Konsequentialismus (Utilitarismus), sondern um ein Sowohl-als-auch, eine Verbindung jener Ansätze im Dienst von Konfliktlösungen. Ich bot eine Skizze der Ethik als Konfliktwissenschaft an. Von hier aus wandte ich mich einigen Konflikten der Gegenwart zu, allen voran der Integration von Menschen aus anderen Kulturen. Lösungen für diese Konflikte setzen die Verbindung von Sitte und Ethik voraus, wie ich sie anfangs beschrieben habe.

Konflikte haben viele Gründe. Sie entstehen durch soziale Ungleichheiten, durch Armut und Ausgrenzung, durch den fehlenden oder mangelnden Zugang zu Bildung und Arbeit, durch religiöse oder politische Radikalisierung. Ich habe überlegt, wie solche Konflikte die Freiheit der Menschen gefährden. Es gibt viele Gefährdungen der Freiheit. Wir haben die Freiheit, uns selbst zu gefährden. Der Suizid und die Hilfe dabei, der sog. assistierte Suizid, waren Themen, die durch die Gesetzgebung der letzten Jahre viel öffentliche Aufmerksamkeit fanden. Eine der Fragen ist, ob wir uns wirklich frei für den Suizid entscheiden können oder ob wir unsere Freiheit dabei missbrauchen. Im Hintergrund dieser Fragen stehen Fragen der Willensfreiheit, des Determinismus und der Handlungsfreiheit.

Unsere Freiheit und Selbstbestimmung (Autonomie), unsere Integrität als Einzelne und die Sphäre unserer Privatheit werden durch Entwicklungen gefährdet, die mit dem Internet möglich geworden sind. Algorithmen, die sich ständig verbessern und an das Netzverhalten ihrer Ziele (Personen werden zu targets!) anpassen, machen uns als Einzelne im Netz erkennbar. Jede einzelne Person wird nicht nur zum Ziel von Werbung, sondern auch von Gefährdungen und Angriffen. Die Anonymität des Internet ermöglicht es, die Integrität von anderen zu verletzen, ohne erkannt zu werden. Der von Kant so hoch geschätzte und in der Entwicklung des Rechts so unverzichtbare Gedanke der Publizität wird durch die neuen Technologien doppeldeutig, wenn ihr Gebrauch nicht wirksam kontrolliert und ihr Missbrauch nicht geahndet wird.

Ich habe für den Lebensschutz-Imperativ argumentiert, dass es niemandem zusteht, eine Entscheidung zu treffen, die den Tod eines Anderen zur Folge hat oder in Kauf nimmt. Das bedeutet auch, dass sich kein Sterbender zum Sterben verurteilt fühlen und beim

Sterben allein gelassen werden sollte. Mit diesem Imperativ sind die Probleme des Lebensschutzes jenseits der Ethik aber weder hinreichend noch endgültig geklärt. Unter Bedingungen der Knappheit medizinischer Mittel kann nicht jedes Leben gerettet werden. Ärztinnen und Ärzte übernehmen auch jenseits der Grenzen der Ethik ihre Verantwortung.

Der Imperativ des Lebensschutzes kann auch, wie Onora O'Neill zeigt, gänzlich ignoriert werden, ohne dass dies jemandem bewusst ist. Sie macht darauf aufmerksam, dass wir durch das Konsumverhalten in den Hochlohnländern indirekt den Tod vieler Menschen in den Billiglohnländern in Kauf nehmen. Wir haben eine Mitverantwortung für ihren Tod, ohne selbst jemanden zu töten. Es wäre unverantwortlich, wenn wir uns mit einer Kosten-Nutzen-Abwägung aus der Affäre ziehen würden. Wir sollten unser Konsumverhalten verändern und dazu beitragen, das Sterben als Nebenfolge unseres Verhaltens zu beenden.

Dieses Thema ist eng verbunden mit dem Schutz der Natur und der Menschen, die durch die Klimaveränderungen gefährdet sind. Gerade die Billiglohnländer sind durch die häufiger werdenden Naturkatastrophen gefährdet. Die Ethik des Artenschutzes, die Martin Gorke vorschlägt, argumentiert nachdrücklich dafür, dass wir die Ansprüche des Ganzen der Natur ernst nehmen sollten. Zu diesem Ganzen gehören nicht nur die Menschen, sondern alles Leben auf der Erde und die Lebensgrundlagen, die sie bietet. Die Verantwortung für das Ganze des Lebens der Menschen und der Natur geht über das hinaus, was in ethischen Theorien verbindlich gemacht werden kann. Theorien der Ethik haben überall dort Grenzen, wo Konflikte ethisch nicht zu lösen sind. Sie lösen sich aber nicht von selbst auf. Die Sorge für die Natur, für das Leben in der Welt zwingt uns, unsere Verantwortung jenseits ethischer Theorien zu erkennen.

Diese Sorge reicht über das eigene Leben und die eigenen Kräfte hinaus. Die Frauen und Männer, die Widerstand gegen Hitler und sein Regime geleistet haben und dafür ermordet wurden, haben aus Sorge um die Menschlichkeit gehandelt, die durch Rassismus, Krieg und Massenmord zerstört war. Keine Ethik kann das Opfer des eigenen Lebens zur Pflicht machen. Wenn wir uns an die Frauen und Männer des Widerstands erinnern, wissen wir, dass es jenseits der

Ethik eine Verantwortung geben kann, auch wenn es keine Pflichten mehr gibt. An diese Verantwortung haben – so dürfen wir annehmen – diejenigen gedacht, die das *Grundgesetz der Bundesrepublik Deutschland* formulierten. Es gibt im Artikel 20, Abs. (3) und (4) allen Deutschen das »Recht zum Widerstand« gegen jeden, der die »verfassungsmäßige Ordnung« beseitigen will, »wenn andere Abhilfe nicht möglich ist«. Es ist ein Grundrecht, keine Pflicht. Wir sollten in diesem Recht aber auch die Pflicht erkennen, Widerstand zu leisten, wenn die soziale Ordnung durch Rassismus, Antisemitismus und Fremdenfeindlichkeit gefährdet ist.

DANKSAGUNG

Das Bedürfnis, eine erzählende Orientierung in moralischen Räumen anzubieten, entstand in meinem Unterricht im Studiengang ›Philosophie, Politik, Wirtschaft‹ an der Ludwig-Maximilians-Universität in München. Es ist ein Masterstudiengang für Frauen und Männer, die berufstätig sind und in ihrem Leben viel Berufs- und Lebenserfahrung gesammelt haben. Der Austausch mit ihnen über Fragen von Sitte und Ethik war und ist für mich lehrreich, häufig überraschend und überaus anregend. In den Diskussionen und Gesprächen mit ihnen habe ich gelernt, wie wichtig – nicht nur in der Ethik – eine Erzählung ist, die wir uns gemeinsam und gegenseitig, aber immer wieder anders erzählen können. Wenn wir sie einmal gemeinsam erzählt haben, kann sie jeder auch selbst auf seine Weise erzählen und weitererzählen. Diesen Frauen und Männern widme ich dankbar diese Erzählung in der Hoffnung, mit ihnen nicht nur darüber im Gespräch zu bleiben.

Danken will ich auch Michael Jaeger, Hartmut Kiock, Winfried Nerdinger, Thomas Oehl und Onora O'Neill für ihre Hinweise und ihre freundschaftlichen Ratschläge. Vieles geht auf sie zurück, ohne dass ich es nachweise.

LITERATUR

Aristoteles, *Metaphysik,* Hamburg: Felix Meiner [3]1989.
- *Über Werden und Vergehen,* übers. u. erl. v. Thomas Buchheim, Berlin: Akademie Verlag 2010.
- *Zweite Analytik, Analytica Posteriora,* übers., eingel. u. hrsg. v. Wolfgang Detel, Hamburg: Felix Meiner 2011.
Augustinus, *Bekenntnisse,* übertr. u. eingel. v. Herman Hefele, Düsseldorf/Köln: Diederichs o. J.
Austin, J. L., *How to Do Things with Words,* Oxford: Clarendon 1975.
Bajohr, Frank, *»Arisierung« in Hamburg. Die Verdrängung der jüdischen Unternehmer 1933–1945,* Hamburger Beiträge zur Sozial- und Zeitgeschichte, Hamburg: Christian Verlag 1997.
Bourdieu, Pierre, *Manet. Eine symbolische Revolution,* Berlin: Suhrkamp 2015.
Breithaupt, Fritz, *Die dunklen Seiten der Empathie,* Berlin: Suhrkamp 2017.
Butollo, Willi, Karl, Regina, *Dialogische Traumatherapie. Manual zur Behandlung der Posttraumatischen Belastungsstörung,* Stuttgart: Klett-Cotta [4]2019.
Ceronetti, Guido, *La lanterna del filosofo,* Milano: Adelphi Edizioni [3]2011.
Cicero, Marcus Tullius, *De officiis. Vom pflichtgemäßen Handeln,* lat.-dt., übers., kom. u. hrsg. v. Heinz Gunermann, Stuttgart: Reclam (1976) 2010.
Dürr, Hans Peter, *Nacktheit und Scham. Der Mythos vom Zivilisationsprozeß,* Frankfurt: Suhrkamp [5]2017.
Elster, Jon, *Subversion der Rationalität,* Frankfurt e. a.: Campus 1987.
Elias, Norbert, *Über den Prozeß der Zivilisation,* 2 Bde., Frankfurt: Suhrkamp [33]2017.
Epiktet: Lothar Willms, *Epiktets Diatribe. Über die Freiheit* (4.1), Einl., Übers., Kom., Bd. 2, Heidelberg: Winter 2012.
Esser, Andrea Marlen, *Eine Ethik für Endliche. Kants Tugendlehre in der Gegenwart,* Stuttgart-Bad Cannstatt 2004.
Falkenburg, Brigitte, *Mythos Determinismus. Wieviel erklärt uns die Hirnforschung?* Heidelberg e. a.: Springer 2012.

Flashar, Hellmut, *Aristoteles, Lehrer des Abendlandes*, München: C. H. Beck ³2014.

Goethe, Johann Wolfgang, *Faust. Der Tragödie erster und zweiter Teil*, 2 Bde., Bd. 1 Texte, Bd. 2 Kommentare, hrsg. v. Albrecht Schöne, Frankfurt: Deutscher Klassiker Verlag 1994 (5. erg. Aufl. im Insel Verlag 2003).

Gorke, Martin, *Eigenwert der Natur. Ethische Begründung und Konsequenzen*, Stuttgart: S. Hirzel 2010.

Hartlaub, Felix, *Don Juan d'Austria und die Schlacht bei Lepanto*, (Diss., 1940), Neckargemünd & Wien: Edition Mnemosyne 2017.

Hegel, Georg Wilhelm Friedrich, *System der Sittlichkeit (Critik des Fichteschen Naturrechts)*, Einl. v. Kurt Rainer Meist, hrsg. v. Horst D. Brandt, Hamburg: Felix Meiner 2002.

– *Phänomenologie des Geistes*, hrsg. v. Hans-Friedrich Wessels u. Heinrich Clairmont, eingel. v. Wolfgang Bonsiepen, Hamburg: Felix Meiner 1988.

– *Enzyklopädie der philosophischen Wissenschaften (1830)*, hrsg. v. Friedhelm Nicolin u. Otto Pöggeler, Hamburg: Felix Meiner 1991.

– *Grundlinien der Philosophie des Rechts*, hrsg. v. Klaus Grotsch, Hamburg: Felix Meiner 2017.

Heidegger, Martin, *Sein und Zeit*, Tübingen: Max Niemeyer ¹¹1967.

– *Platons Lehre von der Wahrheit. Mit einem Brief über den ›Humanismus‹*, Bern: Francke ²1954.

Hesse, Klaus, Nachama, Andreas (Hrsg.), ›Vor aller Augen‹. Die Deportation von Juden und die Versteigerung ihres Eigentums. Fotografien aus Lörrach 1940, Berlin: Stiftung Topographie des Terrors 2018.

Hinsch, Wilfried, *Die gerechte Gesellschaft. Eine philosophische Orientierung*, Stuttgart: Reclam 2016.

– *Die Moral des Krieges. Für einen aufgeklärten Pazifismus*, München u. a.: Piper 2017.

Horkheimer, Max, Adorno, Theodor W., *Dialektik der Aufklärung, Philosophische Fragmente*, Frankfurt: S. Fischer ²¹2013.

Huizing, Klaas, *Scham und Ehre: eine theologische Ethik*, Gütersloh: Gütersloher Verlagshaus 2016.

Hume, David, *A Treatise of Human Nature* (1888), Oxford: Clarendon 1975 (repr.).

Jaeger, Michael, *Fausts Kolonie. Goethes kritische Phänomenologie der Moderne*, Würzburg: Königshausen & Neumann ³2010.

– *Wanderers Verstummen, Goethes Schweigen, Fausts Tragödie. Oder: Die große Transformation der Welt*, Würzburg: Königshausen & Neumann ³2015.

– *Global Player Faust oder Das Verschwinden der Gegenwart. Zur Aktualität Goethes*, Würzburg: Königshausen & Neumann ⁷2018.

Kant, Immanuel, *Werke. Akademie Textausgabe*, 9 Bde., Berlin: Walter de Gruyter 1968.

Kaufmann, Sebastian, *Heidegger liest Goethe. Ein vielstimmiges »Zwiegespräch« (ca. 1910–1976)*, Heidelberg: Winter 2019.

Kraus, Hans-Christof, Der Wendepunkt des Philosophen von Sanssouci, Berlin: Duncker & Humblot 2017.

Libet, Benjamin, »Do We Have Free Will?«, in: *Journal of Consciousness Studies*, 6 (1999), 47–57.

Locke, John, *An Essay concerning Human Understanding* (1924), Oxford: Clarendon 1969 (repr.).

Löwith, Karl, *Der japanische Geist*, Berlin: Matthes & Seitz 2013.

Mann, Thomas, *Doktor Faustus. Das Leben des deutschen Tonsetzers Adrian Leverkühn erzählt von einem Freunde*, Stockholm: Bermann-Fischer 1947.

Marc Aurel, *Selbstbetrachtungen*, übertr. u. eingel. v. Wilhelm Capelle, Stuttgart: Kröner ¹²1973.

Meier, Christian, *Athen. Ein Neubeginn der Weltgeschichte*, Berlin: Wolf Jobst Siedler 1993.

Moore, George Edward, *Principia Ethica*, Cambridge University Press 1903.

Nietzsche, Friedrich, *Kritische Studienausgabe* (KSA), 15 Bde., hrsg. v. Giorgio Colli u. Mazzino Montinari, Berlin: de Gruyter 1988.

Oehl, Thomas, »Gott als Richter? Zum Gewissen im §13 von Kants Tugendlehre«, in: Sasa Josifovic, Arthur Kok (Hrsg.), *Der »innere Gerichtshof« der Vernunft. Rationalität, Normativität und Gewissen in der Philosophie Immanuel Kants und im Deutschen Idealismus*, Leiden/Boston: Brill 2016, 84–114.

O'Neill, Onora, *Gerechtigkeit über Grenzen. Pflichten in der globalisierten Welt*, München: Claudius Verlag 2019.

Parfit, Derek, *On What Matters*, Bd. 1, Oxford: University Press 2011.

Platon, *Sämtliche Dialoge*, 7 Bde., hrsg. v. Otto Apelt, Hamburg: Felix Meiner 1988.

Prinz, Wolfgang, »Freiheit oder Wissenschaft«, in: Mario von Cranach, Klaus Foppa (Hrsg.), *Freiheit des Entscheidens und Handelns. Ein Problem der nomologischen Psychologie*, Heidelberg: Roland Asanger Verlag 1996, 86–103, hier: 87, 98.

Rawls, John, *Eine Theorie der Gerechtigkeit*, Frankfurt: Suhrkamp 1975.

Ritter, Joachim, »Landschaft« in: ders., *Subjektivität. Sechs Aufsätze*, Frankfurt: Suhrkamp 1974, 141–163.

Rosa, Hartmut, *Resonanz. Eine Soziologie der Weltbeziehung*, Berlin: Suhrkamp 2016.

Scheler, Max, *Zur Rehabilitierung der Tugend*, Zürich: Peter Schifferli 1950.

– *Das Ressentiment im Aufbau der Moralen*, Frankfurt: Klostermann ²2004.

Schiller, Friedrich, *Über die ästhetische Erziehung des Menschen, in einer Reihe von Briefen*, in: *Schillers Werke*, 8. Teil, hrsg. v. Arthur Kutscher, Berlin e.a.: Deutsches Verlagshaus Bong & Co. o. J.

Schöne-Seifert, Bettina, *Beim Sterben helfen – dürfen wir das?* Berlin: J. B. Metzler (Springer Nature) 2020.

Sen, Amartya, *Ökonomie für den Menschen. Wege zu Gerechtigkeit und Solidarität in der Marktwirtschaft*, München: Hanser 2000.

Seneca, Lucius Annaeus, *Philosophische Schriften, Dialoge*, zweiter Teil, Buch VII–XII, übers. u. eingel. v. Otto Apelt (1923), Hamburg: Felix Meiner 1993.

Smith, Adam, *The Theory of Moral Sentiments*, Oxford: University Press 1976.

– *Der Wohlstand der Nationen*, München: C. H. Beck 1974.

Sophokles, *Philoktet*, übers. u. hrsg. v. Paul Dräger, Stuttgart: Reclam 2012.

Spaemann, Robert, *Glück und Wohlwollen. Versuch über Ethik*, Stuttgart: Klett-Cotta 1989.

– *Schritte über uns hinaus, Gesammelte Reden und Aufsätze II*, Stuttgart: Klett Cotta 2011.

Spinoza, *Ethik in geometrischer Ordnung dargestellt*, lat.-dt., Werke, neu übers., hrsg., mit Einl. v. Wolfgang Bartuschat, Hamburg: Felix Meiner ⁴2015.

– *Abhandlung über die Verbesserung des Verstandes*, lat.-dt., neu übers., hrsg., mit Einl. u. Anm. v. Wolfgang Bartuschat, Hamburg: Felix Meiner 1993.

– *Theologisch-politischer Traktat*, Werke, Bd. 3, neu übers., hrsg., mit Einl. u. Anm. v. Wolfgang Bartuschat, Hamburg: Felix Meiner 2012.

Stekeler, Pirmin, *Hegels Phänomenologie des Geistes. Ein dialogischer Kommentar*, 2 Bde., Hamburg: Felix Meiner 2014.

Stöcklein, Paul, *Wege zum späten Goethe*, Hamburg: Marion von Schröder Verlag ²1960

Strawson, Peter F., »Freedom and Resentment«, in: *Freedom and Resentment and other essays*, London: Methuen 1974, 1–25.

Taupitz, Jochen, »Das Gesetz zur Strafbarkeit der geschäftsmäßigen Förderung der Selbsttötung: Die seit dem 10. Dezember 2015 geltende Rechtslage«, in: Gian Domenico Borasio, Ralf J. Jox, Jochen Taupitz, Urban Wiesing (Hrsg.), *Assistierter Suizid. Der Stand der Wissenschaft*, Heidelberg: Springer 2017, 115–136.

Tugendhat, Ernst, *Vorlesungen über Ethik*, Frankfurt: Suhrkamp ²1994.

Vossenkuhl, Cosima, *Der Schutz genetischer Daten. Unter besonderer Berücksichtigung des Gendiagnostikgesetzes*, Berlin/Heidelberg: Springer 2013.

Vossenkuhl, Wilhelm, »Sidgwicks Utilitarismus«, in: Ulrich Gähde, Wolfgang H. Schrader (Hrsg.), *Der klassische Utilitarismus*, Berlin: Akademie Verlag 1992, 111–144.

– *Die Möglichkeit des Guten*, München: C. H. Beck 2006.

– »The Practice of Following Rules«, in: *Wittgenstein Studien*, 8 (2017), 137–158.

– »Geltung zwischen Sein und Sollen. Über einige Wandlungen des Geltungsproblems«, in: Georgios Karageorgoudis, Jörg Noller (Hrsg.), *Sein und Sollen. Perspektiven in Philosophie, Logik und Rechtswissenschaft*, Paderborn: Brill/Mentis 2021, 11–36.

Walde, Bettina, »Zum normativen Charakter menschlicher Freiheit und der Frage nach dem objektiven Fundament des Schuldprinzips«, in: *Recht – Philosophie – Literatur*, 2 Bde., hrsg. v. Jan Christoph Bublitz, Jochen Bung, Anette Grünewald, Dorothea Magnus, Holm Putzke und Jörg Scheinfeld, Berlin: Duncker & Humblot 2020, Bd. I, 317–334.

Wallace, R. Jay, *Responsibility and the Moral Sentiments*, Cambridge e. a.: Harvard University Press 1994.

Wittgenstein, Ludwig, *Philosophische Untersuchungen*, Bd. 1 der Werkausgabe, Frankfurt: Suhrkamp 1989.